「防災大国」キューバに世界が注目するわけ

中村八郎
吉田太郎＝著

築地書館

キューバの行政区分と州都
ハバナ市
面積 740km²
人口 220 万
マヤベケ州
マタンサス州
ビジャ・クララ州
サンクティ・スピリトゥス州
シエゴ・デ・アビラ州
カマグエイ州
ラス・トゥナース州
オルギン州
グランマ州
サンティアゴ・デ・クーバ州
グアンタナモ州
テミサ州
ール・デル・リオ
・デル・リオ州
青年の島
特別自治体
シエンフエゴス州
マロエル
マタンサス
サンタ・クルス・デル・ノルテ
ヌエバ・ヘロナ
サンタ・クララ
シエンフエゴス
サンクティ・スピリトゥス
シエゴ・デ・アビラ
カマグエイ
ラス・トゥナース
オルギン
バヤモ
グアンタナモ
サンティアゴ・デ・クーバ
アンドロス島
Andros Island
北回帰線
大西洋
Atlantico Océano
【凡例】
首都
州都
主な町
一般道路
高速道路
鉄道
オス
ヤグアハイ
チャンバス
カヨ・ココ
ハルディネス・デル・レイ
エスメラダ
カヨ・ロマノ
モロン
シエラ・デ・クビタス
カヨ・サビナル
ヌエビタス
プラヤ・サンタ・ルシア
シエゴ・デ・アビラ
フロリダ
カマグエイ
プエルト・パドレ
グアルダラバカ
ヒバラ
ショーロ・デ・マイタ
マルチ
オルギン
タカホ
パネス
カヨ・マンビ
ラス・トゥナス
ハルディネス・デ・ラ・レイナ
サンタ・クルス・デル・スル
グアヤバル
カコクム
マヤリ
モア
リオ・ドゥアバ
バラコア
マンサニージョ
バヤモ
アルト・セドロ
マヤリ・アーリベ
プンタ・デ・マイシ岬
ピコ・トゥルキノ
(キューバ最高峰 2005m)
ヤラ
グアンタナモ
マエストラ山脈
ピロン
クルス岬
ラス・クエベス
モロ要塞
サン・ルイス
コスタ・スール
ラファロラ
20°
グアンタナモ
米海軍基地
アルト・デル・ナランホ
チビリコ
サンティアゴ・デ・クーバ
カリブ海
Mar Caribe
ナバッサ島
Navassa Island
(米領)

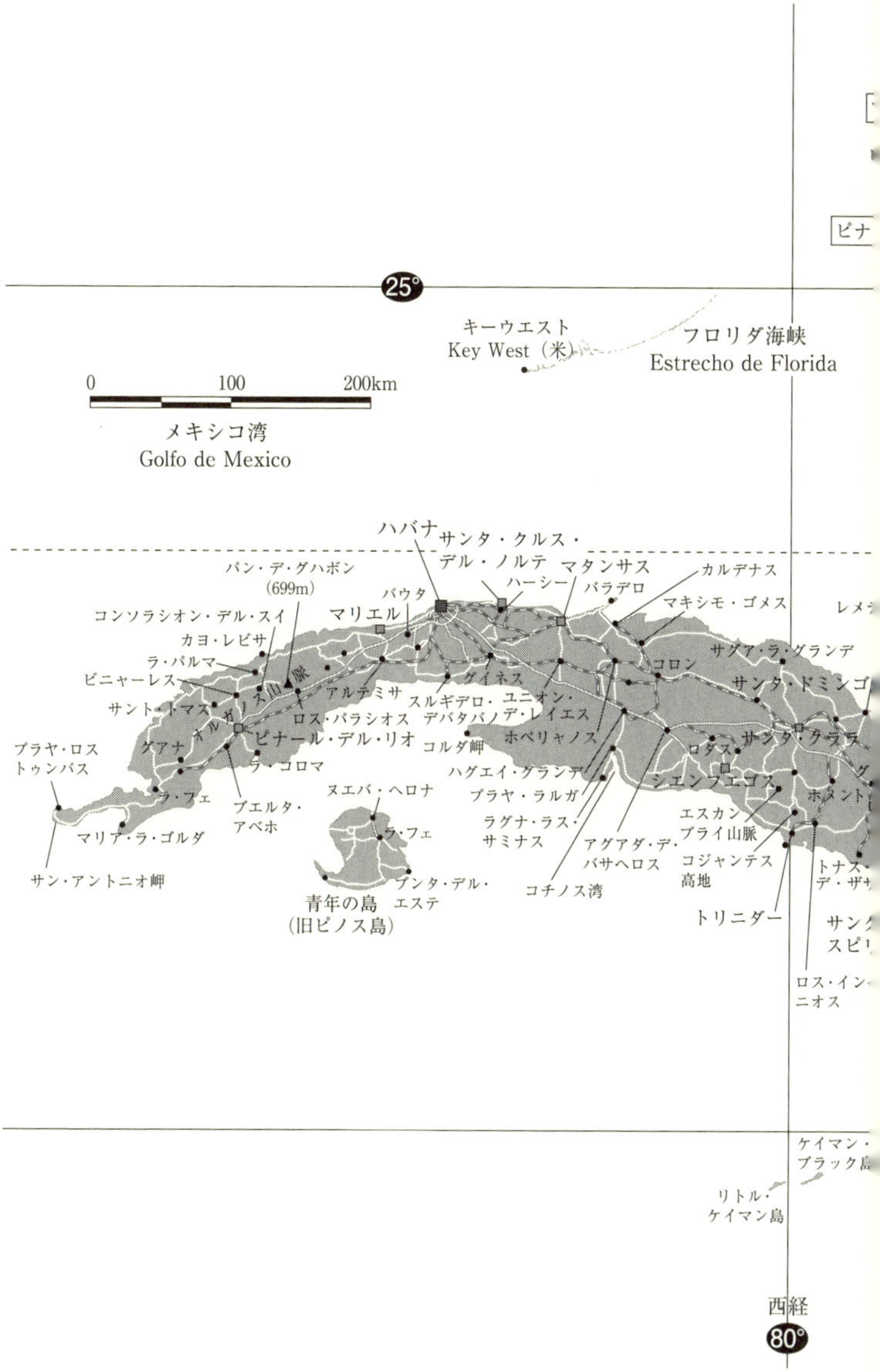
25°
キーウエスト
Key West（米）
フロリダ海峡
Estrecho de Florida
0
100
200km
メキシコ湾
Golfo de Mexico
ハバナ
サンタ・クルス・
デル・ノルテ
マタンサス
カルデナス
パン・デ・グハボン
(699m)
バウタ
ハーシー
バラデロ
マキシモ・ゴメス
マリエル
コンソラシオン・デル・スイ
カヨ・レビサ
ラ・パルマ
ビニャーレス
サント・トマス
オルガノス山脈
アルテミサ
グイネス
コロン
サグア・ラ・グランデ
スルギデロ・
デバタバノ
ユニオン・
デ・レイエス
ロス・パラシオス
ピナール・デル・リオ
グアナ
プラヤ・ロス
トゥンバス
コルダ岬
ホベリャノス
ロダス
ハグエイ・グランデ
プラヤ・ラルガ
ラ・コロマ
ラ・フェ
ブエルタ・
アベホ
ヌエバ・ヘロナ
ラ・フェ
シエンフエゴス
エスカンブライ山脈
ラグナ・ラス・
サリナス
アグアダ・デ・
パサヘロス
マリア・ラ・ゴルダ
サン・アントニオ岬
プンタ・デル・
エステ
青年の島
（旧ピノス島）
コチノス湾
コジャンテス
高地
トリニダー
リトル・
ケイマン島
西経
80°

目次

プロローグ

温暖化によるハリケーン被害は近年高まっている。2008年のグスタフ、アイク、パロマの被害額はそれ以前の被害額をすべてあわせたよりも大きかった。にもかかわらず、革命直後には1157人も出た死者がいまは7人しかでていない。モノは貧しくとも、こと防災に関しては、キューバは国連も赤十字も米国もモデルとする防災大国なのだ。

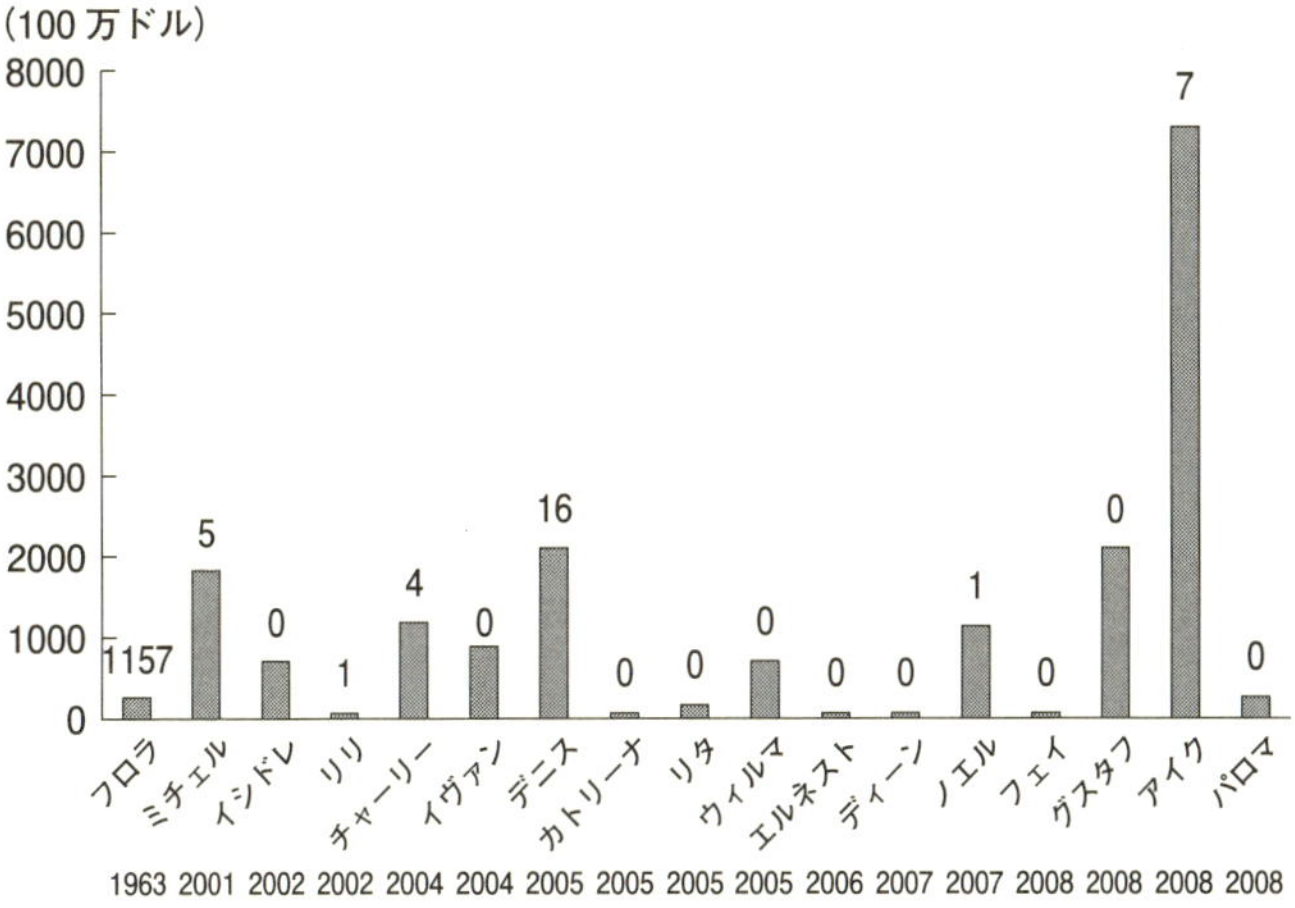

タテ軸は被害額、棒グラフの上にある数字は死者数。2000年代に入ってからのハリケーンの死者数がごく少ないことがわかる。

プロローグ——ハリケーンで死傷者が出ない国

災害の方程式　リスクは人命被害とは直結しない

世界で最も人々の命を奪っている災害は、熱帯暴風雨（ハリケーン、台風、サイクロン）だ。過去二〇〇年で約二〇〇万人が命を落としたとされ、二〇世紀になってからも、北米やカリブ海では、七万五〇〇〇人がハリケーンによってこの世を去っている。(1) 貧しい開発途上国はもちろん、進んだ先進国といえどもこのリスクからは逃れられない。(2) 二〇〇五年のハリケーン・カトリーナは、死者一八三六人、行方不明者七〇五人、家屋喪失一〇〇万もの惨事をもたらした。米国でも最も多く人命を奪っている災害は、約五〇〇人が命を落とした一九〇六年のサンフランシスコ地震にもあらず、九一一テロにもあらず、ハリケーンなのだ。(3)

ハリケーンにこれほどの殺傷力があるのも、地球上で最強のエネルギーを持つ自然現象のひとつだからだ。たった一個のハリケーンが放出するパワーは、米国全土が消費する半年分の電力よりも多い。(3) しかも、地球温暖化で大型ハリケーンが年々多発し、被害も深刻化している。(1) 例えば、メキシコ湾に面す

ハリケーンに襲われた光景。街は壊滅状態になる

る米国のガルフ・コーストはハリケーンの常襲被災地だが、一九九五年以降の一四年は、過去と比べて襲来件数が倍も多く、かつ、記録を更新するほど大型化してきている[3]。なぜ、ハリケーンが地球温暖化と関連するのだろうか。そのわけは、発生メカニズムを考えてみればわかる。南洋では強い日差しを受けて盛んに上昇気流が発生している。気流は次々と積乱雲を産み出す。これらが集まり巨大化すると熱帯低気圧が産まれ、ハリケーンへと発達していく。そのエネルギー源は海面から供給される水蒸気だから、海面が温かいほどパワーを増す。

　ハリケーンは、スペイン語の「huracan」（ウラカン）が元になっているが、その語源は、海洋への息吹で凄まじい嵐と洪水を引き起こすカリブ海の神「Hurican」やマヤの神「Hurakan」に由来するとされている[1]。中国広東省で激しい風が「大風」（タイフン）と呼ばれ、それが西洋に伝わり「typhoon」となり、日本で「台風」の文字があて

熱帯低気圧				最大風速
発生地				17.1m/s
インド洋・南太平洋	北西太平洋		北東太平洋・大西洋	
サイクロン	台風	最大風速	熱帯暴風雨（トロピカル・ストーム）	17.2〜
	強い	33〜	ハリケーン	32.7〜
			カテゴリ1	〜42
	非常に強い	44〜54	2	43〜49
	猛烈な	54〜	3	50〜58
			4	59〜69
			5	70〜

ハリケーンと台風の区分。最大風速32.7m/s以上の北東太平洋・大西洋で発生するものがハリケーンと呼ばれる

られたのと似ている。凄まじい強風が神のなせる技と思われたのも無理もない。ハリケーンは中心部の気圧が非常に低く、風速三〇m／秒以上もの強風を伴う。風の強さによって一～五級にわけられ、三からは大型ハリケーンとなって甚大な被害を引き起こす（表）。

　とはいえ、温暖化で発生件数や強度が増えることが、即犠牲に直結するわけではない。国際赤十字赤新月社連盟は「リスク＝ハザード×脆弱性」という方程式を提唱している。これは、被災者が社会的に脆弱な立場に置かれているときにのみ犠牲は増えることにほかならない。貧富の格差が大きい開発途上国では、この方程式がよくわかる。一九九八年に中米に襲来したミッチ（カテゴリ四）では一万人もの死者が出たが、これは人災といえる。その極め付けが、エル・サルバドルだ。同国では二〇〇一年に公共事業省を改革し人員を削減し、大型機械のすべてを民間に安く払い下げていたため、有事の際に

活用できる機材が政府の手元にはなかった。土地利用規制も不十分で、地滑りや氾濫の危険性が高い地域に貧しい人々が居住していた。おまけに、増水でダムが持ちこたえられそうになくなると、決壊を防ぐために政府はレンパ地域のダムを放水した。だが、住民を避難させず、ダムを開けたことも周知しなかったから、下流の集落では村人が放流水の巻き添えをくって命を落とした[4]。これを人災と言わずしてなんと言おう。

米国のカトリーナも、天災というよりは人災だった。大型ハリケーンであったとはいえ、ルイジアナ上陸時は、最小の「カテゴリ三」だった。にもかかわらず、多数の犠牲者がでたのは、貧しいアフリカ系米国人たちには避難する手段がなく、被災地ルイジアナ州では州兵の三分の一が軍事活動に従事中で救助をサポートできる体制になかったからだ[5]。死者の三分の二を溺死が占めたことは、避難体制の不十分さの証と言える[1]。その後の対応ぶりも、先進国とはとても思えないほど不様なもので高齢者や病人がまず犠牲となった[3]。老人ホームでは職員が真っ先に逃げ出し、高齢者は見捨てられた。刑務所でも看守が不在のまま受刑者六〇〇人以上が水も食料もなく放置され、うち五一七人が行方不明となった。避難所では支援物資が不足し、食料は自己責任で確保することとされたため、高齢者等の衰弱死が相次いだ[5]。多くの病人もカルテもなしに残され、十分なケアを受けられず[3]、感染症も集団発生し、パニック状態の中で市民による食料品店の略奪も続発し、レイプや医薬品輸送車への襲撃も起きた[5]。

キューバは国連の防災モデル国

悲惨な状況に苦しむ中で、人道的な緊急医療援助を直ちに申し出た国がある。キューバだ。キューバと言えば、ソ連崩壊以降もいまだに共産主義を堅持している貧しいカリブ海の開発途上国だ。おまけに、フィデル・カストロの革命以来、米国からテロ支援国家と名指しされ、経済封鎖を受けている独裁国家ではないか。

キューバから米国への援助というと奇異に思えるのではあるまいか。だが、九月一九日には、全国内から一五八六名の医師が召集され、米国から要請があり次第直ちに出動できるよう待機していた。被災者を治療し、感染病の蔓延を未然に防ぎ、災害後の二次被害を減らすためだ。当然のことながら、米国国務省はキューバ政府からの申し入れを拒否している。そして、カトリーナ援助のために編成された国際災害医療救助隊「ヘンリー・リーブ・ブリガーダ」は、その後、パキスタンやハイチ等の地震被災地で活躍することとなる(6)。

キューバは、米国と比べれば比較にならないほど貧しい開発途上国にすぎない。たいがい開発途上国では、自然災害が発生すれば大量の死傷者を出す。例えば一九七〇年にバングラデシュを襲ったボーラ・サイクロンでは五〇万人もが命を落としている。だが、同じ開発途上国とはいえ、キューバの対応はいささか違う。

「自然災害というものはありません。適切な計画と手段があれば、自然災害は避けられます」

キューバ外務省のダゴベルト・ロドリゲス副大臣は、前述した災害の方程式どおりの主張をしてみせる。[2]例えば、二〇〇一年のミチェルは、一九四四年以来の最悪のハリケーンで、[6]国土の五二パーセントがダメージを受け、全国民の五三パーセントにあたる五〇〇万人以上が被災した。[7]だが、死者は建物の倒壊による四人と溺死一人の計五人にすぎず、[6]それ以外は軽症者が一〇人いるだけだった。[7]一六万戸以上の住宅が破壊されたが一年未満で復旧されている。それも、将来の災害に備え、より安全な場所に新たに建てられたり、頑丈な資材で再建されている。[8]

翌二〇〇二年の九月には、イシドレ（カテゴリ三）とリリ（同二）が立て続けに襲来する。[5]九月二〇日の早朝、本島南部の青年の島を襲い、同日、午後にはピナル・デル・リオ州に上陸。豪雨を伴いつつ、内陸一五〇ｍまで入り込む高潮を引き起こした。一〇日後の九月三〇日早朝にはリリが青年の島に再襲来し、正午にはピナル・デル・リオ州に上陸。イシドレで基礎や構造が痛んでいた建物を激しい強風が叩いた。これほど短期間に同じ地域が重ねて被災することは先例がないことだった。[8]青年の島とピナル・デル・リオ州では一万八〇〇〇戸の家屋が破壊され、[5]沿岸の漁村は高波に飲まれ、内陸の村々も洪水で孤立し、学校や病院はもちろん、水道や電気等のインフラも破壊され、農畜産物でも甚大な被害が出た。にもかかわらず、両ハリケーンの死者は一人にすぎず負傷者は皆無だった。そして、一月もかからずに水道や電気、電話はすべて完全復旧している。[8]

二〇〇四年にフロリダで二七人の犠牲者を出したチャーリー（カテゴリ三）はハバナも襲ったが、四人しか死んでいない。その一月後にはイワンが襲来する。最大級のカテゴリ五の大型ハリケーンだっただけに、米国では五二人、カリブ海では七〇人以上が命を落とした。だが、キューバの死傷者は皆無だった[9]。

二〇〇五年一〇月のウィルマ（カテゴリ五）もけた外れのスケールで六ｍもの高波が沿岸を叩き、約八〇〇ｍも内陸部まで海が押し寄せ、首都ハバナは水に浸かった。その後、カテゴリ三まで弱まっても、送電施設を破壊し、屋根を吹き飛ばし続けた。記録を更新するほどの激しいハリケーンだっただけに、ハイチで一二人、ジャマイカで二人、ユカタン半島で八人、フロリダで五人が命を落とした。だが、キューバでは誰一人として死んでいない[10]。

二〇〇八年の八月末と九月初頭にはグスタフ（カテゴリ四）とアイク（同）が立て続けに襲来した[11]。アイクだけで、被災家屋は三〇万戸以上[1]、全体では、五〇万戸が破壊され、二〇万人が住宅を失い、農作物も三五パーセントが被害を受けた大災害だった[12]。両ハリケーンは、その後、ハイチと米国にも襲来する。その勢力は、ハイチではカテゴリ一、米国ではカテゴリ二にまで弱まっていたが[1]、ハイチでは一五〇人、米国でも一六〇人もの犠牲者が出ている[13]。だが、カテゴリ四と最も激しい段階で両ハリケーンの直撃を受けたキューバでは、前者の死者は皆無。後者も七人が命を落としただけだった[2]。

ハイチ、ジャマイカ、米国。経済や社会、政治体制の違いを超えて、どの隣国であれ多数の死傷者がでていることを思えばこの数値は衝撃的ですらある。[14] 一九九五年〜二〇〇六年にかけてキューバは熱帯暴風雨に三回、ハリケーンに八回ほど見舞われている。うち、四回はカテゴリ三以上の大型だった。

「ですが、その全期間を通じて、命を落としたのは三四人と年平均三人にすぎないのです」

気象研究所のホセ・ルビエラ博士は具体的な数値をあげる。[15] 博士は国連の世界気象機関のハリケーン委員会の副委員長でもある。キューバの死傷者は大西洋全域で最も少なく、その記録は先進国に匹敵するどころかむしろ上回る。[9] 国連開発計画や赤十字がモデル事例として、繰り返し評価しているのもそのためだ。[3] 二〇〇九年一一月二七日には気候変動で深刻化する気象災害をテーマにBBCが環境ドキュメンタリーを放映しているが、そのモデルとして取り上げられたのは、やはり、キューバなのだ。[16]

三〇〇万人が安全圏に避難する

だが、以前からそうであったわけではない。キューバは、ハリケーンの通り道に位置する。[12] 大西洋上で発達したハリケーンは、まず、キューバを叩いてから、ガルフ・コーストへと北上していく。[17] だから、過去には他国と同じように、数多くの死者を出してきた。一九三二年一一月九日に中央部のカマグエイ州に上陸したハリケーン、サンタ・クルス・デル・スルは、二五〇km／時（七〇m／秒）の強風に高波を伴い、[12] 三五〇〇人以上の人命を奪った。[17]

その後も被害は続く。ハバナでは一八四四年のハリケーン、サンフランシスコ・デ・アシスで五〇〇人が命を失い、一八四六年にはサンフランシスコ・デ・ボルハで六〇〇人の死者を出している。[6][18] 一九二六年にも六〇〇人以上、[18] 一九四四年のハリケーンでは二六九の建物が崩壊し、三三二〇人が死んでいる。[6] 地方も同じで、一八七〇年のサン・マルコスではマタンサス州で六〇〇人の犠牲を出している。[18] 革命後の一九六三年一〇月のフロラでも一一二六人が死んだ。[15] では、なぜ最近は、ほとんど死傷者が出ないのだろうか。防災の専門家、カリフォルニア大学のベン・ウィスナー博士は、次のように指摘する。[6]

「最も大切なことは、タイムリーな避難に思えます。極めて貧しい国であるにもかかわらず、ミチェルでは、四八時間で約七〇万人が安全、かつ、スピーディに避難したのです。キューバにはオンボロの車両しかなく、燃料も不足し、道路網も不十分なことを考えれば、これはかなりの功績です[6][9]」

国際赤十字赤新月社連盟の二〇〇二年のリポートの指摘も同じだ。

「中米やカリブ海の隣国とキューバとの犠牲者のコントラストは際立っている。[19] ミチェル襲来時にタイムリーな避難で人命救済に成功したことは、政府主導の効果的な防災モデルとなっている[2]」。

避難はキューバの十八番だ。イワンの時も約二〇〇万人が避難し、[20] グスタフとアイクの際には約三〇〇万人が避難した。[12] 三〇〇万人といっても、人口一一〇〇万人の中での三〇〇万人だ。国民の四人に一人が避難したことになる。とうてい不可能なことのようにも思えるが、ジュネーブにある国連国際防災戦略のサルヴァノ・ブリセノ事務局長は「そのやり方は同じ貧しい他国にも簡単に適用できます。そして、豊かな国であっても、キューバがやっているようにはその国民を守ろうとはしない国にさえ適用できる」と述べている[9][14]。危険地域から国民を避難させるかどうかは、国民の命を守る意志が政府にあるかどうかだというのだ。

防災の文化をキューバから学ぶ米国

物質的に窮乏しているキューバよりもはるかに豊かな米国には耳が痛い指摘だが、さすがに米国はしたたかだ。カトリーナで辛酸を舐めて以来、キューバの防災対策から学べることは吸収しようと、数多くの医療や防災関係者が現地を訪れ続けている。

革命以来、米国とキューバとの国交は断絶している。だから、両国のハリケーンの専門家同士が始めて顔を付きあわせ、膝を交えて議論したのは、二〇〇七年五月にメキシコのモンテレイで防災会議が開催された時で五年前にすぎない。だが、ことが動き出せば米国は早い。翌〇八年の四月には、会議の参加者は実際にキューバに足を運び、防災制度を調査し災害関連医学施設を視察している[3]。

この調査に参加したルイジアナ州立大学ハリケーンセンターの創設者、アイボル・ヴァン・ヒールデン博士はこう述べる[17][21]。

「たとえ我が国の政府がキューバ政権をどれほどけなそうとも、災害時の避難や国民の医療ニーズを満たすうえで大成功していることは事実です」

博士は、避難計画や被災後の医療支援活動、防災教育から多くを学べると主張する[21]。

二〇〇九年四月には、テキサス州のガルベストン市からライダ・アン・トーマス市長が視察団を率いてキューバを訪れた[3][17]。同年七月には、カトリーナ襲来時に合同特別作業班の司令官であったラッセル・ホノー元中将が、ルイジアナ東南部洪水保護局のロバート・ターナー局長ら責任者を率いて現地交流を行っている。ターナー局長の感想は、ただ一言、「目から鱗でした」[3][17][21]だ。局長は、米国のハリケーンの予測技術がいくら優れていたとしても、コミュニティ段階での防災や被災後の対応に深刻な欠陥があれば無意味だと警告する[3]。それでは米国の防災対策はどうすれば充実できるのだろうか。現地を視察した防災関係者たちは、二〇〇九年一一月に前出のホセ・ルビエラ博士とラテンアメリカ災害医療センター所長のギジェルモ・メサ・リデル博士を招き、ニューオリンズで会議を開催し、善後策を検討している。この会議には、エモリー大学の災害復旧の第一人者、アレックス・イサコフ博士も参加したが、博士もキューバの取組みに衝撃を受け、次のように語っている。

「米国では、適切と言える市の防災計画は一〇パーセント以下しかありません。私たちは、防災意識も安全の文化も欠いていて、防災は一人ひとりの責任となっています。ですが、キューバでは物質面でもメンタル面でも各個人に責任を負わせようとはせず、システムとして対応しているのです」

米国では、国民の移動が激しく、それが人々の連帯感を希薄化させているが、博士はその現状に甘んじていてはいけないと続ける。

「私たちも連帯への努力が必要です。キューバのように全国民が防災に参加するように草の根のコミユニティにインセンティブを持たせる準備をしなければなりません」

ホノー元司令官もキューバをモデルに「防災の文化」を取り入れるべきだと主張する。

「我々は、ハリケーン・シーズンに備えるよりフットボール・シーズンに準備することに時を費やしている。ほとんどの米国人は、いざ災害があれば政府が守ってくれると信じ込んでいる。だが、現実には三億人にも増えた国民への緊急対応だけで手一杯だ。我々は、自ら備えなければならない。そして、防災に一ドルを費やせば、それは、災害対応の九ドルを節減できることになる[3]」。

国民を守るには災害に対してレジリエンスのある社会を育成しなければならず、その鍵は、コミュニティとのパートナーシップにある。それがニューオーリンズでの結論だった[3]。

分散型発電と自然エネルギーで災害に強い国土を目指す

ホノー元司令官は、こうも語っている。

「ルイジアナ州の貧しい地区にはプールがない。だから、子どもたちは泳ぎ方も救命技術も学ぶことができない。非常時にどうサバイバルするかを我々が教育しなければ、ハリケーンだけでなく、将来、原発事故が起きた時に、大問題を抱えることになってしまう。送電網の保護強化も欠かせない。送電線がダメージを受ければ、コミュニケーションが途絶し、我々は八〇年も昔に後戻りしてしまう[3]」。

ここで元司令官の二〇〇九年時の発言を抜粋したのには意図がある。キューバは、九〇年代に原発建設を中止して以来、再生可能エネルギーでの発電に力を入れ、ハリケーンに脆弱なソ連型の大規模火力発電所による送発電から、自律型分散型発電へのシフトという「エネルギー革命」にも取り組んでいるからだ。その分散化率は約四割。世界でもデンマークに継ぐほど高い[22]（二一八頁の表参照）。

オバマ大統領のグリーン・ニューディール政策に一役買った自然エネルギーの大家、ロッキーマウンテン研究所のエイモリ・ロビンス所長もキューバの取組みに着目する一人だ。

「ソ連型の中央集権的なモデルから、レジリエンスなエネルギー・システムへのシフトが、米国の経済封鎖で老朽化した大規模発電所を使い続けたことで生じたとはなんと皮肉なことか。そして、いま、世界で最も問題を抱えた地域に、キューバモデルの恩恵をもたらすため、逆に米国をインスパイアーしている[23]」

「レジリエンス」とはまだ日本にはさほどなじみのない言葉だが、環境問題に造詣が深い枝廣淳子氏は、「レジリエンス」を「しなやかな強さ」と訳されている。また、京都大学大学院の林春男教授が会長を務める「レジリエンス協議会」によれば、これまで、日本語の『防災力』にあたる適切な英語表現はなかったものの、二〇〇五年に神戸で開催された世界防災会議において、兵庫行動枠組みが採択されて以来「レジリエンス」が「防災力」という意味で使われているという。

さて、この本で筆者たちはホノー元司令官がいみじくも語ったように、キューバを素材にして、日本で「防災の文化」をどう育んでいくのかについて考えていきたいと思っている。

今から六年前の二〇〇五年二月二三日の衆議院予算委員会の公聴会で、「原発震災」を警鐘していた石橋克彦神戸大学名誉教授は、こう述べている。

「そもそも日本列島にいる限り、地震と共存する文化を確立しなければならない。従来は自然と対決する文明で、それに対して最新技術でバックアップしようという考え方だったが、自然の摂理に逆らわない文明を我々は作っていかなければならない（略）。開発の論理、効率、集積、利便性の論理、東京一極集中、都市集中の論理を見直し、保全、小規模、多極分散、安全と落ち着き、地方自立、国土の自然力と農村漁村の回復をキーワードにした根本的な変革が必要である」

ハリケーンと地震とでは災害の形態はもちろん、対応の仕方もまるで違う。なにより事前予測が可能なハリケーンと比べ、突発性の津波や地震は事前対応が不可能に近い。

とはいえ、迫り来るリスクに対する備え、一度起こってしまった災害からの回復力という面で幅広く防災を捉えるならば、米国と同じように、日本もキューバから得られるものがあるのではあるまいか。キューバは、自然の摂理に逆らわず、まさにハリケーンと共存するともいうべき文化を育んできているからだ。二年に一度は、ハリケーンの直撃を受け、家や道路を壊され、停電に苦しめられながらも、くじけることなく、その度に立ち上がっていく陽気な人々。だが、その活力のバックには、たとえどんな災害が来ようとも人命だけは救われ、政府や地域コミュニティがきっと復旧を応援してくれるという安心感と希望がある。これこそが、革命以来五〇年にわたって、キューバ人たちが築き上げてきた「防災の文化」の神髄なのではないだろうか。では、さっそく、キューバの「防災の文化」を探る旅へと出かけることとしよう。

I

三十六計逃げるに如かず、備えあれば憂いなし

キューバのハリケーンの凄まじさは、日本の台風の比ではない。強風で屋根は吹き飛ばされ、家はなぎ倒され、バスは横転しテレビ塔も倒れる。おまけに、海岸沿いには数メートルの高潮が押し寄せる。高波が引いた後には廃墟しか残らない。にもかかわらず、死傷者がほとんど皆無に近いのは、危険をいち早く政府が知らせ、水、食料、電気と万全の事前準備をしたうえで、危険なエリアから安全な地帯に逃げるからなのである。

非常用電源が設置されたディエス・デ・オクトゥブレ区にある病院（左）。同じくパン屋にも電源が設置されている（右）。電源喪失はこれによって避けられる。

1
欧米に匹敵するハリケーン予測システム

人命救済を最優先する国家

革命直後のキューバの息吹を伝える、故・掘田善衛の名著『キューバ紀行』（岩波新書、一九六六）は、次のようなハリケーンのシーンで幕が閉じられている。

「フィデル・カストロ少佐がいまホテルに来ている。あなたと会う予定だったが、ハリケーンがカマグェイに上陸し、被害が出たようなので、少佐はすぐにカマグェイへ行く。ついてはお目にかかれないので、お詫びを言いに来た（略）。二日後の新聞には、罹災地でフィデル・カストロ首相と大統領のドルチコスの両人が、膝まである水のなかで車の後押しをしている写真がのっていた。その写真を私はキューバをはなれる飛行機の上で見た」（一八八～一九〇頁）

キューバの災害対応は、何をさておいてもフィデル・カストロ前国家評議会議長の際立ったリーダーシップを抜きにしては語れない。被害が出れば、直ちに罹災地へと出向き、被害状況を調べては被災者を見舞い、テレビを通じて人民を励ます。例えば、二〇〇一年一一月にミチェルが襲来した際には、カストロはこう述べている。

「どれほど被害が大きくとも、我々はこの問題を克服する。我々にとって勝利とは、人命の損失が最小であることを意味する」

カストロに批判的なキューバ人でさえ、逆境の中で発揮される強力な指導力や勇気を賞賛する。ミチェルで多大な被害が出たマタンサス州を翌年に調査した米国の研究者は、次のような市民の声を記録している。

「マタンサスには、国内で一番高い橋があるのですが、カストロは自らを危険にさらしてまで傷んだこの橋を訪れました。そして、こう口にすることで人民を鼓舞したのです。『心配しなくてもいい。我々はもっと良い住宅を建てるつもりだ。是非、避難所に避難してもらいたい。我々は嵐が過ぎ去るまで、皆さん方が快適にすごせる食料、毛布、そして、医療を用意している』」(1)

プロローグで記述したように、こうした対応がなされる背景には、何よりも人命救済を最優先する革命の哲学がある。(2)キューバでは、医療、教育、文化、住宅、雇用、社会保障への人権が重視されているが、ハリケーンの際にも、人命損失を極力抑え、被災者の健康状態をケアし、速やかな復旧を図る政治的意思が貫徹されている。とはいえ、いくらカストロ個人が優れていたとしても、革命政権に人命尊重の哲学があったとしても、それだけでは人々の命は救えない[3]。優れた気象観測技術を駆使し、ハリケーンの経路をあらかじめ予測し[4]、危険地帯からいち早く人々が避難すること。人命損失が防げている最大の理由はそこにある[3]。

国民を安心させる正確な情報周知

ハリケーンが近づいて来てもキューバでは誰もあわてふためかない。人々はテレビをつけたり、ラジオの波長を合わせ[5]、音声が聞こえる場所から離れようとはしない。そして、メディアは迫りつつあるハリケーン情報を流し始める[6]。

だが、以前はそうではなかった。ピナル・デル・リオ州のある高齢の農民は、子どもの頃の経験を想起する。

「ラジオはありましたが、空模様を見るしかなく、ハリケーンが真上にきて天井が吹き飛ばされるまで何もわからなかったのです[7]」

だが、今は違う。通常の天気予報は六時間毎だが、ハリケーンが近づけば三時間毎になり[2]、襲来が予想されれば九六時間前にまず「初期警報」が出される[5]。そして、七二時間前に国内のある地域が危険だとわかれば、「周知段階」、四八時間後には「警報段階」、二四時間後には「警告段階」に入る[4][8]。二〇〇一年のハリケーン・ミチェルで、どのような早期警戒がなされたのか次頁の表をご覧いただきたい。大被害にもかかわらず、命を落としたのは五人だけであったのは、正確な「早期警戒」のメッセージが、不正確な噂が飛び交うことを防ぎ、どのような事態が進行中であるのかを国民に確実に知らせ、適切な行動を取ることを可能としたからだ[9]。

もちろん、早期警戒システムが威力を発揮するには、ハリケーンのモニタリングや適切な予測力が欠かせない。ほとんどのカリブ海や中米地域諸国は、世界気象機関の第四地域（北米、中米、カリブ海）の枠組みの下、米国国立ハリケーンセンターから発信される情報に依存している。だが、ハリケーンが近づけば米国の情報だけでは足りない。国内でのきめ細かい予測が必要となるのだが、どの国もそれだけの能力を備えていない。ところが、キューバだけが違う[10]。

気象研究所は、ハバナの本部に加え、各州に一五支局があり、六八の気象ステーション[11]、一二〇以上の気象観測所[10]、八カ所の気象レーダーに加え、気象衛星画像にアクセスする二カ所の地上ステーションを備え[11]、米国国立ハリケーンセンターに匹敵する予測システムを自力で開発してきた。ハリケーンの大がかりな科学研究も行われている西半球の数少ない国のひとつとして、ハリケーンの脅威度に応じ[10]、衛星情報、レーダー、船舶、ブイ、飛行機から情報を収集し、収集情報を数値モデルと比較し精査する[2]。こうして、一二時間、六時間、三時間毎に状況を国民に発信できるのだ[10]。

ハリケーン・ミチェルの経過

10 月 31 日

気象研究所は発達中の熱帯暴風雨に警戒の必要があると判断し、第一報を発信した。翌 11 月 1 日には 3、4 日以内にカテゴリ 3〜4 級のハリケーンとして襲来することが気象状況や予報モデルから予測され「早期警報」が放送された[9]。

11 月 1 日午後 2 時 30 分

「熱帯低気圧 15 号が、昨晩、熱帯ハリケーン・ミチェルへと発達し、現在、カリブ海北西、ピナル・デル・リオ州のコリエンテス岬の 490km 南方の洋上に位置しています。最大持続風力はハリケーンに近い 110km／時で、今日の午後にはハリケーンとなると予想されます。現在、熱帯低気圧は時速 11km で北西に進行中で、72 時間以内には、大型ハリケーンとしての襲来が予想されます。今後、ハリケーンは進路を北々東か北東に変え、西部と中央部で警戒が必要です。移動速度にもよりますが、11 月の 3 日か 4 日に襲来する模様です[11]」

11 月 2 日

東部と中央部が「警報段階」にあると確定。ラジオやテレビの気象情報は、はるかに頻繁となり、避難が始まる。

11 月 3 日

「ミチェル」はカテゴリ 4 のハリケーンとなった。これほど大型のハリケーンが襲来するのは、1952 年以来のことで、若い世代はまだこのクラスのハリケーンの経験がないため、「市民防衛」は、直ちに危険を知らせ、日暮れまでに、すべての避難や保護対策を終えるよう要請。気象予報センターは明日中にはハリケーンが襲来すると宣言。テレビは、一日中、大型で強力なハリケーンのイメージ画像を報道し続ける。

11 月 4 日

最大風速 250km／時で、ハリケーンが直撃。被害は広範、かつ、甚大で被災家屋は 16 万 6515 戸、うち、1 万 2597 戸が完全に破壊され、テレビ電波塔 9、送電塔 125 が倒壊、電話線は 5761 本が切断、被害額は 18 億 6000 万ドルに及んだ[9]。

「直ちには問題ない」で一万人が死亡

プロローグでは、二〇〇九年四月にテキサス州ガルベストン市のライダ・アン・トーマス市長がキューバを視察したと述べた。二〇〇四年から市長を務めるライダ女史は、先を見越したハリケーンの早期避難でその行政手腕を広く称賛されているのだが、その市長ですらモデルとしたいとキューバをわざわざ視察したのにはわけがある。一九〇〇年のハリケーン・ガルベストンではわずか一日で八〇〇〇～一万二〇〇〇人が命を落とし、米国史上最悪の災害を受けた苦い経験があるからだ[10][12]。ガルベストンもカトリーナと同じく、天災というより人災と呼べるべきもので、意外なことに、キューバが関係している。

たびたびハリケーンに襲われてきたことから、キューバでは、古くからハリケーン予測に力を入れてきた。カリブ海地域の最初の気象観測所をスペイン政府とカトリック教会がハバナに設立したのは[10]一八五六年のことだ[11]。中でもベニト・ヴィニェス神父は、ハリケーンの予報に熱心で、一八七〇年にはトレーニングを受けた何百人もの観測員からなる予報網がすでに整えられていた。二〇世紀前半には、キューバのハリケーンのモニタリング技術力は米国を凌駕していたのだ[13]。

プロローグで述べたとおり、ほとんどのハリケーンは、まずキューバを襲う[8]。だから、ベレン気象台の院長、ロレンツォ・ガンゴイテ神父も、ガルベストン・ハリケーンの経路を正確に予測し、ハリケーンがガルベストン島に向けて直進していると警告することができた。ところが、アメリカ気象局はこれ

ハリケーンはすべての屋根を吹き飛ばすほどの威力を持っている（キューバ、グランマ紙提供）

を無視し、繰り返し発信される警告電報に対して「これ以上出すな」とまで返信した。ハリケーンは東部海岸に向けて北上し、ガルフ・コーストからは遠く逸れるに違いない、というのが気象局の確信で、ガルベストン市に対しては「雨はまもなくあがるでしょう」とまで予報してみせた。

だが、その予報が出されたまさに当日に風速二一六km／時で襲来したハリケーンの高潮で、平均標高が二mほどしかない島のほとんどは海面下に沈み、家屋の半分が押し流されてしまうのである。もし、気象局がキューバからのタイムリーな警告を無視せずに、住民を避難させていれば、惨事は未然に防げたことであろう。キューバの予測力の高さは米国側も十分に知っていた[10]。だが、気象局はこの警告を意に介さなかった。どうやら、自分たちより優れたキューバの予測力を嫉妬しメンツがつぶれることをさけたかったらしい[10][13]。だが、真の理由が何であれ「直ちには問題がない。避難する必要はない」という住民への周知が、米国史上最大の惨事を招いてしまったのである。

キューバの領空を飛行する米国の気象観測機

ガルベストン以降、米国はキューバとの情報交換を始め、一九七八年に世界気象機関がハリケーン委員会を設立してからは、その協力はさらに後押しされている[8]。だが、対応のまずさで惨事を招いたという意味では、革命政権も大差がなかった。たしかにキューバは米国よりも早く、気象観測網が整えられていた。だが、ルビエラ博士は近代的な早期警戒体制づくりが本格化したのは、革命後だと指摘する[11]。

革命政権が「気象研究所」を設立するのは、一九六五年一〇月一二日のことだが、それは、多くの人災を出した一九六三年一〇月のハリケーン・フロラが契機となっている。カストロの命令により、軍や内務省は、避難や被災者の救出に尽力をつくしたが、キューバには、まだこうした大規模災害に対応する準備ができていなかった。結果として、一一二六人もの死者を出し、多大の資産も失われた。これは誕生したばかりの革命政権には大変な衝撃だった[14]。革命政権は直ちに現行体制の抜本的な見直しに着手し[15]、災害対策の最優先事項を人命救済へと大きくシフトさせる[13]。この改革は、それ以降も大きな影響力を持ち、災害対策思想を根幹から規定していくこととなる[14]。また、避難と早期警戒システムも導入された。ハリケーンは海洋で発生してから上陸するまで数日間の余裕があるため、その間、人命保護に向けて政府が手を打つことが可能だからだ[10]。

とはいえ、旧ソ連から支援を受けて、警戒力の強化を目指したものの[14]、ハリケーン予報力は、その後に発展した米国国立気象局に大きく遅れを取ることになる[2]。一九七〇年代には「気象研究所」は冗談で「デマカセ研究所」(Instituto de Mentirologia)と呼ばれていた。スペイン語で気象(meterologia)とデマカセ(mentirologia)の発音が似ていることをもじった駄洒落だが、正確な予測をできず、研究所は国民から信用されていなかった[14]。

そこで、八〇年代からは様々な改善が図られる。予測力を高めるため気象センターに投資を行い[2]、良質なレーダー画像を取得するため装置を更新し、既存の観測所を更新するとともに、新たな観測所も増やす[14]。また、米国との対立で一九七〇年代から八〇年代にかけては、マイアミにある米国国立ハリケーンセンターとの関係も歴史的に最悪なものとなっていたが[14]、その後、コンスタントに情報交換を行い[2]、米国の科学者とも連携して、ハリケーンの経路を予想するようになっていく[8]。ハリケーンセンターの所長を七年勤め、二〇〇七年に退職したマックス・メイフィールド氏はこう語る。

「フロリダに向かうどんな嵐も、キューバを超えますから、彼らの観測が必要なのです。そして、彼らは航空機からの我々のデータを必要としています[16]」。

キューバに対し経済封鎖を実施しているのは、米国商務省だが、同省の気象観測機、AP3号機が、キューバ領空内を飛行することをキューバ側は許可し、得られた情報を米国と共有しているのだ。[16][17]

ちなみに、一九六二年一〇月の「キューバ危機」の最悪の瞬間は、キューバ上空を偵察飛行していた米空軍のU2偵察機が、二七日の早朝に地対空ミサイルで撃墜された時だった。誰もが第三次世界大戦の勃発を予想した。また、九六年二月二四日には、反キューバ組織が所有するセスナ二機が再三の警告を無視して「キューバには領空侵犯機を撃墜する能力などない。撃ち落せるなら撃ち落してみろ」と挑発的に領空を侵犯し、ミグ戦闘機に撃墜されている。[18] これだけ緊張感のある両国なのだ。観測機が領域内を飛行することがどれほど大変なことかがわかるだろう。だが情報を共有することで、一九九九年にはキューバは米国やヨーロッパに匹敵する、八九〜九二パーセントの正解さでハリケーンを予測できるようになった。[2][14] そして、ブッシュ元大統領の在任中は経済封鎖政策がさらに強化されたが、それでも、ことハリケーンに関しては、両国の気象学者たちは協力しあってきたのである。[16]

避難行動に結びついてこそ意味を持つ危険情報

「私たちは、メディア、何よりテレビを通して気象情報を人民に提供しています。キューバでは、たいがいどの家庭にも最低一台のテレビはありますし、テレビがない農村でもコミュニティ・センターで見られます。それに、ラジオも効果的です。ですから、情報は全員に届き、危険性が高まれば口コミでも伝わっていく。それが、人命を守る一助となっているのです。[4] ただの一人も命も落とさないよう力を入れているのです[19]」

前出のホセ・ルビエラ博士はこう指摘する。テレビは全国放送が四局、各州に一五の地方放送局があり、国民の九六パーセントはテレビを見ることができる。また、ラジオは五局、一五の地方放送局があり、六三のムニシピオにはラジオ局があり、九九・三パーセントをカバーしている[11]。

「ですが、いくら正確にハリケーンを予測しても、人民との対話なしには、それは意味をなしません[14]。例えば、人民は、ハリケーンをある一定の経路に沿って動く点とみなしがちですが、実際にハリケーンの影響を受ける地域ははるかに広いからです」

迫り来るハリケーンの経路を直線で描いてしまえば誤解を産む[2]。そこで、テレビでは六〇〜七〇パーセントの確率での予想経路とその強風や浸水で影響を受けるエリアが円錐形にプレゼンされる[2][10]。こうすることで、住民側は、自分たちが直面する危険性を良く理解できる[2]。

八〇年代の改革では、国民に災害情報が正確に伝わるための工夫もなされた[15]。連夜での気象放送も一九八一年から始まるが[2]、その際、それまでの夜のニュース番組のテレビ・キャスターに替わって、国営放送テレビシオン・クバーナでお天気キャスターとして最新情報を伝えるため、ルビエラ博士が登場した[19]。米国の天気予報ではキャスターの容姿の方が大事にされるが、キューバでは正確に伝わるように気象学者が情報を発信している[4]。

かつ、一般庶民にもわかるように、難解な科学技術用語を避け、予報に使う言葉も簡素化された[14]。

つまり、ルビエラ博士は絶えずテレビに出演し続けることになる。ニューオーリンズでの会議に参加したギジェルモ・メサ・リデル博士は「博士の姿を目にすれば、彼らは何かが起こっていることがわかります」と指摘する。[8] 住民たちも博士の早期警告に感謝している。[20]

前出のメイフィールド氏は、現在、マイアミ・テレビ局でハリケーンの解説員を務めているのだが、ルビエラ博士をうらやむ。

「彼は国営テレビ放送局にいつも出られるのですから、国民への周知はより簡単です。メッセージを発したい時は、彼はいつも発することができるのです。私もそんなプラットホームを持ちたいと思う時がありました[16]」

現在、ハリケーンセンターで、ルビエラ博士の女房役を勤めるのはリクィオン・アビラ博士で、BBCのドキュメンタリーにもルビエラ博士とともに登場しているが、画面に流れる両国の落差は著しい。ハリケーンセンターが最新鋭の機器を備えているのに比べ、気象研究所の装置は老朽化していてみすぼらしい。[20] 技術面ではいまだに米国ほど洗練されていないし、衛星情報とのさらなるアクセスも必要とされているという。[8] だが、いくら予測技術だけが発達しても、その警報が国民の準備や避難という具体的な行動へと結びつかなければ意味がない。ルビエラ博士の言う「人民の対話」というコミュニケーション上の工夫と結びついた技術進歩で、人々の早めの準備が可能となっているのだ。[14]

キューバでは、ハイテク機器にだけに頼ろうとはせず、電線が切れた場合を想定し、無線ラジオ協会の会員も災害に備える。イシドレとリリが襲来した際には、青年の島では停電でテレビが観られなくなったが、ムニシピオ政府は、アマチュア無線で気象研究所と連絡を取り続けることができた[7]。アビラ博士は、こうした取り組みを高く評価する。だが、同時に、その避難方式を米国で行うことは難しいとも指摘する。

「彼らは、人々をトラックに乗せて動かします。米国ではそんなことはできません[16]」

それでは、キューバの人々は実際には、どのように避難しているのだろうか。

◉現地取材1
ハリケーンに備える——ハバナ旧市街

ハバナの旧市街の住宅事情は劣悪だ。ハリケーンの直撃を食らえば死傷者もでかねない。そこで、著者の一人吉田の著書『「没落先進国」キューバを日本が手本にしたいわけ』にも登場したオンボロ住宅に住む芸術家、フリオ・セサル氏をまず訪ねてみた。だが、予想に反して氏には避難経験が全くないという。

「三六年この家に暮らしていますが、一度も避難したことはありません。市民防衛が建物を調べ、建築家も危険がないと言っているからです。もちろん、ハリケーンの時には、停電がありますし、ガスも止まる。ポンプも使えなくなりますから、水もあらかじめ確保し、料理用の燃料に薪とかも準備しておきます」

コミュニティ防災の要となるのは、ムニシピオ内のコンセホ・ポプラレスよりもさらに下にある「シルクンスクリプシオン」と呼ばれる選挙区だ（第Ⅱ章第4節参照）。セサル氏の地区代表、アントニア・パウラ・ガルシア・マルチネスさんに来宅してもらい話を聞いた。

「外から見るとこの建物は傷んでいますが、頑丈なことがわかっていますから、この家は避難しません。危険な家の場合のこの地区の

マルチネスさんは、地区の代表として約550人の住民の安全の責任を負う（フリオ・セサル宅）

避難先は近くの教会やポリクリニコ・アバニ、体育館です。ハリケーンが来れば、妊娠女性は病院やポリクリニコに入院させます。老人たちも、より頑丈な『老人の家』へと移動します。身体障害者も皆で応援して運びます。コンセホ・ポプラレスの段階で医師等の専門チームが作られ、責任を持って避難の役割を担うのです」

マルチネスさんは、避難訓練「メテオロ」が大切だと指摘する。

「私もこの地区に生まれ育ち四七年になりますが、二年に一度はハリケーンがあります。そして、一番大切なことは地域によってメテオロの内容が違うことです。この地区では、雨水が流れるよう排水溝を清掃し、電線を守るために長く伸びた木の枝を切ります。また、屋根も吹き飛ばないように片付け、飲み水や料理ができるように炭や飲料水も確保します。私が小さい頃からハリケーンの教育は受けていますし、今もやっています。それが大事なのです」

2 満を持してハリケーンを迎える

事前の準備で避ける電源喪失

第一節で述べたように、キューバの防災プログラムは、四段階からなっている。予測の次が準備だ。ラジオやテレビを通じて、襲来予報が告げられ、ある地域が危険とわかれば[1]、生徒たちは寄宿学校や学校から帰宅する[2]。住民たちは食料や水を備蓄するよう事前にアドバイスを受け[3]、石油ランプ、石炭、バッテリー、蝋燭、水と一週間分の米やマメ等の腐りにくい食料を確保し、窓にテープを貼り、家屋の穴を板でふさぎ、屋根の水槽を縛り[1]、強風で通路から吹き飛べば危険な残骸を片付ける[3]。安全のために自分たちで学校の屋根を解体・格納するコミュニティも出てくる[4]。

全米ハリケーンセンターのアビラ博士はこう指摘する。

「防災関係の責任者は毎年一週間のトレーニングを受けるため、マイアミにやってきます。ですが、我々のアプローチは、トップダウンで住民の参加はほとんどありません」

米国の防災計画や準備は、政府機関レベルにとどまっているが、キューバのそれはまさに多面的で、コミュニティから各個人レベルにまで及ぶ。そこに、キューバの強さがある。(5)

政府側も準備を始め、各組織や機関は完全に動員体制に入る。州やムニシピオの議長が、地元「市民防衛本部長」となり、各地区に設けられた「市民防衛センター」に司令部を設置し、必要な資材を確認し、もし、不足があれば直上のレベルの政府と連絡を密に取りあう。「防災計画」を元に、担当管内で予想される交通手段や施設の確保にあたる。各コミュニティでは、革命防衛委員会や学校の校長、ファミリー・ドクターたちが各自の役割を確認しあい、避難手順や避難場所、必要な資材をチェックする。(3)

米国ではハリケーンが襲来すると、病院他の施設が閉鎖され、被災者へのケアができない事態に陥りがちだ。だが、キューバは違う。病院や医療施設は開かれ、食料も流通し続け、電話回線も維持できる。なぜだろうか。災害中も病院や学校他、市民生活に欠かせない社会サービスを地域住民に提供する責務を負うのは、ムニシピオ政府だ。そこで、どの施設や住宅が脆弱かをあらかじめ特定し、直撃が予想されるハリケーンの強度に応じて、どれほどダメージを受けるか試算している。この防災計画を元に重要施設を守る手を打つ。脆弱だと特定されたエリアでは、ハリケーンが接近する前に、飲料水が運ばれ、病院、パン屋、食品加工センター、ホテル、学校、電話センターには、七二時間稼働する発電機が準備される。だから、たとえ強風で送電線が倒れても「電源喪失」という非常事態には陥らない。(6) 警報を発するときには、ほとんどすべてが備えられているとルビエラ博士が胸をはれるのも、これだけ満を持してハリケーンを迎えているからだ(7)。

戦車、トラック、バスを総動員し、危険地帯から全員避難

では、実際にハリケーンが襲来するとどうなるのだろうか。マタンサス州にあるホテルの支配人、シルビオ・ロドリゲス氏は、ミチェルの経験を想起する。

「ハリケーンは信じられないほど強力でした。中心からは離れていても風速は、時速一二〇km（三三m／秒）はあるように感じました。最初の風で電線はすべて切れてたれ下がり、明かりは消え、水も一週間断水しました。子どもたちは泣き叫び、世界に終わりが来たと祈りを捧げた人もいました。私たちは一二時間のホラー映画の中を生き続けました。嵐は一時間ほどで通り過ぎ去りましたが、風雨はその後も長く続き、通信も全くできませんでした。ですが、家に小さなラジオがあって、かすかな音でやっとハリケーンがキューバを抜けたとの放送を聞いたのです。それでも、風はとても強く、大きな物があちらこちらで飛んでいるのを目にしました。樹齢二〇〇年の巨木の根が剥き出しになっていました(1)」。

キューバのハリケーンは日本の台風とは比べものにならないほど強力だ。そこで、嵐が直撃する二四時間前に「市民防衛司令部」が避難命令を出せば、危険地域からの避難がいよいよ始まる。避難用の交通手段を提供するのも政府で(7)、バスや車両が準備される(8)。

一九九八年のハリケーン・ホルへでは、東部地方が危険だった。そこで一万台の車両しかないにもかかわらず、市民防衛は事故も起こすこともなく、洪水地域から八一万八〇〇〇人と七五万頭の家畜を七二時間のうちに避難させた。革命軍はヘリコプターや水陸両用車両を用い人々を高台へと搬送した。ミチェルでは、マタンサス州が危険だった。市民防衛とキューバ赤十字は、五〇〇〇台の車両しかない中、低地に居住する約七五万人を避難させた。天候が悪化する前に、バスは人々を避難所に搬送し、嵐が猛威をふるいはじめると、軍の戦車が人々を安全な場所へと運んだ。七四万一〇〇〇頭以上の家畜も高台へと避難した[1]。

二〇〇五年のウィルマでは、旧ハバナ州（二〇一一年一月からマヤベケ州）の南海岸にあるプラヤ・デル・ロサリオの全集落が危険だったため、何十台ものバスが用意された。一一三戸のうち、一一〇戸が破壊されたが、結果として死傷者はでていない[7]。経済封鎖が続くキューバでは、自動車の部品や燃料も不足しているが、バス、タクシー、農業用トラックを含め、市民防衛が国内にある全車両を動員できるため、こうしたことが可能なのだ[1]。

とはいえ、ハリケーンが来るたびに全員がバスやトラックに乗って移動するわけではない。ハバナ沿岸に位置するベダドのマレコン・ムニシピオでの避難事例をガルベストン市長が視察しているので、その記録を抜粋してみよう。

「市民防衛のメンバーたちが見せてくれたのは一・五mも浸水した地区の写真だった。こうした状況下では、建物の一階の全住民は避難しなければならない。部屋内の一切合財を一時的に上の階に移すことも必要だ。家具を上の階に動かしたり、そのエリアから完全に移動させたりする際には、革命軍や警察が手助けを行う。ただし、ほとんどの建物は頑丈に建てられているから、全員が避難しなければならないことは稀だ。避難が必要なのはたいがい建物の低層階の住民に限られる。例えば、一万四三七二人のうち、七二六一人は上の階に移動するだけで、最終避難したのは二五〇人だけだった」[6]。

貴重品や冷蔵庫等の大形家庭電化製品をアパートの上階や安全な避難所へ移動することで、政府は各家庭の私有財産を守っていることがわかる[8]。その場所にとどまり続ければ危険度が高いハリケーンの想定経路外に脱出するためのバスが出されるのはたいがいカテゴリ五級のハリケーンの場合で[9]、その際も危険ゾーン内の沿岸部の町等、リスクが高い場所から行われる[7]。

例えば、グスタフとアイクの際には、政府職員や軍を含め約七万人が民間人保護のために動員され、一七〇〇カ所の避難所や九〇〇カ所もの野外炊事場を設け利用できるようにした。避難所となるのは、たいがい政府の施設や学校だが、避難者は一〇〇万人を超える。公共施設だけではとうてい足りない[10]。だから、危険地帯に居住する住民の約八〇パーセントは政府の避難所ではなく家族や友人のもとに避難することとなる[5]。

子ども、女性、高齢者、病人を最優先

数十万、数百万人オーダーでの避難も、あくまでも人命を守るための手段だ。災害発生時に総指揮を取る「市民防衛本部」のホセ・ベタンクール大佐は、避難について米国のＮＧＯから問われた際に、次のように答えている。

「避難よりもまず人民の保護についてお話したいと思います。私どもは一〇〇パーセント、全人民を守ることが、政府の責務だとの前提からスタートしています。風速が一定速度に達すれば、電力も料理用のガスを止めるのもそのためです(11)」

前述した電源喪失の回避と一見矛盾するようだが、風速が毎時六〇㎞（一七ｍ／秒）に達すると(12)、国家電力委員会の要請で、電力公社は一般電源を切ってしまう。ショートで火傷をしたり、増水した水面下に隠れた電柱や切れた電線にうっかりふれて感電死したりすることを防ぐためだ(4)(12)。同時に汚染されている危険性があることから水道の給水も止まる(8)。

二〇〇五年のウィルマでも強風が吹き始める何時間も前から電気が切られたが、ハリケーンの動きが遅かったため、「電気を切るのが早すぎる」と不平をもらしたハバナ市民もいたという。だが、利便性よりは安全性の方が優先される(7)。

「そして、リスクによって人民をわけています。例えば、ハリケーンでは海岸等に居住する人民が地

理的に危険ですから最優先されますし、同時に、高齢者、病人、障害者、妊娠中の女性、そして、子どもたちも最優先されます[11]」

傷つきやすい住民を守るには、住宅と同じく守るべき対象者がわからなければならない。そこで、各ムニシピオ政府は、氏名、年齢、病気の有無、特殊なサービスの必要性等、詳細な情報を毎年更新している。各地域の市民防衛のリーダーも、州やムニシピオ政府と協働して、この膨大な記録をまとめあげている。州やムニシピオ政府の防災計画は、ハコものインフラだけでなく、脆弱な住民も考慮して立てられているわけだ[6]。この情報が、実際にハリケーンが襲来したときに威力を発揮する。

「各コミュニティで住民の避難をバックアップする市民防衛委員も必要な食料や医薬品等がどこにあるのかをわかっているし、コミュニティ内の誰に保護が必要で、かつ、どこに住んでいるか、そして、安全に避難をさせるには何が必要をわかっている」

米国の視察リポートはそう記す[5]。カマグェイ州にある子ども病院のディビス・サンチェス・ミランダ医師もアイク襲来時の経験を記述しているので載せておこう。

「カマグェイ州は人口が八〇万人弱だが、ハリケーンが到達する前に、医療関係者は、妊娠中の女性が四〇〇〇人、幼児が八〇〇〇人、医学上の問題を抱えた約三〇〇〇人の子どもたちと、リスクが高い人々を特定した。救急治療部が入院用に準備され、各避難センターには小児科の専門医が配置された[13]」。

このように、実際に災害が起こるまでに医療関係でも準備ができている[8]。

ペットも一緒に避難所に避難

カトリーナで米国が直面した問題のひとつは、住宅からの退去を拒否する市民たちの存在だった。地域によっては義務的避難がアナウンスされたにもかかわらず、地方自治体にはこうした命令を実施する能力を欠いていた[8]。となると、キューバで、万全の事前準備とタイムリーな避難で人命が救われているのは、米国を上回る強権的な避難が強要されているからではないのだろうか。実際、避難を強制義務と指摘している報告書もある。だが、事実は違う[4]。米国からの視察団もこの点に関心を抱き、担当者に再確認している。

「ハリケーンの経路内にとどまっていたときのリスクをほとんどのキューバ人は深く理解しています。ですから、結果として、自発的に避難しようとします。強制避難させる必要はないのです[8]」。

スムーズな避難が進む背景には、避難者側に立ったきめ細かい配慮もある、とハバナの防災責任者ペドロ・サエス氏は言う。

「はじめの頃は、誰も避難しようとはしませんでした。安全が第一だと納得させるには何年もかかったのです。ですが、避難経験を積めば、人々は避難したいと願うようになります。そして、私財の保護対策も実施しています。大きな建物には警備員を出し、泥棒が入らないよう警官も配備されます[12]」

避難に際しては、箱に貴重品を入れて、安全な場所に格納するサービスも設けられ、二〇〇四年のイワンでは、さらに対応策がバージョン・アップし、ペットも一緒に避難できるようにし、避難所にはペットのために獣医も待機させたという[4]。

ホセ・ベタンクール大佐も同じくこう指摘する。

「猫、犬、馬、牛、そして、豚。ペットだけでなく家畜も避難させます。家畜の避難は、二〇〇一年に中部のサンクティ・スピリトゥス州のレブリーへ・ダムの近くに住む住民、四万人を避難させたときにも教訓を得ました。人民を退去させたのですが、八〜一〇時間後に、家畜に餌や水をやるために戻らなければならなかったのです。国際的にも飢えた家畜が救護員を攻撃した事例があります。ですから、避難が長期にわたれば、家畜も避難させなければ問題が起こるわけです[11]」

ここまですれば、誰もが避難しようという気になるではないか。危険を熟知しているからこそ行動することをためらわない。そして、どこに避難すればよいのかをわかっているし、ペットが保護されることも知っている[5]。カトリーナを上回るハリケーンの襲来を何度も受けながらも、死傷者がほぼ皆無に近いのは、あくまでも自発的な意思で避難する「智民」とそれをサポートすべく年々進歩している政府の支援体制にあったのだ[4]。二〇〇七年のハリケーン・ノエルの際には、八万人が避難したが、水かさが増えた川を無理に渡ろうとした男性一人が死んだだけだった[8]。

ルビエラ博士が、災害で死ぬのはあくまでも「自己責任」だと述べるのもそのためだ。

「二〇〇一年のミチェルでは五人、二〇〇四年のチャーリーでは四人が命を落としました。ですが、彼らは危険を避けられたのに、自ら危険に身をさらしたのです……。例えば、マタンサス州のコロンのある女性は、ミチェルの時に自宅が倒壊する危険があったので、自宅近くの安全な親戚宅に避難していました。ですが、彼女は愛煙家で、ハリケーンの最中にタバコがないことに気づきます。それで、取りに自宅に戻ったところで家屋が倒壊したのです。チャーリーでは、あるハバナの女性が工事中の壁が崩れて、生き埋めとなって死にました。彼女の住居は安全でしたが、建設中の建物が隣にあって危険なため、夫と二人の子どもと一緒に避難所に移動していました。ですが、避難所で家に一瓶のラムがあることを思い出します。そして、自宅に戻りラム酒を飲みながら、ポーチに座って、ハリケーンを見ていたのです。こうした人々は危険があるのに自分達がずさんな行動をしていることに注意を払わない。ですから、防災対策を完璧にするには、さらに人民教育が必要なのです[14]」

ベタンクール大佐も翌年の事例を指摘する。

「二〇〇五年にグランマ州に襲来したハリケーン・デニスは、キューバにとっては大きな痛手で一七人も死者がでました。ですが、その理由を調べてみると、リスク認知の低さが原因として大きかったことがわかりました。この地域は、これほどの激しい嵐が過去に何年もなかったことから、その経験が集団的な記憶から薄れていたのです[11]」。

キューバは、この手痛い経験を生かし、二〇〇五年からさらに防災対策の新たな改革に取り組んでいくことになる。

◉現地取材2
防災専門家に聞く

憲法に基づく市民防衛

市民防衛制度について、大学で防災学の教鞭を取るエベリオ・ラミレス・キンデラン教授とキューバ赤十字の顧問であるラテンアメリカ災害センターのマリア・デ・ロス・アンヘレス・デ・バロナ博士はこう語る。

「私が大学で担当しているのは、災害防衛システムと防災システムです。全学部でこの二科目が必修です。ハリケーンや豪雨等の自然災害から国民や経済を守るため、憲法に基づいて市民防衛法が制定されています。市民防衛制度では、リスクが高い地区のことをまず調べ、次にそれを減らすために対応を行う。政府や公社等はもちろん、企業、病院、工場等あらゆる組織が、何が脆弱で何を守るべきか。災害時には何をすべきか計画を立てています。つまり、第一は予防なのです。それでも被害が防げなければ、被災後に復旧活動が始まります。被災者を元の暮らしを戻す修復（リハビリテーション）と再建（レコンストラクション）です。もちろん、再建はかなり時間がかかります」

教授は災害では予防の重要性を指摘する。

「大切なことは事前に情報を周知することです。ハリケーンでは七二時間前にまず周知され、四八時間前には注意を呼びかけ、二四時間前には緊急警告を行う。そして、被災後には復旧活動が始まります。各四ステップで何をすべきかは誰もが知っています。もちろん、多くの人が準備し、避難していてもハリケーンがこないことも時にはあります。ですが予防が大切なのです」

マリア・バロナ博士が補足する。

「キューバは日本のような大地震や津波の経験はさほどありません。耐震建築は不十分で、改築も必要です。そこで、公衆保健省では安全な病院を建てる計画を進めています。ですが、自然の力は人の力よりも強いことを知っておかなければなりません。そこで、どの地域が危険か。そして、災害にどれだけのキャパシティーがあるかを元にハザードマップを作成して良い成果をあげています。さらに、住民に対して救助の仕方も教えています。もちろん、怪我人や病人への医療制度を設けていますし、高い建物から人を救助したり、おぼれた人を助ける専門組織もあり、全国では五万人が赤十字に参加しています。ですが、災害時には道が壊れて車両が入れないことも起きます。怪我人に最も必要なのは緊急救助で、その際、まず救助にいけるのは近所の人たちだからです」

教授はそのための防災訓練について話す。

「市民防衛、革命防衛委員会、女性連盟と誰もが毎年メテオロをやっています。そこで、国や州、ムニシピオ政府だけでなく、防衛委員会レベルでも速やかに準備でき、横の連携もとれるのです」

防災制度は国防と表裏一体

だが、ラミセス教授は、防災は国家セキュ

リティとも関係すると付け足す。

「今も世界は平和ではなく、ある日突然に戦争が始まることがあります。一七歳以下の子どもは両親と一緒に逃げなければなりません。老人や病人、妊娠中の女性も戦えませんから、医師も同行し、安全なところに避難します」

ラミセス教授（左）とマリア・バロナ博士（右）

マリア・バロナ博士は、戦争になっても何をしなければならないかを全市民が知り、子どもでもどこに避難するかを知っていると述べる。
そして、ラミセス教授は、キューバには長い国防の伝統があると続ける。
「五〇年前の米国からの侵略、プラヤ・ヒロンに対して戦ったのは国民でした。今も米国にはトリチェリ法他、キューバの制度を壊すための法律がたくさんあります。今も危機的状態にさらされているため、四八時間では二〇〇万人、七二時間では七〇〇〇万人の民兵を動員できる制度を整えています。たとえ、米国が勝っても大きな犠牲がでる。キューバが米国から侵略されずにきたのは、そのためです。全市民もそれを支援しています。防衛については全学部の学生が学ぶのもそのためです。いま、大学は一〇〇万人が卒業していますが、彼らが指導者になるのです」

◉コラム１
国防と防災

大型ハリケーンに何度も直撃されながらも、ほとんど死傷者を出さないキューバの実績は、各国の政治家や研究者たちの間でも大きな関心を呼んでいる。中には、キューバが社会主義国であるために、可能だと指摘する人もいる。

キューバの政治体制や経済は極めて中央集権化され、かつ、共産主義の単独政権が長期安定し、それ以外の国で一般的に見られる政治的な内部抗争もない。避難用の資材、インフラ、交通他の手段も政府が提供できる。ラジオ、テレビ、新聞も政府が統制管理し、民間の報道機関はない。そこで、ハリケーン等緊急時には、全メディアが全国市民防衛本部の統制下におかれ、国民に警告や指示を周知する役割を果たす。こうした社会構造が、様々な防災対策を実施する能力を支えていることは疑いがない。だが、ハバナ大学を卒業後、気象研究所の首席研究員として二五年以上もハリケーンや気象災害問題に従事してきたリノ・ナランホ・ディアス博士は、キューバの成果のバックには様々なファクターがあり、米国との対立や経済封鎖にも着目することが重要だと指摘する。

第一に、キューバは米国から厳しい経済封鎖を受けているため、自然災害にあたっても、物資が失われないように効率的に対応することを強いられている。

第二に、キューバは、常に米国からの軍事侵略のリスクを意識している。このため、キューバ社会は、究極的には米国からの侵攻にも対応できるよう軍事的な枠組みの下で高度に組織化されている。通常ならば、災害時には隣国からの援助を求める外交が行われる。だが、キューバは逆で敵国である米国に災害が利用され、付け込まれないよう警戒する。[1]

第Ⅲ章で詳述する、エネルギーの分散化も軍事と関連している。クーバ・ソラールのルイス・ベリス代表は、分散型のエネルギーが推進された理由のひとつをこう述べる。

「別の利点は戦争時です。キューバの長年の敵、米国は、以前ならば国家電力システムを六か七つの爆撃で壊せたでしょう。ですが、もはやできません。我々には数千の発電所があります。これを破壊するには何千もの爆弾が必要だからです[2]」

第三は、資本主義との強力なイデオロギーの戦いである。ハリケーンへの対応も、教育や医療と同じく、資本主義と社会主義とのイデオロギー闘争の一部として考えられている。キューバ政府が国民を痛いところに手が届くまでケアしているのも、米国に対して、キューバの制度がいかに優位であるかを立証するための実用的な機会となっているからだ。[1]

このようにキューバの防災ガバナンスは、極めて特殊な社会経済や政治情勢をベースに成り立っている。

3

市民防衛の仕組み

米国の軍事侵攻を想定して作られた市民防衛

これまでみてきたように、キューバではハリケーンによる死傷者が年々減少しているが、それは奇跡でもなければ、一足飛びに成し遂げられたわけでもなく、地道な努力が積み重ねられてきた結果だ。今も防災対策は改善され続けている。過去五〇年にわたり政局が安定してきたことも大きい。試みた対策を評価し、失策を改め、弱点を強化できるからだ。[1] キューバの防災制度は、どのように発展し、改良されてきたのだろうか。時系列でその流れを追ってみよう。

革命以前に災害に対応していたのは、赤十字、消防団、警察だった。これが機能していなかったことはプロローグでも述べた。そこで、革命後は「市民防衛」が結成される。「市民防衛」とは、第二次世界大戦中に民間人保護になされた様々な経験を活かして、一九四九年八月にジュネーブで調印された

「戦時における文民の保護に関する条約」に基づく組織でキューバ以外の国にも存在する。だが、六〇年以上の伝統があるとはいえ、先進国を中心に災害対応の手段として活用する動きが高まるのは一九七〇～八〇年代になってからだ。では、キューバの動きはなぜこれほど早かったのだろうか。それには、米国との対立を頭に入れなければわからない。[1] 例えば、一九六〇年九月二八日には「革命防衛委員会」と称される組織が市民の自発的な呼びかけで誕生している。「防衛委員会」という物騒な名前がついているのは、爆弾の投下など米国からなされる数多くのテロに対して、市民自らの手で自衛する必要があったからだ。[2] 一九六一年四月にはCIAが後押しする反革命キューバ人によるピッグス湾侵攻事件が起こる。軍事侵攻への危機感から革命政権も「全国革命軍」を創設する。革命後に国有化された企業を守るための自警組織、「産業軍組織」も編成される。これをベースに一九六二年二月には「人民防衛中央本部」が創設され、四月以降は、州、ムニシピオでも「人民防衛」が組織化されていく。七月三一日には革命軍の代表が各地域の人民防衛代表とミーティングを行い、その役割を論じあって合意がなされた。キューバでは、この日が「市民防衛」が誕生した日とされている。[1]

　誕生したばかりの「人民防衛」がまず経験したのは二カ月後の一〇月のミサイル危機と翌年一〇月のハリケーン・フロラだった。「人民防衛」には、フロラのような大災害に対応するだけの準備も能力もまだなく、結果として、多くの死者を出す。[1] 様々な経験を経た上で「人民防衛」がその名を「市民防衛」へと変え、法律第一一九四号（Ley No. 1194, 1966）により法的にきちんと位置づけられ、各省庁

の大臣や各レベルの政府代表からなる「全国市民防衛委員会」が設けられるのは、六六年七月になってからである。(1)(3)

同法が定めた市民防衛の役割を見てみると次のようになっている。

①警戒体制を組織すること

②全人民、とりわけ、子ども、高齢者、障害者を保護するために避難制度や避難所を計画・充実させること

③軍事侵略や自然災害に対し、生産活動を継続し、交通、通信、給水等のサービスを維持すること

また、次のような規定も定められている。

①全組織と国民に対し、市民防衛は防衛を義務として命ずることができる

②市民防衛が必要時に占有を命ずる資金や物品を各大臣は備えておかなければならない

国民の命を守ることが市民防衛の役割であることから、避難や警戒部分は理解できても、平和な日本の感覚では防衛の義務づけや軍事侵略というフレーズには違和感を覚えられるのではないだろうか。とはいえ、キューバからすれば、米国の軍事侵攻から自国民を保護することが設立の主目的であって、その発足当初から「市民防衛」は自己防衛組織としての軍事色を帯びていたのだ。六〇代末からは小中学校やプレ大学、その後は大学にも「防衛」が授業科目として導入されていくが、これも米国の軍事侵攻に備えるためであったし、一九六七年から八〇年代末にかけては、数多くの軍人が市民防衛の訓練を受

けるため渡航したが、その留学先は旧ソ連だった。[1] 一九七六年の法律第一三一六号（Ley No. 1316）では、緊急時のみならず平和時にも防衛対策を計画、組織する「市民防衛本部」を創設することを定め、[1] 全成人が防衛訓練を受けることも義務づけられる。[4] キューバの市民防衛は冷戦構造を反映したものだったのだ。

その後も様々な災害を経験しつつ、制度改正は行われていく。中でも、一九八六年から始まった全国防衛訓練「メテオロ」がその後にもたらした影響は大きい。発足時点では六～一一月にかけて襲来するハリケーンへの対応訓練だったが、その後、地元住民が参画する中で、それ以外の災害も含めた訓練へと発展していく。この運動を通じて、市民防衛本部や各地域に設けられた支局も、ダムの決壊、化学物質の汚染、流行病の発生等、様々なシナリオを想定して扱う災害の内容を広げていく。災害対応に重点がおかれていたものの、被害の緩和を含め、防災にも関心が向けられたのはメテオロのためであった。[1]

だが、まもなくソ連圏の崩壊でキューバは未曾有の経済危機に直面することになる。危機はあらゆる分野に及んだが、市民防衛も、災害対応物資がないという深刻な事態を経験する。この状況下で防衛体制の再編成が早急の課題となり、[1] 一九九四年一二月二一日、国会で国家防衛法第七五号（Ley No. 75）が可決され、[1][5] 翌九七年五月には「市民防衛対策制度に関する政令第一七〇号」（Decreto Ley 170 del Sistema de Medidas de Defensa Civil）が制定された。[1][34] ちなみに、政令とは各省庁段階で起草され、国家評議会が承認するもので、同政令は法務省から提示されている。この政令は、非常事態における各省庁や社会組織、公社が果たす責務を詳細に定め[1][4]、日本の知事や市長に該当する各州や各ムニシピオ議長が、地域の対策本部長として、主な政策を実施する仕組みを確立した。また、同政令では防災についても初めて明確に定義し[3]、非常時での情報周知、準備、災害対応、復旧と四段階での対応も整えた[3][4]。

神戸での国際会議を契機にリスクアセスメントに着手

二〇〇五年一月。阪神・淡路大震災から一〇年。神戸市では「国連防災世界会議」が開催され、「災害に強い国・コミュニティの構築」を目標に参加一六八カ国によって「兵庫行動枠組二〇〇五〜二〇一五」が採択される。会議に参加したキューバもこの動きを受け、二〇〇五年に全国、各州各ムニシピオの防災計画の徹底的な見直しを行う。その中心となったのが前出のホセ・ベタンクール大佐だ。これまでも防災では十分成果をあげてきたキューバで、なぜ、改めて見直しが必要となったのだろうか。大佐はその理由をこう説明する。

「二〇〇四年には大型ハリケーン、チャーリーとイワンに見舞われ、人命の損傷こそ最小でしたが、深刻な被害がもたらされました。そこで、これまでの経験を再評価し、世界の最善の対応事例と照らしあわせてみることとしたのです。全ムニシピオや省内で会議が開かれ、一〇〇〇人以上が防災について検討しました[5]」

各地域や組織毎に対応策や復旧状況が分析され[1]、検討結果は一一月三〇日に開催された全国会議で集約され、次の三提案が提唱される。[1][3]

①災害対応と復旧活動を強化するため、旧組織を改正し、「防衛委員会」を全レベルで動かす

②従来の「非常時対応」から「防災」へと全地域と全組織の災害計画を転換し、リスクアセスメントを含め、防災計画づくりを行う。

③防災対策を社会経済計画に統合し、国家予算にも防災関連予算を設ける。[1]

翌二〇〇五年六月、現国家評議会議長であるラウル・カストロ（当時国家防衛委員会副会長）は「省令第1号（Directiva No. 1/2005 del Vicepresidente del Consejo de Defensa Nacional）」を布告する。省令は、各地域と各経済組織に対して、詳細な防災計画を立て、かつ、計画を毎年更新することを義務づけ、防災計画の基礎として「複合災害リスクアセスメント」を行うことを定めた。また、国家安全保障に影響する一定規模の災害に対しては「国家非常事態宣言」をできることとした。[1] この改革の持つ意味をベタンクール大佐に解説してもらおう。

「これまでと哲学的に大きく変わった点は、災害緩和とリスク削減、つまり、事前準備が大きく重視されたことです。五カ年社会経済開発計画を例にあげれば、投資開発プロジェクトではこれまでも環境アセスが必要でしたが、さらに、複合災害リスクアセスも行わなければならなくなったのです。何年も前のホテルは、ハバナの海岸道路に沿って建てられているものがあり、ハリケーンの度に浸水します。ですが、現在建てられるホテルは、高台までセットバックされています。住宅も同じで、物理計画庁の

都市計画の研究を考慮し、住宅庁では土砂崩れや洪水他の危険性のある場所に新たに住宅を建てないよう規制しています。さらに、地震がある東部では、耐震建築も求めているのです[5]」

アセスが対象とするリスクは、豪雨、強風、波浪、氾濫、高潮の他、山火事、地震、地滑り、感染症、大規模な事故、毒物の流出まで含み、その手順は六二頁上段で示した図のように四段階からなっている[1][5]。市民防衛本部にはリスクアセスのための新部局も設置され[6]、全ムニシピオで複合災害リスクアセスの策定をしていく責任を負う科学技術環境省は、二〇〇六年にハバナ市内の一五ムニシピオから策定作業に着手した[1]。現在は、州段階では全州で策定がなされ、ムニシピオ段階では、最も脆弱なムニシピオから優先順に策定されている[5]。

このアセスで得られた大きな成果のひとつがハリケーンと関連するハザード・マップだった[6]。著者はUNDPリポートに掲載されていたマヤベケ州のムニシピオのひとつヒネスの中心市街地のハザード・マップを見たことがある。ヒネスはもともとインディアンの酋長、アバグァネクスが居住していた地区にスペイン人が一七一三年に建てた町で、人口は約七万人。ハバナから国内で最も早く一八三七年に鉄道も通じ（第Ⅳ章参考）、教会等の歴史的な建築物が残る由緒ある町である。そのハザード・マップでは豪雨による浸水リスクを示し、濃灰色が高リスク、灰色が中リスク、薄灰色が低リスク（斜線が人工的な危険地域）で、河川沿いが危ないことがひと目でわかるようになっていた[3]。

ＧＩＳを活かしたハザード・マップづくり

だが、いくら省令で定めたとはいえ、複合災害リスクアセスが、速やかに実施できた背景にはいくつかの先駆的な試みがあったことがある。その一つがＧＩＳだ。リスクは低地や海岸沿いといった立地条件だけでなく、しっかりした家屋に住んでいるかどうかでも変わる。ハバナの中心街、アバナ・ビエハが危険リストのトップにあがるのもそのためだ。一九世紀の建物は魅力的な観光資源だし、地元住人の誇りだが、傷みが激しい。平常時でも日平均二カ所はどこかで崩れているくらいだから、ハリケーンの直撃を受ければ、人口密集地域だけに死者もでかねない。危険な建物はあらかじめおさえておくにこしたことはない。そこで、アバナ・ビエハのムニシピオ政府は、国連環境開発から支援を受け、危険度を評価・モニタリングする地理情報システム（ＧＩＳ）づくりに着手し、二〇〇二年に完成させた。危険度の高い住宅をマップ上で掌握できるようになり、ハリケーン時にはＧＩＳをベースに二四時間体制で対応できるようになったのだ⑸。

もうひとつが、関係ムニシピオや首都総合開発グループ（ハバナ市の都市開発シンクタンク）とともに、キューバで一〇年以上開発援助に携わってきたスペインのＮＧＯ「平和、軍縮、自由のための運動」の支援を受けて、市民防衛が実施したリスク削減プロジェクトだ。ハバナ北部のムニシピオ、セントロ・アバナ、アバナ・ビエハ、プラサ・デ・ラ・レボルシオン、プラヤ、アバナ・デル・エステはいずれも北部が海に面し、過去に何度も海水の侵入や洪水被害を受けてきた[7]。一八一〇〜一九九七年の洪水記録を見れば、六八回のうち二七回、四三パーセントがハバナのものだ。沿岸部は傾斜も緩く排水が悪く、この地区に居住する住民約八万人は、ハリケーンや嵐の度に年に四〜五回は避難を強いられてきた[8]。なかでも、一九九三年三月の洪水では一〇億ドル以上のダメージやインフラ被害を受けた[7]。海水が侵入すれば、貯水槽にも海水が入り込み、数日間もあふれ続けて安全な飲料水が得られない。このため、プロジェクトは以下の四点から改善を目指した[8]。

①海沿いのコミュニティ、二カ所に早期警戒システムを創設
②海水侵入に対し地元の避難対応力を強化
③ワークショップやキャンペーン等で教育トレーニングを実施
④脆弱性のアセスメントを実施し、ハザード・マップを作成

アバナ・ビエハにはＧＩＳが整備されていたが、それは建物に限られ、洪水リスクは考慮されていなかったため、それも加味し、さらに詳細なマップが作りあげられた[7]。災害リスクの判断にＧＩＳが用いられたのは初めてのことだった[3]。そして、この結果、地元の防災力はかなり強化され[8]、五つのムニシピオには常設で防災地区本部が設置された[3,7]。また、複合リスクアセスを実施するため、アントニオ・エチェベリア大学のグループが他国の方法論をベースに手法を開発し、気象研究所、海洋研究所、ヘオ・クーバ等、関係機関の科学者たちも海水浸入と関連するハザード研究を行い、州やムニシピオ・レベルの

物理計画庁、統計部局、住宅庁の関係者もアセスの内容を検討した。こうして、市民防衛本部は、リスクアセスを実施するための方法論を確立できていたのだった。[7]

リスクアセスは、地元住民も作成に参画することで、意識を高めることも目指している。このため、「省令」には八四ページもの説明も付記されている。[3][6] とはいえ、各ムニシピオは立地条件も環境も異なれば、リスクの種類も多岐にわたる。そのためにガイドラインも策定されているとベタンクール大佐は語る。

「新たなガイドラインは二〇〇五年八月に完成しましたが、各種災害のリスクを評価する柱となるのが技術指針です。これは科学技術環境省の専門家たちが決定しましたが、感染病は公衆保健省、原油流出等の事故は運輸省と分野によって関係機関も指針を定めています。この専門的な技術知識を受け、我々市民防衛側はそこに優先順位を設けるのです。また、沿岸や山地等の地理的な位置、ハリケーンや熱帯暴風雨等の災害の歴史や強さ、地域内の工場やサービス機関への影響、住宅の建設状況等、様々なファクターに基づいて、地域や人民へのリスクをムニシピオ政府は分析していきます。これが管内の脆弱性を減らすための第一ステップとなるのです[6]」

各地域で脆弱性を分析し、リスクを絶えずアップデートしていくため、科学技術環境省内には、リスクに応じ数多くの専門分野からなる研究グループも編成された。[1][3] グループは、市民防衛本部が策定した「災害状況下のリスク研究の実施指針」と科学技術環境省が策定した「リスクアセス研究のためのガイドライン」を用いて[8]、各地でトレーニングを行い、ムニシピオでのアセスづくりを応援している。さらに、アセスの実施単位としては、ムニシピオよりもさらに狭い「コンセホ・ポプラレス」や「防衛ゾーン」が設定されている。エリアが狭い方が、どれだけのリスク削減成果が見られたか、後でモニタリングが行えるからだ[1]。

神戸の国際会議から始まった防災管理センターづくり

キューバは、国連開発計画、世界食料計画、スペイン国際開発協力庁、NGOオクスファム・ベルギー連帯の支援を受け、防災管理センターと早期警戒ポイントも設置していく。この契機となったのも神戸の国際会議だった。前述したプロジェクトの成果が「ハバナの沿岸居住区における防災：キューバの事例」として発表されたのだ[3]。

「兵庫行動枠組みの結果、私たちは、国連や国際NGOの支援を受け、防災管理センターを設立することにしました。キューバで最も大きな災害は水害です。そこで、一六九あるムニシピオのうち、まず五〇ムニシピオを最優先させました[5]」

ベタンクール大佐の指摘どおり、国内で最も脆弱なサンティアゴ・デ・クーバ州のムニシピオ、グァマに二〇〇五年六月にまずセンターが設置される[3]。

「以来、二〇〇八年までに八州の三六のムニシピオにセンターが設置され、別の二〇が設立中です。

市民防衛の階層構造

行政管理区域	市民防衛対象区域
国	全国市民防衛本部
州	州市民防衛委員会
ムニシピオ	ムニシピオ市民防衛
コンセホ・ポプラール	防衛ゾーン
シルクンスクリプシオン	革命防衛委員会等数組織

出典：文献（9）より作成

センターにはスタッフが在中し、事務所にはコンピューター、短波ラジオ、オーディオ・レコーダー、カメラ等が装備され、地元政府の片腕として機能します。センターは地域のリスクアセスメントの情報源にもなります[7]」

最終的にセンターは九六カ所設置することとされている。多くはムニシピオ政府の建物内にあって広さは二〇㎡と狭いが、プリンタやネットと接続したコンピューターが三台ある他、二台の電話回線、二・三Kwの携帯発電機も備えている[3]。それが、どうしたと日本の感覚で思わないでいただきたい。貧しいキューバではパソコンは一般住民も地方政府も手にできない貴重品である。だが、センターを設置したことで、市民防衛や気象研究所から画像・音声情報をリアルタイムで受け、災害対応や被災後の復旧段階で、州やムニシピオの市民防衛委員会をバックアップできるようになったのだ[1]。

また、ハリケーンの影響を最も受ける沿岸や山村では、数日間、連絡が途絶えたままになることもある。このため、孤立する可能性が高い三〇〇人以上のコミュニティに設置することとなったのが「早期警戒ポイント」である。二・三Kwの携帯発電機があるのは同じだが、センターよりは軽装備で、短波ラジオ、充電式電池、メガホンがあるだけだ。施設の運営もコミュニティ住民が行い、学校、郵便局、さらには、個人宅に設置されることすらある。ポイントは、センターのハブ組織として、コミュニティが直面するリスク状況をセンターに送る。たいがいセンター毎に三カ所程度だが、危険度が高いグァマには一四カ所もある。この情報を得て、ムニシピオ政府は現地状況を分析し、どんな手段を講じれば最適かを判断できる。ポイントも二〇〇九年までに一三七カ所設置され、さらに一六〇カ所設置することとしている。[3] 全国情報とポイントからの地区情報を整理することに加え、センターには別の重要な役目もある。過去の災害の歴史記録を備え、災害時に実施した行動を記録し、地元住民に防災訓練を行っていくことだ。[1] センターはＧＩＳも活用しているが、航空写真や衛星写真には次のような情報が載せられている。

・降雨パターンに応じた浸水地域、高潮の影響地域、保護が必要な住民、避難させる家畜のデータ
・発電所や高圧線、交通機関、主なダム、河川、ポンプ場、水道等、災害の危険が及ぶ可能性のある経済施設
・空港、ヘリコプター着陸用の広場、船舶を保護する場所、レーダー他の気象測候所やモニタリング施設、ハムラジオ通信士のいる場所、医療機関、家畜や作物保護用の機関、危険物を扱う団体、避難所と食料準備センター、家畜の避難場所など

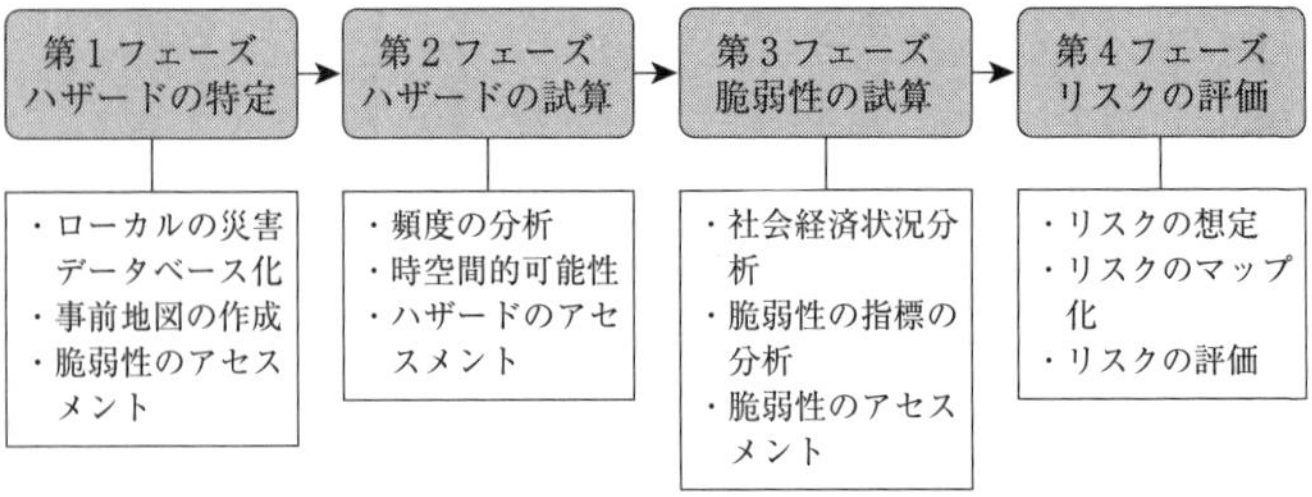

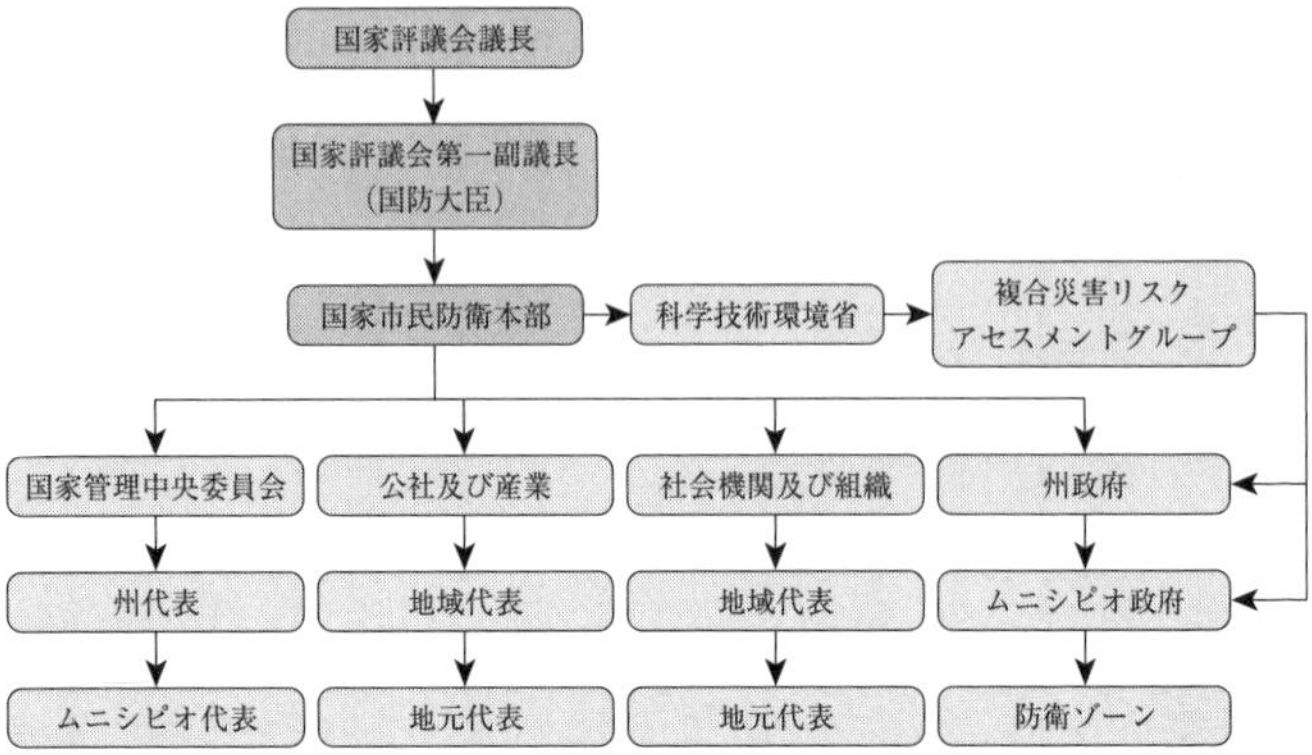

上の図は災害の各フェーズにおいて、何を行うかまとめたもの。下の図は市民防衛システム

防災管理センターが防災用にGISを活用したことで、地元当局や一般市民はさらにリスクを具体的に意識できることにつながった。[3]

トップダウンとボトムアップのシナジー

市民防衛が成果をあげている理由を市民防衛当局は、次のように説明する。

①マネジメント体制。市民防衛は各地域や各組織の代表が管理し、その管轄内の災害対策の全責任を負っている

②制度のカバー範囲。全国土、全

組織、全機関をカバーしている

③国防軍と内務省の協力。災害時には両組織ともローカル政府の指揮下におかれ、避難や復旧活動に積極的に参加する

④社会経済の発展段階に応じた組織づくり。対策にあたっては、現実の人材や資材、財源に常に考慮し、一方、時代の流れに遅れないよう、絶えず改革を行っている[1]。

キューバの市民防衛は政府の一機関というより、政府機関はもちろん、国内の社会組織や政治団体から編成される国全体のシステムだ。そして、市民防衛の最高司令官は、非常時には災害と関連する全部門を調整する権限を持つ。

「ですから、市民防衛システムは、ある面では極めて中央集権的です。ですが、一方ではとても分権化されています。例えば、どの州でもどのムニシピオでも、市民防衛の代表は、各州やムニシピオ政府の代表が兼ねています。交通、医療、食品産業、教育、地元の社会的な組織等、管内にある全組織を束ねる市民防衛の司令官となるわけです。各省庁間がうまく連携されていることが最も大切なのです[5]」。

大佐は連携の重要性を指摘する。前節で紹介した早期警戒システムも市民防衛体制の一部で、①気象研究所等の科学機関が脅威をモニタリングして検出、②このリスク情報を受けた当局が各レベルで意志決定し、③マスメディアや社会組織がリスクと意志決定の情報を周知、④情報を受けた人民がそれに対応するという流れとなっている。とはいえ、こうした中央集権的な対応がなされるのは、ハリケーンの

ような全国規模での災害であって、地域的な集中豪雨や感染症の発生のように地域レベルで対応できるものは分権化されている。[1] ハザード・マップづくりも、政府だけがやっているわけではない。コミュニティ・レベルでもファミリー・ドクターや革命防衛委員会、キューバ女性連盟が中心となり、ハザード・マップづくりを補完する。例えば、ハバナのキューバ女性連盟のある地区の代表はこう発言する。

「私が担当する地区のある建物には、車椅子のおばあさんがいますし、あるアパートの二階と三階には二歳以下の子どもがいるシングルマザーが一一人います。同じブロックには妊娠中の女性も二人います。彼女たちは、逃げるのに手助けが必要ですし、避難所でも特にケアが必要でしょう」

避難にあたり誰に手助けが必要なのか。その手伝いを誰がやるのかがおさえられていることは大きい。革命防衛委員会もどの家が壊れやすく、どの家が頑丈で避難所として活用できるのかを、家庭の状況も含めて掌握している。ハリケーンが差し迫れば、作った人がその場所を訪れて再確認することでこのマップは更新される。具体的な情報が織り込み済みだから、防災計画も効果的に機能する。[4] このように防災活動に全住民が活発に参加することが、人命の損失や経済的損失を最小に抑えることに寄与している。[3] GISの整備には資金がかかるが、こうしたマップなら人さえいれば作れる。貧乏国には打ってつけだ。数十万人から数百万人もの避難が可能な裏にはこんなカラクリがあったのだ。一方で世界の動きに遅れないよう、防衛関連国家科学技術プログラムを通じて、政府は災害と関連する様々な分野の研究開発に資金を投じている。

要するに、それぞれが成果をあげつつ、相互に密接につながり、全体としてはさらに大きな成果をあげるというシナジー効果が発揮されている[1]。

人間は雨風も波浪も止めることはできない

ベタンクール大佐は言う。

「長年蓄積されてきた脆弱性を一夜でなくすことができません。ですが、最も大切なことは、災害が起きてしまった後に二度と同じ被害が起きないようにすることです。人間は、風雨も波浪も喰い止めることができません。ですが、確実な仕事を行っていけば、その影響から人間や経済をそれほど脆弱でないようにすることはできるのです[5]」

復旧がなされるエリアは、もともと脆弱で繰り返し被災する地帯だが、今は複合リスクアセスによって防災要件を満たすことが義務づけられたため、回復事業で整備される新たなインフラは、以前よりもしっかりと整備される。長期的に見れば再び被害を受けることがほとんどない。大佐が言うように、市民防衛は年々改善され、大型ハリケーンの頻度が増す中でも死傷者数を少なくしている。とはいえ、さしもの市民防衛システムにも限界がある。それは、住宅等の物的被害だ。防災が専門の米国コロラド大学ボールダー校のロジャー・ピエルケ博士は二〇〇三年にキューバの経済的ダメージを詳細に分析しているが、この研究によれば、ハリケーンによる被害が恒常化し、以前の復旧を終えないうちに、また次のハリケーンに叩かれる、という状況が続いている。多くの経費が災害復旧に割かれ、新たな住宅開発に投資を向けるゆとりがない。投資が滞れば、破損したインフラ維持にも支障を来たす。国家経済への負担は蓄積し続ける一方だという。

では、キューバの被災後の復旧はどうなっているのだろうか[1]。

◉現地取材3

被災者に聞く

避難所生活はピクニック

「二〇〇一年のミチェルのときは、あの家の窓まで高波が達しました」

ハバナ市郊外の沿岸の町、バラコアでマリナ・オソリオ・メンドーサさん（六二歳）とベルキス・メディーナ・サンターナさん（五三歳）は壊れたままの家を指差す。

「ミチェルは強風が問題で、避難を奨められたのですが、家が心配でしたので逃げませんでした。でも、天井が吹き飛ばされてしまったのです」

メンドーサさんの家は二〇〇五年のウィルマでも被害を受ける。

「この時は避難しました。午後一時過ぎには危なくなるとの知らせがあって、ポデール・ポプラールが車からスピーカーで避難を呼びかけ、その後、革命防衛委員会と女性連盟が二度、三度も巡回に来たのです。そこで、避難の準備をし、四時にはこの狭い路地にトラックもバスも入ってきました。私は親戚の家に避難しました。三人家族なので、受け入れを名乗り出てくれたのです。行ってみるとすでに三〇人が避難していました。子どもも部屋を空けてまで、ボランティアで受け入れを名乗りでてくる。これも困った時のキューバの連帯なのです。

マリナ・オソリオさんが指差す家はこわれたまま人がすんでいない。この家の裏はすぐ海岸に接している。

　近所の人たちは、ここから数キロ先のラテンアメリカ医科大学や小中学校に避難しました。また、避難中には空き家になりますが、泥棒が入らないよう警備もつくのです。ですから、誰もモノを盗まれないのです」

　避難先での生活はどのようなものなのだろうか。

「避難先では食料をもらったと聞いています。直にマットを敷いたり三段ベッドがあったり、人数によって色々ですが、たとえ石鹸を持参しなくても洗濯もできるようになっていて、医師も来たそうです。この地区でも、治療が必要な患者はラテンアメリカ医科大学やポリクリニコにでかけ、学校にも看護師と医師が向かいました。子どもと老人が優先され、牛乳やジュースをもらったのです」

「では、ピクニックのようなものですね」

と聞いてみると、オソリオさんはうなずいてほほ笑んだ。

政府の支援は最低限

「避難していたので後で聞きましたが、ハリケーンで浸水したのは夕方だったそうです。その日には戻れず、翌日に水がひいてから、皆が動員されてゴミをかたずけました。この家も内側まで水や土砂が入ってドアも壊れました」とオソリオさんはガラスの付いた立派なドアを示す。

「壊れたドアの修理資材は政府が優先的に提供してくれたのです。浸水でテレビやラジオを失っても政府からもらえますし、マットレスも配給されます。ですが、最低限の生活に必要なものだけで椅子は配給されません」

ドアもこのように立派にしたいときには自腹だと言う。

「窓付のドアに直して欲しいといったところ、ガラスは輸入品で高いため、ガラスは自分で買いました。ニスも自分で塗ったのです。最低限のところまでは支援してくれますが、ある程度生活が出来るようになれば、あとはモノが不足していて買うにも時間がかかるのです」

だが、オソリオさんはまだ恵まれている。海に面する前の家は、家も家具も一切が壊れた。そこで、しばらく「寮」で暮らさなければならなかったという。

「私たちにはそうした経験がありますから、日本の地震がとても悲しく思えました」

オソリオさんは、政府から早く知らせがあったため、時間に余裕もあり、ブロックを置いたり家具を高い場所にあげたりと被害を防ぐ準備がある程度できたという。

そこで、オソリオさんにもメテオロについて聞いてみた。

「早朝から午前中いっぱいまでやります。ここが病院だと印をつけ、倒れた患者を担架に乗せて印まで運ぶのにどれだけ時間がかかるとかの練習をするのです。もちろん、学校で武器の使い方も教えてもらいますし、決して立たないとか、敵が侵攻してきたときの訓練もします。ハリケーンで命を落とすのは政府の命令を聞かない人だけです。政府が私たちの命を守ろうとしていることには感謝しています」

◉現地取材4
黄金の一〇分で人命を救う

アンヘル・ベラルド・グラウ・エステノソス氏は、二〇一〇年に定年退職したが、一九七〇年からNGOキューバ赤十字で緊急救助の実務に従事してきた。防災の仕組みについて、現場経験を語ってもらった。

「まず、キューバと日本との一番の違いは、キューバでは全責任を政府が負っていることです。キューバで最も危険な災害は、ハリケーンによる洪水と建物の倒壊です。そこで、危険区域からいち早く避難するように市民防衛本部が命令を出し、全省庁がその命令を受けます。例えば、建設省は高波による海水浸水のハザード・マップを持っています。危険な建物もハザード・マップが作られています。そこで、時間的な余裕のあるうちに冷蔵庫やテレビ等の貴重品を運ぶトラックを出し、所有者の名前を付けて防衛委員会毎に頑丈な倉庫に集めるのです。そして、人民は学校、病院、職場等の頑丈に建てられた建物に避難する。これは、すべてが国営だから可能なのです」

ベラルド氏は災害の例として、地震と津波をあげ、津波ならば対応可能だと指摘する。

「地震はいつ起きるかわかりませんし、マグニチュードも前もってはわかりません。ですから、事前対応は極めて困難で起きてから被災者を救助することが一番大切となります。一方、津波はすぐには来ず若干は時間があります。そこで、緊急対応が可能となるのです。例えば、我々は単なる図上演習ではなく、実際に人が動くメテオロをやっています。パン屋、学校、タクシー、バス、倉庫関係者と全員が参加し訓練を行っています。水や医薬品を準備し、赤ちゃんのためのミルクや足が悪い人のための車椅子も用意します。そして、消防関係者は実際に火を消す。防犯では二人の市民が泥棒役を演じ、お巡りさんに捕まるまでやります。高い建物からの救助では、人を降ろしてから、医師と看護師がフォローする。現実の災害に最も近い訓練をするのです。

そして、訓練後に結果の審査をします。防犯の例では泥棒を叩いて捕まえたのならば駄目。消防ならば直ぐに消火ができれば高評価が得られます。病人の場合も頭が動かないよう固定する。あるいは、ハンモックで患者を巧く運べるか全部評価します。

同時に、どれだけの時間で救助できたのかの時間も計ります。『黄金の一〇分』と称していますが、被災者も一〇分以内に救助する。我々赤十字の救急車も一〇分以内に病院へと連れて行く。私は救急車の運転をしていたのですが、救助して救急車に乗せ病院に運ぶまで一〇分です。道が混雑していてもうまく病院に運ばなければなりません。料理人ならば、被災者用に一〇〇人分の料理を作りますが、ガスがない場合も想定して薪に火をつける。これも一〇分でやります」

余談だが、現地取材中、ハバナのマレコン通りから酔った老人が海に落ちた。海はかなり荒れ、黒山の人だかりが出来ている。救助シーンを取材するには絶好のチャンスだが、あいにく車線が反対だ。車線変更できる交差点まで進んで直ちに戻った。だが、すでに現場は閑散としている。数分しか経っていないのだが、救急車と巡視艇が出動して直ちに救助していったという。まさに黄金の一〇分だ。

では、実際のハリケーンの時の避難はどうなるのだろうか。

「ハリケーンが近づいてくれば、州、ムニシピオ、その下のシルクンスクリプシオン、さらに下の革命防衛委員会まで指令がいきます。革命防衛委員会がかかわるのは、どの家が倒壊しそうか、どの家に身体障害者や重い病気を煩っている人がいるのかを熟知しているからです。一方、市民防衛委員会（コンセホ・デフェンサ）も州、ムニシピオ、コンセホ・ポプラレス、シルクンスクリプシオン・レベルまであります。私の家の隣はポリクリニコですが、この地区、すなわち、シルクンスクリプシオンの防衛委員会の本部はこのポリクリニコ内に設けられます。市民防災の委員長や、病院の院長、警察署長、住宅庁の関係者、ピザ店の店長、レストランの支配人、誰もがボランティアで参加します。そして、病院もポリクリニコもファミリードクターも防衛委員会の命令を受けます。もちろん、共産党もボランティアで活動します。ですが、で、共産党は命令を出しません。出すのは政府共産党は皆を守るため政治的な相談事を受けるわけです。

そして、蝋燭、ライト、バッテリーラジオや水と食料を準備します。また、テレビのア

経済封鎖のために救急車を確保する資金も不足していたが、1997年からは緊急医療総合システム（SIUM）がスタートし、酸素吸入機やAED、点滴等の緊急病院の病室と同じ機械設備が設けられた。それ以前は、生命を維持しながらとにかく病院に早く連れて行くしかなかったが、今は救急車の質は大幅に充実している。

ンテナやタンクの蓋も風で飛ばされると怪我をしますから、屋根の上に飛ばされるものを置かないようアンテナを取り外し、蓋も紐で縛ります。大きな樹木は電線を傷つけないよう枝を切り、雨水が流れるように皆で側溝を掃除し、農村ならば、大勢の人がボランティアで出かけ、ハリケーンがやってくる前に小さなバナナを収穫してしまう。

　大雨が降れば路上を水が流れますが、防衛委員会は、ハザード・マップを見て水位があがる前に浸水の危険性がある地区の住民を高台へと避難させます。ただし、どこに避難するかについては、政府は関係がありません。政府の責務は『ただ、この地区にはいるな』ということですから、友人宅に避難してもいい。ですが、一番多くの住民はたいがい学校に避難します。ですから、だいたい何人分の食料が必要となるかがわかります。もし、私がこの地区のトラックやバス・ターミナルの責任者ならば、何人避難するかを知っていなければなりません。そこで、準備ができ、人命だけでなく、家財も守るのです。この避難にかかる資金もすべて政府が負担します。

また、ハリケーンで大水があれば水がひくまで、飲み水が汚染される危険もあり、塩素殺菌も必要です。停電で冷蔵庫内の食べ物が傷むため、下痢も増えたりします。さらに、大雨ではデング病の原因となる蚊がわく可能性もあります。こうしたことは災害時になる前からわかっていますから、いつもテレビとラジオでは『飲み水を煮沸してください』と呼びかけています。

地震の被害を受けたハイチのため、キューバからは教師や医師がでかけて援助をしていますが、国内でも同じです。災害によって違いはありますが、長期にわたって避難を『寮』でしなければならなければ、その寮で小中学校の先生が授業をします。例えば、二年前のアイクとグスタフでは五〇万戸もの家屋がつぶれ、今も壊れた住宅を建て直し中で、家を失った被災者は寮に住んでいます。また、倒れた建物には病院や学校もありました。そこで、頑丈で壊れなかった家の家具を別の場所に移し、その個人宅が子どもたちの教室となったのです。学校を休校にしないためです。ある学校は修復するまで半年もかかり、その間ずっと個人宅で授業をしていました。

そして、災害後の復旧もボランティアです。学生にもグループを作るよう頼み、工場では労働者が五人、三人でグループを組織する。そして、ボランティア活動中には、その人の仕事は別の人がするのです。もちろん、建設の経験がある人間を政府が必要だとして、建設省から依頼されて住宅建設に行くこともあります。この場合は、被災地にいても同じ給料をもらうのです。

もちろん、キューバの実情はさほどきれいなものではありません。機械も壊れていますし、自動車のタイヤもパンクし、物資も足りない。ですから、どこに優先的に資材を配置するのかいつもチェスの手を考えるようにやっているのです。」

II

人間と暮らしを重視する被災からの復興

誰ひとりとして雨風にはさらさない。家や家財を失った住民には、まず仮設住宅。そして、復興とともに住宅と最低限の家具が無償で支給される。だが、工場も店舗も壊れた被災者にとって必要なのは収入源と仕事であろう。そのために公共事業がなされる。だが、まず、生活のための住宅を整備し、次に道を作り、最後に公園等を整備するという整備の進め方は日本とは逆だ。壊れた自分の家を直すことに金が出るとなれば、誰もが気合いが入る。

被災地に建てられたベネズエラの援助によるペドロ・カサ（写真左、ピナル・デル・リオ州ラ・パロマ）と、コンクリートと発泡スチロールを組みあわせたクリマックス（写真右、オルギン州ヒバラ）。家をつくることで雇用を創出し、次に道を作り、最後に公園等を整備するという進め方は日本とは逆だ。

1　安心の糧となる防災医療

災害に負けない病院を作る

「家と所有物九〇パーセントを失ってしまいました。これほど激しい嵐はまだ一度も経験したことがありません。本当に悲惨でした」

二〇〇八年八月三〇日のハリケーン・グスタフのことを、イスラ・デ・ラ・フベントゥ（青年の島）の住民、フスト・カリロ氏は、そう語る。他のキューバ人たちと同じく、カリロ氏も家族もハリケーンが襲来する前に、安全な場所へと避難したから無事だった。

キューバ本島から南西一〇〇キロの洋上に浮かぶ青年の島は、冒険小説「宝島」や「ピーターパン」のモデルともなったといわれる。気候は温暖だが、何度もハリケーンに見舞われ、島民たちもハリケーンを熟知してきた。とはいえ、グスタフの破壊力は想定外だった。カテゴリ四のハリケーンは、風速が二一〇〜二五〇㎞／時（五八〜七〇m／秒）に達し[1]、激しい洪水を引き起こした。市民防衛の代表は「道路はすべて水に洗われ、島内の送電線は完全に破壊された」と指摘する。青年の島は、柑橘類の産地だが、強風と豪雨、氾濫で柑橘類は全滅し、加工施設も破壊された。島内の家禽類も八〇パーセントがダメージを受けた[2]。

避難と緊急措置で約八万七〇〇〇人の島民には死者は出なかったが、四〇人以上が負傷して病院での応急処置が必要となるほどだった。しかも、島内最大の医療機関、エロエス・デル・バイレ病院すら被災したことからわかるように、住宅への被害は甚大だった[1]。一万八八〇五戸と[3]島内の住宅の八〇パーセントが破壊されてしまったのだ[2]。だが、約一年後の二〇〇九年一月には六八パーセントにあたる約一万二〇〇〇戸が[3]、六月には一万三七〇〇戸が修復されている[3]。それも、ただ修復が進んでいるだけではない。エロエス・デル・バイレ病院では、ラテンアメリカ災害医療センター、全米保健機構、スペイン国際開発庁から支援を受け、「災害に安全な病院」プロジェクトが進められている。

非常事にも対応できるスタッフを養成するとともに、ハリケーンに直撃されている最中にも電源や給水機能が麻痺しないよう整備しているのだ。

「完成すれば、非常時にもすべてが動き、ニーズに応じた医療の責務が果たせます」

ヨスヴァニ・タマヨ・ガリド院長はそう説明する[1]。

気象研究所のホセ・ルビエラ博士は、防災医療の大切さを強調する。

「ハリケーンの際に重要なことは、公共医療サービスをいかに維持するかです。ハリケーンの最中に病院で治療が受けられないことを想像してみてください。ですから、病院や医療サービスを機能させ続ける……。それも、高い質で。それが、まず最優先されます[4]」

マイケル・ムーアのドキュメンタリー『シッコ』で紹介されたように、キューバは医療大国で、病院が二四三、地域診療所ポリクリニコが四九八、ファミリー・ドクターの医院が約一万四〇〇〇ある他、産院、歯科医院、老人ホーム、障害者用施設、二二の医療科学施設等が国内に張り巡らされ、専門治療も無料で受けられる。医師を含めた医療関係者の総人数は約四九万人にも及ぶ。だが、医療サービスが機能するには、災害時にも病院や診療所が運営され続けることが欠かせない。

二〇〇五年の省令では毎年リスク削減の研究を行うことが義務付けられたが、これは病院やポリクリニコも対象となる。施設の脆弱性を評価し、防災力を高めることが求められ、毎年の予算にも組み入れられている。二〇〇五〜〇八年にかけ、四九八あるポリクリニコのうち二五〇以上、数多くの古い病院も同時期に改築され、緊急用の発電機を取り付けることで、医療機関の脆弱性はかなり減った。

病院の中にはアメリカ・アリアス産院のようにハバナの海岸線から数ブロックしか離れていない建物もあるため、「省令」は、今後、新たな医療施設を建築するにあたっては、災害の専門家の許可を求め、場所の決定や設計段階で脆弱とならないよう配慮している。また、二〇〇八年からは、前述したように

WHOと国連国際防災戦略が行う「災害に安全な病院」活動にも参加している。そして、全米保健機構とキューバ公衆保健省は、病院のみならず、ポリクリニコやファミリー・ドクター医院でも「安全」を確保するため、各施設の位置、建物の強度、被災時の患者の動き、水、電気、電話、医薬品や水、食料他の確保状況を評価している。[5] 災害にくじけることなく、ハリケーンに負けない病院づくりに取組んでいるのだ。

衛生管理と予防で被災者の健康を保障

災害では衛生管理と病気の蔓延を防ぐことも大切で、カマグェイ州のディビス・サンチェス・ミランダ医師は、こう述べている。

「ハリケーンは復旧段階でも健康に影響するため、被災後の対応も重要です。例えば、飲料水や食料、住宅が不足すると、被災者の健康にかなり問題を生じ、この準備不足がカトリーナでの死亡につながりました。また、水道や衛生施設が被害を受けると胃腸炎、その他の伝染病の症例が増えますし、洪水後に滞留する水で感染病が劇的に増えることがあります。実際、ハリケーン・ミッチの被災国ではコレラ、レプトスピラ症、デング熱、マラリアが増えました[6]」

被災地では住民たちは、政府から食料、新たなマットレス、テレビ、ファン等を提供される。[7] だが、ゴミ収集や処分、食品衛生管理、害虫や齧歯動物による疫病の蔓延の予防等、ハリケーンの最中やその後の国民の健康管理にも政府は気を配る。[8] 安全な飲み水を確保できるよう塩素錠剤が公衆保健省を通して被災民に分配され、[9] 飲料水を確保するためディーゼル発電機も設置される。[10] こうした被災後のフォローは、浸水被害が大きい場合はとりわけ重要だ。例えば、二〇〇五年のウィルマでは、ハバナのマレコンの通りまで海水が注ぎ込み、セントロ・アバナ、アバナ・ビエハ、ベダド地区は膝までつかり、ある場所では肩の高さまで池になる有様だった。素早く避難したおかげで、人命こそ失われなかったが、貯水槽が海水に浸かって飲料水が汚染された。そこで、保健所のスタッフは貯水槽から海水をかい出し、淡水で洗い流し、塩素消毒をした。数日後に安全かどうかを公共医療チームが再確認したが、それまでは各家庭をトラックが飲用水を配ってまわった。[7] 何百人もの医大生を含めた医療チームが戸別毎に水質に汚染がないかどうか巡回した。[5]

一九九七年五月の国家防衛法第七五号と政令第一七〇号に基づき、感染症の蔓延を防ぐ責任を中心となって果たすのは公衆保健省だが、[5][7] キューバには、感染症の蔓延を予防するため、「早期警戒システム」に基づく迅速な対応制度がある。[11]

各州や各ムニシピオに位置する衛生疫学センターは定期的に衛生検査を行い、ファミリー・ドクターや看護師、ポリクリニコは、定期的に市民防衛当局に情報を報告し、コミュニティ、ムニシピオ、州と各段階で集められた情報は、公衆保健全国健康傾向分析事務所に集約される。疫病検査は、税関当局とも連携し、海外からの感染症の流入も防いでいるが、国内でも行われている。[5] 流行病の感染の巣を検出する「見張り番」と呼ばれるシステムがあり、革命防衛委員会、キューバ女性連盟、ソーシャルワーカー、そして、学校の生徒すら協力し、ゴミの収集場や水溜まりでの衛生状態をモニタリングしている。この戦略は二〇〇一～〇二年にかけて、デング熱が流行した後に公衆保健省により設けられた。以来、頭痛や筋肉痛、高熱等のデング熱の兆候が発生し、感染源が発見されれば、直ちに本格調査する制度ができたのである。[11] 水質検査や衛生状態をチェックできるこの制度は、被災後の感染症の予防にとりわけ威力を発揮する。

だが、被災後の医療セクターの活躍はこれにとどまらない。ハリケーン・ミチェルの時には一〇万二四六八人のスタッフが動員されたが、うち、四一パーセントが医療関係職員だった。事前に計画されていた一〇二八カ所の避難所のすべてに診療所が設けられ、ファミリー・ドクター医院も地区住民のために開かれていた。[2] 病人や高齢者、妊娠中の女性が避難する際には医師や看護師が同行し、[4] その後も医師と看護師はチームを組んで、各家庭を健康診断で巡回した。[1]

前章で述べた各地域の防災計画には医療も含まれ、①病人や負傷者を安全に避難、②すべての避難所と非常食準備施設で衛生検査を実施認証、③災害用の病床、医薬品、消毒剤、水、ガス、酸素吸入、救急車等の確認、④被災時の避難場所や医療チームが補強すべき場所等が計画されている。そして、災害時には、州やムニシピオの医療部局長が、市民防衛の医療部門の最高責任者となり、孤立しがちなコミュニティには水、食料、医薬品を備える。また、平時には病院やポリクリニコに患者を搬送する総合救急サービス（ＳＩＵＭ）も災害時には、それ以外の医療組織と同じく、全国、州、ムニシピオと各レベルで大量の犠牲者が出ることに備える[5]。

日常生活に戻ることが子どもたちの心を癒す

ハリケーン、その他の自然災害では、メンタル・ヘルスの問題が生じ、とりわけ、子どもが「心的外傷後ストレス障害」にかかりやすい。ディビス・サンチェス・ミランダ医師は、ミッチで深刻な被害を受けたニカラグアのある地域では、心的外傷後ストレス障害の罹患率が七〇〜九〇パーセントにまで及んだこと、一九九二年に米国で大被害をもたらしたハリケーン・アンドリューの場合にも一〇カ月たった後も一二パーセントの子どもに、深刻な心的外傷後ストレス障害の症状がみられたことを例にあげる[6]。そこで、キューバの防災医療では、妊娠中の女性、病人、幼い子ども、身体障害者、被災者への心理的なケア等の医療計画も立てられており[5]、ファミリー・ドクターたちは、ハリケーン後には住民たちの不安を解消するためメンタル・ケアも行う[2]。

米国のＮＧＯのランディ・ポインデクスターさんは、視察の印象をこう述べている。

「ハリケーン・カトリーナとその一カ月後のリタの双方を生き残ったニューオリンズの人に、私は気にかかり、恐れていた質問をしなければなりませんでした。被災後の精神的な苦痛をどうしているのですかと。私の地域では、心的外傷後ストレス障害で気分が落ち込み、自殺率も高いのです。ですが、キューバ人たちは、被災後も自分たちを守ってくれると政府を信頼していますから、精神的に病みそうもないのです。被災者には強力なコミュニティの支援があり、精神面での医療支援もあるのです」

米国の視察リポートは「キューバの緊急避難シナリオでは、政府は、ただ家族を避難所に避難させるだけではなく、メンタル面での安心を確保するため、妊婦のためには、医師や看護師を配置した特別の施設も準備している」と驚いている[12]。

メンタルケアは子どもたちにも及ぶ。キューバにあるユニセフのホセ・ホアン・オルティス代表は、被災後の子どもたちにとって一番大切なことは、いち早く日常生活を取り戻すことだと述べ、二〇〇八年のハリケーン後のキューバの対応を高く評価する。

「学校はハリケーンの避難所として機能します。ですから、ハリケーンで壊れなかった学校は、避難した家族で満杯となりました。それでも、被災地域の子どもたちは、ハリケーンが抜けた翌日には学校に戻って、家やカフェテリアで授業が行われていました。一時的に避難所に避難していた子どもたちでさえ、翌日には学校に戻ったのです。午前八時に学校に行き、皆で国歌を歌ってから授業を始める。子どもたちは空想心が豊かですから、悲惨な結果に影響を受けやすい。いち早く正常のルーチンの日常生活の中に子どもたちをおくことには、教育だけでなく、メンタル面でのメリットもあるのです[13]」

キューバは一九六一年に初めてアルジェリアに医療援助隊を送って以来、世界各地の様々な被災地で医療援助にあたってきた。[14] この経験を活かし、二〇〇九年一〇月一二日から一六日には、ラテンアメリカ災害医療センターのギジェルモ・メサ・リデル博士が中心となり、ハバナのメリヤ・ホテルで第一回防災医療会議が開かれている。論じられたテーマは、人材の育成、災害医療研究と技術的イノベーション、災害情報とナレッジ・マネジメント、災害リスクの周知、防災に向けたコミュニティ活動、医療施設の安全性の確保、災害時のメンタルヘルス、災害時の診断、治療、リハビリテーション、衛生上の災害、災害時の家畜の健康、災害時の環境衛生、疫学調査とコントロール、災害時の食品栄養学、世界経済の災害や健康への影響、健康とリスク減少での国際協力と幅広く、[15] 米国を含め二四カ国が参加し、一八八もの研究論文が発表されている。[14]

避難所ではエンターテインメントをどうぞ

「住居を失った家族用の避難所も生存には重要です。バングラデシュでは、一九九一年のサイクロンの後、避難所がないエリアでかなりの死者が出ました」

ディビス・サンチェス・ミランダ医師は、避難所でのケアについても指摘しているが、[6] その点もキューバでは抜かりはない。

二〇〇八年のハリケーンでは三〇〇万人以上が避難したと述べた。市民防衛は八万七〇〇〇人の職員を動員し、一万台もの車両が用いられ、約五〇〇万人が避難所に避難した。避難所として使われるのは、たいがい学校等の公共の建物だが、そこでは、食料、水や医薬品が利用でき、医療サービスが受けられる。また、普段から顔見知りの隣人や家族をグループとすることで避難者が緊張しないよう努力する。家を失い、避難所に長期間滞在することになる場合もプライバシーが保てるよう家族用の小さな寝室が設けられる。そして、避難所では、キューバ女性連盟が、女性たちにコンスタントに支援を行い、「文化的ブリガーダ」が実施するレクリエーション活動も心をいやす。オクスファム・カナダは、女性にターゲットを絞って数多くのインタビューを行ったが、避難所に滞在中に暴力がふるわれた事例はなく、全員が「よく情報も提供されているし安心感を覚える」と答えたという[12]。

市民防衛のホセ・ジャネス・ゲラ氏と赤十字のマデリン・モンテス・デ・オカ・ディアス博士は災害後の対応について次のように記している。

「人々には、水、食料と医療が提供され、エンターテインメント・グループに属する学生やコミュニティのメンバーたちが、被災者に対し、数多くのレクリエーション活動を行った。そして、ひとたび危機が去れば、被災状況や緊急ニーズのアセスメントが実施される。その際、最も多くの努力が注がれるのは、人民たちが一日も早くノーマルな状態に戻れるようになることだ。住宅、医療施設、学校の再建が直ちに始まり、建設工事の専門部隊（ブリガーダ）が被災地に送られる。住宅、学校、パン屋、あるいは地区の映画館が再建されるまで、かなり長くかかることもある。とはいえ、人々は政府とキューバ革命を信じている。それは、彼らを決して見捨てないからだ[16]」

◉現地取材5
災害で傷ついた心を文化で癒す

キューバの文化人、芸術家は災害についてどのように考えているのだろうか。海外で個展を何度も開き、外からもキューバを見てきた画家、イリアナ・ムレトさんに話を聞いた。

海外で講演をする度に、キューバはそれ以外の国と全く違うなといつも感じます。私たちがごく普通にしていることが海外では珍しいのです。例えば、一番象徴的なのがハリケーンです。自分の不注意で命を落とす人もたまにいますが、ほとんど誰も死にません。一人暮らしのお年寄りがいれば、市民防衛組織の誰かがドアを叩き「さあ、まもなく避難のバスが来ますよ」と声をかけます。躊躇していれば「もっと安全になるのですから逃げましょうよ」とファミリードクターが再度促す。人間にとって何よりも大切なのは命だからです。そして、危険区域から全員が避難しなければならないときも、学校や病院だけでなく、コンクリート製の屋根のある頑丈な住宅があれば、その家の人たちは心から避難者を受け入れます。政府も料理や医薬品を準備します。避難所には広い調理場があってコックも一人はいますし、ガスがなくても近くの木を切って料理します。また、市民防衛の本部はもちろん、学校、病院、ポリクリニコ、避難所、そして、パン工場には非常用発電機を設けていますから、停電があってもすぐに復旧します。

　お年寄りが病気にかかれば、市民防衛がヘリコプターを準備し運んでいきますし、妊娠中の女性がストレスによって避難所で産気づいても医師や看護師がいるので大丈夫です。

　キューバでは誰もどこに避難するかを知っています。この家の地区は安全なので、私はまだ避難した経験はありませんが、ホセ・ルビエラ博士が三〇〇㎞の風速になる恐れがあるとテレビで警告していたので、窓ガラスにテープを張って準備しました。結果として、ハリケーンはハバナを通らなかったのですが、前もって備えていて良かったと思います。

　もし、私の家が壊れたとしても寮（アルベルゲ）にいけます。キューバの住宅は古いためによく倒壊しますし、火事とか様々な理由で家を失った家族もでます。そのため、彼らが一時的に暮らすための寮を各地に設けてあるのです。ホテルのようなもので、広くはありませんが、トイレ、台所と小さな部屋は用意してあります。

　マイアミに暮らす親戚たちは、キューバにやって来ると皆ショックを受けます。一週間は米国にあるプールのある立派な家のことを考えています。ですが、その後、キューバのことを考えるようになります。なぜなら、ここでは人間関係がとても濃密だからです。泣きたい気分に落ち込めば、いつでも泣ける。夜中に隣の人がいきなりこの部屋に来て泣くこともあります。

米国では、ハリケーン・カトリーナで家を失ってもお金持ちはホテルに行けました。ですが、貧乏人は野ざらしにされました。革命以前はキューバも家を失ってもそれは自己責任で個人の問題でした。今は違うのです。

もちろん、キューバは一番よい国ではありませんし、様々な間違いを犯してきました。ラウル・カストロ国家評議会議長も『これから改革が必要だ』と自己批判をしていますが、気候も人の気質も歴史も違う旧ソ連をモデルとしたことは明らかに間違っていました。

ですが、さほど差別がなく、貧富の差が小さい社会を持てたことは良かったと思います。例えば、キューバでは誰もが無料で教育を受けられる代わりに、卒業後には、三年は社会的な奉仕をしてそれを社会還元しなければなりません。そこで、美術学校や文化学校の卒業生たちも、小中学校の文化の教師として被災地へと応援にでかけます。

私たち文化関係者も被災者の精神的なストレスを癒すため、支援団体を作って無料で支援します。映画関係者は大型トラックで被災地にでかけ、美しい映画を上映します。家は全部壊れ電気もありませんから、自家発電装置も持参して、ダンスやサーカスをします し、国立バレー劇団もでかけたことがあります。こうした運動は、革命後に始まったのです。ですから、革命が成し遂げた一番重要なことは「文化」だと芸術家の私は思うのです。

2 守れもしない約束はしない

高波で丸ごと消え去った街

「これほどおびえたことはありませんでした」

ハバナから東へ七七五キロ。オルギン州のムニシピオ・ヒバラの国営企業の従業員、リセト・フェルナンデスさん（四三歳）は言う。家の屋根の一部は吹き飛とばされた。

「その夜はまったく寝られませんでした。そして、翌日に戸外で目にした光景は信じられないものでした。ヒバラはまったく別の街になっていました。岸壁はほとんど消え失せ、地域全体が瓦礫の山に変わっていたのです[1]」

一八四一年以来、オルギン州には約四〇回、熱帯暴風雨が襲来している。一九六三年には、何度も登場したフロラも襲来した。

「ですが、体験した者から言わせてもらえば、たしかにフロラは猛烈でしたが、これほどのダメージはありませんでした」とヒバラで建設資材づくりに携わるペドロ・ラミレス氏（五八歳）は感想を漏らす。一八一七年に設立されて以来、市には豊かな歴史建造物や独自の文化が残る。初めての航海でキューバに上陸した折にコロンブスは「人類がこれまで目にした最も美しい土地だ」と口にしたが、その場所はヒバラ湾か近くのバリアイ湾とされている。ヒバラから一七キロほど西方の岸辺には、リゾート・ビーチ、カレトネスがあるが、ヒバラで文化遺産保全のため長年働いてきた建築家、アルベルト・モヤ氏はこう指摘する。

「カレトネスの海辺は、まるで別の惑星のようです。すべてを海が押し流し、ビーチさえ残っていません。サンゴ礁そのものが震えたと言われています[2]」

ごくわずかに残されたのは、ビーチに政府が建てたバケーション施設のような頑丈な建物だけだ[1][2][3]。いま、施設は家屋を失った被災者の避難所として使われている[3]。

ヒバラの中心街から四キロ程北の海辺に面するエル・グィリト地区も悲惨だ。

「天気が荒れれば、たいがい母の家に行きます。この地区は高波がよく入り込みますから、それには慣れています。海水が浸からない高いところに荷物をすべて上げ、それから、家に戻って掃除をして元の場所に戻す。ですが、今回はこれまで以上に強力だったのです。海がしてのけたことを目にしたとき、母と抱きあって泣くしかありませんでした。家に戻ってみると何ひとつ残されていませんでした。

すべて失われてしまったのです」

四人の子どもを持つタニア・ヴェラスケスさん（三六歳）の家は、軽量コンクリート・ブロックとレンガ製で、大金を投じて建てたのだが、高潮が家を押し流してしまった。

「まず、夫が帰宅したのですが、残骸を目にした彼は気が狂いそうでした。ショックの後、残された品々を回収し、これから暮らす場所に集めました」

一家の仮設小屋は、屋根のタイルの残骸で建てられ、その横には台所用に間に合わせのブロックの小屋があるだけだ。[2]

国土を縦断したハリケーンで二〇〇万人が被災

二〇〇八年にキューバは、八月三〇日のグスタフ、九月七～九日のアイク、一一月八日のパロマと、二カ月強もの間に、三度も大型ハリケーンに見舞われた。[3] 市民防衛は直ちに避難を命じ、アイクだけでも全国民の約二五パーセントに及ぶ約二七〇万人が避難し、[4] 結果として、わずか七人しか命を落とさなかったことは何度もふれてきた。[1][3] とはいえ、被害は甚大で、グスタフは二〇億七〇〇〇万ドル、アイクは七二億七〇〇〇万ドル、最後のパロマとあわせると、被害額はほぼ一〇〇億ドルに達した。[5][6]

被災家屋は五三万三三二戸。被災者は全国民の六分の一、二〇〇万人にも及んだ。中でも被害の二割以上が集中し、大打撃を受けたのが冒頭でふれたオルギン州だ。同州の人口は一〇〇万人強で、ハバナ、サンティアゴ・デ・クーバに次ぐが[1]、一二万四〇〇〇戸以上もの被害が出た[1][7]。その内、一万八八一九戸は完全に倒壊し、二万二五七四戸は一部破壊、三万二一三四戸は屋根が飛ばされてしまっている。被災後には一カ月間で一〇〇万㎥以上の残骸が集められたが、それは同州で一年に発生するゴミの量に匹敵した[3]。

ムニシピオ・ヒバラも二万五四〇〇戸のうち[6]、七〇パーセント以上の一万五九九七戸が被害を受けた[2][3]。その内、二一七六戸は完全に倒壊している。もちろん、市民防衛のガイドラインによる防止対策は行われていたが、これほど強力なハリケーンの前には無力だった[1]。科学技術環境省の報告によれば、オルギン州では強風で最大一キロも内陸部まで海水が流れ込み、二五kmにわたり沿岸植生を破損し、巨大なサンゴの塊も根こそぎになって岸辺に流されたという。なぜ、アイクはこれほどの被害を引き起こしたのだろうか[2]。

巻頭の地図を見ていただければわかるが、キューバは地形的に東西に細長く、西端のサン・アントニオ岬から東端のマイシ岬までは一二二五kmもある。これに対して幅は狭く、最も幅広い場所でも一九〇km、最も狭いピナル・デル・リオ州では二九kmしかない。南海で発生したハリケーンはたいがい南北に狭い国土を突っ切って北上していく。だが、アイクは違っていた[4]。

九月七日の晩にバネスのルクレシア岬に上陸したアイクは[2][4]、九月八日には西方へと移動し、昼にはカマグエイ市南西部のプンタ・マクリヘスで海上へと抜けた。だが、そのまま海岸線に沿って本島沖合を西北西へと動く。ハリケーンの目は沖合にあったが、一部は本土に重なっていた。九月九日の昼には、ピナル・デル・リオ州のサン・クリストバル近くのプンタ・ラ・カピタナに再上陸する。ここは、わずか九日前にグスタフが襲来したすぐ近くだった。そして、グスタフとほぼ同じ経路を通り、約六時間後に沖合に抜けたものの、一二日に米国の海岸部に達した時点でも、スパイラル・バンド（ハリケーンを取り巻く雨雲の帯）の半分はキューバ西部を覆っていた。すなわち、通常とは異なり、本土に沿って東西に動いたため、国土の約三分の二に強風が吹き荒れ、豪雨が見舞ったのである。[2]

プロローグで述べたように、ハリケーンのエネルギー源は暖かい海水だ。上陸してエネルギー源が断たれれば、たいがい勢力を弱める。だが、アイクは海岸線に沿って移動し、一部は陸上にあっても一部は海上にかかっていた。[2]そこで、エネルギーを供給され続け、一九五km／時（五四m／秒）以上もの最大風速を保った。[2][3]高波も伴い、東部の波高は六mにも及び、上陸地点に近いバラコア市では海岸近くの五階建てのビルの屋上にすら波が飛び散った。[4]しかも、ハリケーンの目は、四時間以上もオルギン州上空にとどまり、スパイラル・バンドの影響は三〇時間も続いた。そこでカレトネス等一一ある沿岸地区のうち七つが高波で押し流されてしまったのだった。[2]

ボランティアが総がかりで取り組む災害復旧

「地区がすべて消え失せたということは、何ひとつとして残されていないということです。どの家庭もまず一人が帰宅しましたが、所有物をまったく見つけられない人もいました。鍋すらない人もいたのです。彼らはまだマングローブの中で家具を探しています」

被災後のカレトネス地区を真っ先に訪れ、そう語ったのは、ヒバラの共産党書記長、ロサ・マリア・レイヴァ（四一歳）さんである。レイヴァさんの本業は、看護師だが、共産党員として一〇年も働き、二〇〇七年にヒバラ・ムニシピオの書記長の地位を得た。

「まず、衣服と家庭用品が町民たちから被災者に寄付されました。私たちは、国営企業の従業員用のバケーション施設に被災者を移動させ、政府から配給されたマットレスを提供しました」(3)

ひとたび嵐が過ぎ去って水が引き、国家市民防衛本部が国家評議会議長に安全提言し、これが承認されれば、国家市民防衛は非常体制解除を発表。(8)「Operation Aurora」と呼ばれる復旧作業がスタートする。(9)

災害復旧はどの国であれ時間のかかる大変な作業だ。そうでなくても、経済封鎖を受けているキューバでは、塩素や釘等ちょっとした資材確保でも苦労する。九〇年代には経済危機の影響で復旧にもかなり遅れがでた。(8) 例えば、NGOオクスファム・カナダが、一九九八年のハリケーン・リリの後に、飲料水の処理用の塩素剤を援助したくても国内では調達できず、スペインや中国を通じて購入しなければならなかった。容器の部品の一部が米国製であり、それを販売することが米国のヘルムズ・バートン法に違反するため、どの企業も販売しなかったのだ[10]。

とはいえ、今は当時よりは多少は改善された。「復旧段階」が発表されると、州やムニシピオではクリーン・アップのための動員を始め、意外な速度で被災地は回復していく[8]。ハリケーン後は、全家屋が修復されるまで、建築資材の全生産力が破損住宅の再建に振り向けられるためだが、復旧が早く進むのは、政府の支援を座して待つだけでなく、市民が助け合うこともある。いつもモノ不足の中で生活しているだけに、キューバ人たちの連帯精神は、災害時にもいかんなく発揮され、その団結心はハリケーンで損なわれるよりむしろ強まる。市民たちは、被災者のための衣服を集め、復旧作業にもボランティアで参加していく。

例えば、ピナル・デル・リオ州は世界有数のタバコ産地だけに、何千軒ものタバコ乾燥納屋がある。リリとイシドレでこれが破壊されたとき、復旧のために何百人も他州からやってきたのはボランティアたちだった。大工や電気技師たちが、住宅や納屋を再建し、電気設備を修理すれば、ピナル・デル・リオ州政府は、ボランティアたちに食事や住居を提供した。普段は訪れる機会がない地方をボランティアで訪れることは、他地域出身者が顔を合わせ直接交流しあう機会にもつながる。そして、ボランティアたちが現地に赴いている間の仕事は各職場に残った同僚たちがわかちあって支えている[8]。

いうまでもないことだが、キューバの最大の雇用機関は政府だ。だから、政府が災害復旧を優先すれば、仕事を放り出したまま、各職場から人員を動員できる。休んでいる間の生産上の損失も個人ではなく、政府がカバーするから、国内の人的資源が最大限に活用される。ロスの部分だけに着目すれば大変なサービスの低下だが、キューバでは被災地だけにダメージを負わせるのではなく、全国民が広く薄く平等に痛みを負担しているともいえるだろう。オクスファム・アメリカのリポートは、あるムニシピオの代表が二〇〇一年のハリケーン・ミチェル後にもらした感想を次のように引用する。

「キューバには多くの連帯感があります。人々は助けあい、それが大きな違いを生み出します。全員が清掃作業を手伝い、トラックがゴミをすべて運び、四～五日で、都市のクリーン・アップ作業はされました。全員が修理と再建に打ち込んだのです……。各職場もその従業員がボランティア活動をできるよう支援し、ある職場では有給でボランティアを送りだしたのです。私たちは他の人々のことを考えるよう教育されています。そして、全員のことを考えます。これが人民を保護するということです。連帯が、このすべての鍵なのです[2]」

もちろん、キューバは年々変化し、十年前と比べ経済の自由化は大きく進んだ。だが、二〇〇八年八月に出されたオクスファム・アメリカの再調査リポートは「いまだに各ムニシピオの市民防衛委員会は、防災システムの重要な部分を担っており、市民防衛制度は強健に見える」と述べ、ボランティア活動を次のように評価している。

「建築資材や物資不足の問題はあいかわらず深刻だ。各家庭は建物を維持・修理し、屋根や窓を補強したくてもなかなかできない。各個人も家庭生活を維持するのに精一杯で、脆弱な人々や災害リスクを調査するボランティア活動のための時間がなかなか割けない。だが、復旧時には、ボランティアが重要となる。日々の生活にゆとりがないにもかかわらず、膨大な労働力が確保できている。それは、数多くの企業が国営で、ボランティア活動をする人々は給料を保障されたうえ、離職することが奨励されているからだ。それ以外の労働者たちは、ボランティア活動で休職中の同僚たちの仕事をカバーすることで、連帯に参加する。もちろんこれは仕事や生産を遅らせはする。だが、キューバ人たちは、金銭だけでなく、社会的指標で効率性を評価すれば長期的にはこの方が効率的だとみているのだ[10]」

誰も夜露にはさらさない

とはいえ、この調査リポートの一月後に襲来したハリケーンは、ボランティアだけではとうてい解決できないほどの深刻な問題を引き起こした。

「被災後から三カ月、みなの暮らしを再建させるため、数多くのことが実施されてきました。道路を再建し、基本サービスを復旧し、食料を確保するため作物を植える。大仕事でしたが、ごく短時間しかかかりませんでした。ですが、破壊された家を再建するのは、何年もかかるのです」とレイヴァさんは語る。

アイクが抜けた後、避難していた三一万五五四九人は帰宅した。だが、うち五七五八人は自宅に帰れない。家が壊れたからだ。四八四六人は親戚や友人宅で同居し、残りの九一二人は政府の建物で生活している。

「いまだに帰宅ができない人が一番多いムニシピオがヒバラなのです。その後、二〇〇〇戸は修理・再建できましたが、まだ全体の一〇パーセントしか修理できずにいます」とレイヴァさんは嘆く。[3]

被災から約四カ月、一二月には、オルギン州では破損住宅の約三〇パーセント、三万六五八九戸が修理された。別の七三六三戸は修理中で、それまでの生活用に九九五〇戸の仮設住宅も建設された。だが、物的ダメージは想像以上に深刻だ。キューバでは住宅不足は政府もすでに認めている緊急課題だが、ハリケーンがこの住宅不足をさらに悪化させてしまったのである。[3] 二〇〇八年一二月の国会への報告書は、今回のハリケーンによる五三万戸とは別に、以前のハリケーンで七万以上の住宅がいまだに各地で破損したまま修理できずに残されていると報告する。[7] 被災から約九カ月、二〇〇九年七月三〇日に全国住宅庁のヴィクトル・ラミレス長官は、二七万戸の住宅や建物は解決されたが、いまだに三三万戸が残されている、と国会で報告した。[1] オルギン州では六万六〇〇〇戸以上が修復と再建を終えたがまだ五三パーセントにすぎない。[7] オルギン州議会のビビアン・ロドリゲス議長は言う。

「当初、避難所に避難していた九万二二一人のうち、いまだに州内の一〇ムニシピオにある二三の避難センターでは、四六八人が生活しています」

さらに、別の一五二家族も、緊急用の一時的な避難所として市民防衛が指定した建物で生活している[1]。無料の食事とヘルスケアを受けているとはいえ[2]、長期にわたり生活するようにはもともとデザインされていない[1]。さらに多くの人が親類と同居している[2]。二〇〇九年八月時点でも、一万一四一世帯は、破壊された元の住宅の資材で建てた仮設住宅住まいなのだ。最低限のプライバシーは保たれているとはいえ、ほとんどは、一つのリビングとベッド、台所、浴室しかない[1]。

「当然、多くの苦情があります。自分で家を再建できるように資材を直接与えてくれと依頼する者もいます。また、どれほど待たなければならないかも知りたがっています。ラウル・カストロ国家評議会議長は時間がかかりすぎると警告しましたが、そのことはわかっています。六三年にこの地にフロラが襲来した後には、とても早く復旧しましたが、今回は、完全復旧するまでには数年がかかるのです[3]。被害があまりに巨大であるため、多くの人々は一、二年は待たなければならないでしょう」とレイヴァさんは言う[2]。

とはいえ、少なくとも野ざらしでおかれている人はいない。

「大切なことは誰一人として屋根がないままには放置されていないことなのです[2]。ヒバラの家族たちのニーズのすべてが満足されているわけではありません。ですが、多くの人々が、家に戻って嵐の前よりも良い状態で生活していることは本当です[1]。もちろん、私たちは、知らせ続けなければなりません。ですが、守れもしない約束をしないように慎重にならなければなりません。人々を騙すのは、私たちの意図ではないからです(3)」

レイヴァさんのこの発言はとても重要だ。人間が満足するか不満に陥るかは、期待と結果による。国民を安心させるため一年で事態が収拾すると発表した後、一向に問題が解決しないままズルズルと引き延ばされていけば「ぬか喜びさせられた」と次第に政府を信頼しなくなってしまう。一方、三年かかると告げられた後、一年で復旧すれば、期待以上の成果をあげた政府を信頼するであろう。革命政府はこうした人間の心理をよく知っているのかもしれない。とはいえ、こうした深刻な状況をキューバはどうやって打開しようとしているのだろうか。

◉現地取材6

ボランティアが泊まり込んで復旧

コンソラシオン・デル・スルはピナル・デル・リオ州内でも古い歴史を持ち、ムニシピオ事務所前の広場には教会が立つ。人口も八万八七五七人（二〇一〇年）と州都ピナル・デル・リオに次いで多い。だが、グスタフとアイクがダブルパンチで直撃し、大打撃を受けた。

「管内の二万一四六六戸のうち七五パーセントがダメージを受けました。四九一八戸が全壊、二八二五戸は半壊です。四五一五戸は、屋根がすべて吹き飛ばされ、八五六三戸は半分壊れました。ですが、防衛市民の命令で全市民が安全なところに避難したため、死傷者はゼロなのです」

ムニシピオのファン・カルロス・ロドリゲス副議長は語る。ピナル・デル・リオ州は葉巻きで有名で、三角形の特徴的なタバコの葉を乾燥させる小屋がある。

「ここは農業も盛んなのですが、タバコも被害を受け、おまけに、一八〇〇棟以上の乾燥小屋が全部倒れました」

だが、副議長によれば、タバコ小屋の多くはすでに直ったという。

「政府の支援で、他州のタバコ農家がボランティア・チームでやって来て、小屋を立て直すまで四カ月以上もずっと滞在してくれた

のです。多くの建物は壊れましたが、例えば、学校は大丈夫でしたから、学校を宿泊所にして泊めたのです。彼らの食費は政府が出

強化されたステンレス製の屋根
再建された家に入ってみるとステンレス製のしっかりした屋根がむき出しでみえる。これなら次のハリケーンは大丈夫だろう。

しました。被災農家には銀行からの融資や保険もありますが、壊れたタバコ小屋を修理することそのものに給料を出しているのです」

副議長に再建現場を案内してもらう。

「すでに一万五九五戸、七五パーセントは直しました。この五月には壊れた屋根も半分は直される予定です。ここは、ペトロ・カサはなく、多くが『マンビ』の技術（一〇七頁参照）で作り直されています」

建築家のアルノリス・ベリス・クレスポ技師が補足する。

「屋根の被害はどれだけか。何人住んでいるのか。修復にはどの資材が必要か。被害状況を分析するのが私の仕事です。調査はハリケーンが抜けた翌日から始まります」

◉現地取材7
乏しい資源を連帯精神でカバー

住民の六割が安全に避難

ハリケーン・グスタフは激しい強風を伴い、ピナル・デル・リオ州のロス・パラシオスにある気象観測所では最高風速を記録した後、風速計が吹き飛ばされてしまった（第Ⅲ章第4節）。

「風速は三四〇kmもあって、ハリケーンの目がこの町を通り抜けましたから家屋のほとんどが壊されました。ですが、死者は皆無で一八人が軽傷を負っただけなのです」

ムニシピオ、ロス・パラシオスにある共産党本部でエミリオ・トリアナ・オロアス書記長は言う。

「もちろん、屋根瓦や樹木、壊れた壁等、四万㎥もの瓦礫が発生して、自転車も走れず、歩くしかありませんでした。そこで、軍の協力も得てわずか九日間でかたずけました。感染症も発生しないよう気をつけました。ですが、そこでまたアイクが来たため同じ場所に再度避難しなければなりませんでした。そして、今度は死傷者は皆無だったのです」

ロス・パラシオスの人口は三万八六二六人（二〇一〇年）だが、両ハリケーンでの避難者は約二万四〇〇〇人。住民の六割にも及んだという。にもかかわらず、ほとんど死傷者を出さずにすんだのは、先手を打って準備をしていたからだと書記長は語る。

「ムニシピオには防災管理センター（第I章第3節）があり、管内のコンセホ・ポプラレスの五カ所には早期警戒ポストも設置してあります。グスタフとアイクでは送電線も切れ電気もなかったのですが、通信用の非常用電源、無線ラジオ、ライト、長靴等防災用の設備を整えています。気象研究所もハリケーンの動きを分析し、移動経路を予測している。ですから、ハリケーンがやって来る一週間前から我々は避難準備ができていたのです。

また、ハリケーン・シーズンになる前の五月の土日には『メテオロ』も行っています。樹木の枝が危険ならばそれを切り、水路もさらい、道路も水がよく流れるように掃除する。こうした強力な組織的準備があるおかげで、災害に抵抗できるのです。

例えば、このムニシピオの市民防衛下には八つのコンセホ・ポプラレス毎に防衛委員会があり、いずれも襲来するハリケーンの強さに応じ、防災計画に従った活動を行います。避難で最も大切なのは各ブロックにある革命防衛委員会です。カテゴリ一や二のハリケーンならば普通の家でも大丈夫ですが、カテゴリ三～五のハリケーンで風速が三〇〇㎞を超えるとなれば、コンクリート製の頑丈な屋根のある住宅でなければ危険です。そして、革命防衛委員会を通じて、地区毎にどの家が頑丈で、何人避難者を収容できるのかのキャパシティも押さえている。政府の施設、学校、工場、倉庫、ファミリードクターの診療所、教会等の頑丈な建物はむろん避難所に使いますが、個人宅にも避難するのです」

廃材を活用して家を復旧

だが、人災は軽微だったとはいえ、ロス・パラシオスでは一万三四〇〇戸ある住宅のうち、一万六六八戸がダメージを受けた。以前のイシドレとリリで壊れた五六〇戸も未修理だったことから破損家屋は全住宅の八四パーセントにも及んだ。

「ですが、屋根が壊れた約四〇〇〇戸は二〇一〇年にほぼ修理され、四五〇戸を新たに建て直しましたし、自力で立て直す人も支援して一三〇戸が立てられました。六九四〇戸はすでに直ったのです。二〇一一年も同数の家を建てる計画です」

書記長は、約五〇〇〇戸が臨時的に復旧できたと言う。この素早い対応は、瓦礫となった廃材を用いたことにある。

「不足する資材があれば、ピンやセメント、木材等を政府から支援してもらいますが、壁板は風でなぎ倒されたヤシを原料に作ったのです。以前に独立戦争で戦った『マンビ』(兵士)もヤシから板を作っていましたから、このアイデアを出した女性建築家が『プロジェクト・マンビ』と名付けました」

書記長の案内でムニシピオ内を回ってみる。今も各地では修復工事が進行中だ。廃材で作られた家、アルミ製の屋根を備えた家、組み立て式のプレハブ住宅と家のタイプは様々で、建設用のブロックも製造されている。

「エコ・マテリアルを製造する機械もあります。マルティレナ博士がここでワークショップをしたのです」

住宅新築工事の様子（コンクリート造の集合住宅）

エコ・マテリアルとは、ラス・ビジャス中央大学の構造資材調査開発センターのホセ・フェルナンド・マルティレナ・エルナンデス博士が開発したもので、サトウキビの焼却灰を接着剤に用い、強度があるうえ製造工程で使う燃料も半減できる優れモノだ。

「ですが、その仕事ができる労働者がまだ養成されていないため、博士の技術は使えていません。ただ二〇一一年からは、クリマックスという技術を用いて、もっと頑丈な家を建てています」

書記長の案内である家を訪れてみると、廃材で建てた家の中にさらにコンクリート製の小さな部屋がある。書記長はその内容を説明する。

「電気製品で保護用に箱の中に発砲スチロールが入っているでしょう。それをコンクリートにも混ぜたのがクリマックスです。強度があるうえ、使うコンクリート量が少ないので軽い。そこで、これを屋根や浴室に使うのです。ハリケーンが来れば、ここが安全なシェルターとなり、この中に大切なテレビや冷蔵庫等を入れ、人間も一時的に避難するわけ

避難用に作られた屋内コンクリート製のシェルター

です。こうした頑丈な家が各地にできれば、近所に避難できるからトラックやバスはいりません。

もちろん、立て直しには順番があります。キューバは経済的な問題があるため、どの家も同時には直せないからです。そこで、修理が終わっていない各家族に集まってもらい、なぜこの家を先に修理するのかを説明します。順番は、選挙で選ばれたシルクンスクリプシオンの代表だけでなく、革命防衛委員会や女性連盟の指導者も集まって決めます」

いち早く修復という恩恵に誰が浴せるかを決めるのだから、シルクンスクリプシオンの代表の役目は重大だ。

「皆を愛しているリーダーが選ばれます。そして、皆から尊敬されている人が選ばれます。私たちはいつも会っては話し合いを重ね

ています。これをキューバでは『いつも、機械にオイルを入れている』と表現します。キューバの一番の強さは組織です。我々は資源はありませんが、組織は充実している。誰もが団結し、誰もが隣人と連帯し、どこかの家族に問題があれば助け合う。誰にも連帯する心もある。ですから、災害時には直ちに市民防衛が動けるのです」

3 海よ、さらば

四メートルの高波で丸ごと消え去った街

二〇〇八年一一月八日、カマグェイ州南部の漁村、サンタ・クルス・デル・スルは、カテゴリ四のハリケーン・パロマの直撃を受けた。

「すべておしまいだわ。ああ、神様」

退職したシオマラ・リベロさん（六六歳）は、避難先から帰宅するなり泣き出した。高波で木造住宅は押し流され、つぶれた家具が波にたたかれていた。ひとつだけ残された壁も海草が張り付き、机は二つに割れ、椅子はつぶれ、マットレスは水浸しだった。

カマグェイ州全体では約二〇万人が避難所や隣人、親戚のところに避難した。工場の屋根は吹き飛ばされ、道路も破壊されたが、誰一人として死ななかった。二日後の一〇日の朝には帰宅が可能となった。だが、したくても帰宅できない人が五万九〇〇〇人も残された。家が失われてしまったのだ。床の一部を除いてすべてを失ったホアン・ラモン・ヌニェス氏は、残骸の中からハンマーを引きぬいて拾いあげる。

「みてください。これが唯一、救われたものです」と氏は皮肉を言う。ハビエル・ラモス氏は、ちょうどアイクで被災した木造の家屋を立て直したばかりだったが、再び壊されてしまった。

「妻はまだこれを見ていません。ですが、ひどく嘆くことでしょう(1)」。

サンタ・クルス・デル・スルは、一八二六年にこの地域にやってきていた漁師たちが建てた小屋を元に一八二八年に設立された街である。サトウキビとエビ養殖、漁業が基幹産業で、二〇〇七年四月には、国連環境計画の援助で防災管理センターがムニシピオ内に設置され、三カ所の早期警戒ポストも設けられていた(2)(二〇〇九年にさらに三カ所が追加)。

「このため、約五万人の住民のうち一万八〇〇〇人が政府の施設、一万二〇〇〇人は頑丈な親戚や知人宅にいち早く避難し、一人も死傷者がでなかったのです」とムニシピオの議長は言う。

だが、四mもの高潮が一・五キロも内陸部まで押し寄せたため、一万七七五七戸あるうち、一五〇七戸は完全に壊れ、一五九四戸は半壊し、一三七一戸は屋根が吹き飛ばされ、五七七八戸は一部がなくなった。さらに店舗が一〇八、医療施設は七一、教育施設は六二がダメージを受け、農業も一七一六ヘクタールで被害を受け、漁船も七艘が壊れ、道路や橋梁は破損し、テレビ塔も倒れ、電気は停電し、水道も止まったという。

ビーチを意味する「ラ・プラヤ」は、サンタ・クルス・デル・スルで一番美しい場所と誰もが認めてきた漁村だった(5)。だが、パロマはその景観を一変させた。海辺に面する一列目の家々は完全に消え失せ、かつてそこに家があったことを思わせる基礎の一部が残されているだけだった。三二〇戸すべてが影響を受け、二六〇戸は完全に壊れた。そこに運び込めば貴重品が安全に守れると地区の人々が選んだ頑丈な家すら、かろうじて立っているだけだった。

エビ養殖企業の従業員、フェルナンド・サモラ氏（五一歳）は、ムニシピオの市民防衛委員として、パロマが襲来するまでの数時間は住民の避難に尽力していた。だが、三日後に帰宅してみると、家だけはなんとか残ったものの、冷蔵庫もテレビも、大金を叩いて買ったばかりの居間の家具も失われていた。残骸の中から回収できたのは、わずかのポットと衣服と写真だけだった。

「これは、まるで死者がいない一九三二年のハリケーンのようです」

被災者への援助、とりわけ、精神的なケアを行うため、真っ先に現地を訪れたカトリック教会のブリガーダの一員、アリシア・レイトルさん（五八歳）は、状況をそう形容する(3)。

避難対応の遅れで三〇〇〇人が命を落とす

サンタ・クルス・デル・スルは、一九三二年一一月九日にも六・五mもの高潮に飲み込まれ、三〇〇〇人以上の死者を出している。[4][6]

「家族全員が命を落としました。それは恐ろしいものでした」

カマグエイの元高校教師、ディグナ・ガルシア氏は、当時をそう想起する。[4] 住民は、強風で吹き飛ばされる物に突き刺されたり、高波に飲まれて溺れたりした。[3] だが、生存者の一人、ジョセファ・カニェーテ・エスケデュロさんは、キューバ史上、最大の惨事が人災だったと指摘する。

「私が生き残ることができた災害のことを両親はよく口にしていました。父は母を失い、兄弟や姉妹、甥も行方不明となり、母の家族にも犠牲者がでました。ですが、政府の無関心による避難指示の遅れのため、これは恐ろしい惨劇となったのです。人々が待っていた救援列車が到着したのは、街が海で洗い流された一日後でした」[6]

当時キューバは、独裁者ヘラルド・マチャド大統領が君臨していたが、事実上、米国の傀儡政権だった。サンタ・クルスの漁師たちは、どうも空模様がおかしいと予感し、ハリケーンが上陸するのではないかとの噂も流れていた。だが、政府から危険の知らせがあった時は、すでに上陸する寸前だった。避難用の列車も洪水のために出発できなかった。[7]

「列車で逃げようとしても、いくつかの貨車は動かず、おまけに強風で列車は転覆しました。一〇〇人もの人が列車に閉じ込められたまま死んだのです。幸い私たちが入った貨車は扉が開いて風が吹き抜けたおかげで、私は生き残れたのです[6]」

だが、革命後は変わった。ジョセファさんも夫もハリケーンが訪れる度に、約一〇〇〇人の避難民を収容できるよう準備されたカマグエイ市内の学校に避難する。

「イワンの時も、襲来する二日前には避難しました。今は、悪天候が報道され、政府が、私たちの命の安全のことを心配してくれるのです。そして、対策が実施されます。避難所の待遇はとても良いし、受けられる医療サービスも素晴らしく、私も夫も高血圧ですが、血圧の治療も受けられます。一九三二年の時と比べ、なんて違うことでしょう。もちろん、家は恋しく帰りたいのですが、今は危険ではなく、ここで、私たちは安全なのです[6]」

内陸部への移住が安全のための唯一の解決策

だが、ジョセファさんとは違って帰りたくないという人もいる。パロマではラ・プラヤ地区からは全員が避難したが[3]、プラヤで産まれ育ったイラミス・ロドリゲスさん（三〇歳）は「もし、これから移住が可能ならば、そうするつもりです」と語る。

ロドリゲスさんの家は、屋根が破損し、マットレスや家具も濡れたが、家は幸いなことに高波にも耐えて残った。壁には、一mほどの高潮の痕跡が残っている。

二〇〇〇年と〇四年にオリンピックのカヌー競技で二度銀メダルを取ったイブラヒン・ロハス氏も現在、サンタ・クルス・デル・スルには住んではいない。

「一九三二年のハリケーンの話を聞きながら、私は育ちましたが、そんなことが再び起こるとは想定もしませんでした。海に恐怖を覚えて生きてきたことはありませんでしたが、今は状況が変わりました。ここで起きたことはきっとまた起こりますから、別の場所へ行かなければなりません」

インター・プレス・サービスが、一五人以上のラ・プラヤの住民に移住の意思を確認したところ、悲しいが堅い口調で、全員が「イエス」と答えたという(3)。

「気候変動の結果、ハリケーンはますます頻繁で激しくなるだろう。我々は、それに適応せざるを得ない」

パロマ襲来から数日後、カマグエイ州とラス・トゥナス州を訪れたラウル・カストロ国家評議会議長は、訪問中にそう語った。

パロマは上陸後に勢力を弱めたものの、強風と豪雨と高潮が重なり、ラス・トゥナス州の沿岸の町グァヤバルでも、一mの高潮が七〇〇mも内陸まで入り込み、通りには電柱が散乱し、三八三戸が被害を受け、うち、一一〇戸は完全に破壊された(4)。

国際連合人間居住計画（ハビタット）の「カリブ海地域の住宅の地域管理と防災」（二〇〇二年九月）でキューバが提示した公式リポートは、平均海水位から一m以下、海岸線から一〇〇〇m以内にある二四四地区、一四〇万戸が洪水被害に脆弱だとしている。ハリケーンの強度が増し、海面も上昇すれば、安全確保には、内陸部に移動することが唯一の解決策であると政府は認識しているのだ。そこで、サンタ・クルス・デル・スルでは、仮設住宅の建設から、既にこれが実施され始めた(3)。

「今、私はもっと革命的になり、革命を私のものとして守ることを決意しています」

三人の子どもの母親、マルレネ・バルガス・トレスさんがキューバ革命を信頼するのにはわけがある。パロマから約一年半、新築の家を所有できたからだ(8)。

カマグエイ州のラジオ・カデナ・アグラモンテの女性記者トスカノ・ジャレスさんは、こう語る。

「サンタ・クルス・デル・スルには被災後、すぐに出かけました。そこで目にした光景は、忘れがたいものです。ですが、一年半後はさらに忘れられません。革命の楽観主義が私を幸せにしてくれるのです(9)」

二〇〇九年三月一日、何百人もの住民たちが集まり、新たな街「革命五〇周年地区」が正式オープンした(5)。政府は被災した町の安全を確保するため(8)、海岸線から五キロほど北に新たな街を移転させたのだ。八つのアパートが、建設省の労働者、革命軍、内務省、そして、動員された一〇〇〇人もの住民たちが四五〇日以上も汗した結果、築きあげられた[5][9]。あわせて、病院や都市農場も作られた[5]。

「一九三二年のサンタ・クルス・デル・スルの被害は二度と起こらないであろう。国家によって最優先される安全と人命の救済。それは、革命後にキューバ人たちが手にした権利なのだ」そう、トスカノ・ジャレスさんは述べている[6]。

誰もが失った財産と住宅を保障される

「誰も見捨てられることはないだろう。家を失った人民は建設資材が入手できよう」

一九九六年にホルヘが襲来した折にはカストロはこう述べ人々を励ました。二〇〇一年のミチェルではマタンサス州で一万戸が影響を受け、うち二〇〇〇戸が破壊された。海辺の家を失ったホテルの従業員、イビス・ユニオル・バルギン・ドミンゲス氏はこう述べる。

「家に住み続けることはできませんでした。台所と洗面所をなくしたからです」

氏はその後、避難所で生活することになったが、その後の政府の対応には満足している。約七二〇㎡の区画と二階建て住宅用の資材を提供してもらえたからだ。資材は一五年の分割払いで返済すればいい。しかも、新たなレンガ製の住居はより丈夫で、ミチェルで被災したスペイン風の屋根のタイルはコンクリート屋根に強化された[10]。

米国の視察リポートは、キューバと自国との違いをこう述べている。

「被害を最小に抑え、人命を救うという目標は同じだ。だが、米国の災害救済計画との最大の違いは、資産の保護と保障にある。政府の役人たちは、家具や身の回り品を安全な高台へと移すことを支援し、私有財産の保障も国民に約束する。ハリケーンで住宅が破壊されても再建を約束する。危険が去った後、地区ベースで被害評価がなされ、必要に応じて優先順に政府の予算でそれを交換し修理していく。米国では、それは民営保険会社の役割だからキューバをモデルとすることはできない。とはいえ、そこからは重要な教訓が引き出せる。私有財産が保障されれば、円滑に避難もなされ、避難中や復興中に被災者が感じるストレスも少ないということだ[11]」

キューバ政府は、住宅を自分で修理する資材には補助金を付けて低価格で販売する。アスファルトの屋根は四ペソ／m^2、セメント・バッグは四・五ペソ、砂利や砂は九ペソ／m^3だ。オルギン州のムニシピオ・ヒバラにあるアオロ人民銀行のマリセル・ロドリゲス頭取は、各家族の状況や収入に応じて毎月の支払い額が収入の約一〇パーセントを超えないようにし、利息は財政価格省が支払うと述べている[12]。

だが、オルギン州議会のビビアン・ロドリゲス議長はハリケーンに耐える頑丈な屋根を再建することも重視されていると指摘する。

「被災者の多くは自分たちで家を建てていますが、再建戦略では新たに二二の町を作る計画です。約五〇〇〇戸がまもなく完成します。壊れた住宅を完全に建て直し、きちんとした住宅を人民に提供することが優先されています」

このために必要な機材や資材がムニシピオには割り振られ、二つの建設ブリガーダが編成されている。作業員は、特別の訓練を受け、少なくとも二年は平均よりも高い給料を受けることになる。サンタ・クルス・デル・スルと同じく、オルギン州でも海岸近くには家を再建せず、可能な限り多くの家族を沿岸部から遠ざけることが重視されている、とレイヴァさんは語る。

「新しい家をその地域で建設しないことが決められました。私たちは屋根が飛んだ家族を援助していますが、沿岸からできる限り多くの家族を移住させています」

その一つが、海岸線から遥か離れたところに作られた「プエブロ・ヌエボ」だ。[13]

「このニュータウンの家は寝室も三部屋もあって広々としています。大家族をここに割り当てることで、このメリットを活用しなければなりません[14]」

レイヴァさんがそう語るように、ヒバラで住宅を失った家族用には、四六戸の住宅が提供されているが、それは、ベネズエラ政府から援助を受けたポリ塩化ビニール資材で建設され「ペトロ・カサ」と呼ばれている。ポリ塩化ビニールは石油の副産物だが、ベネズエラ政府によれば、人の健康には安全だという。カレトネスも海から安全な場所に移転している。[13]

第1節で登場した青年の島のフスト・カリロ氏も住宅が破壊され、しばらくは非常時用の緊急住宅で暮らしていた。だが、いま一家は「どんなハリケーンにも耐える」といわれる頑丈な六五ものアパートがある建物内の新居に引っ越している。一家が暮らす住宅団地は、以前は高校だった。都市部に移転された後、閉鎖していた高校の大教室をアパートに改築し、狭い教室は小学校や育児室、カフェテリア等に改造したのである。

「わずかな経費ですべてがされました」とカリロ氏は言う[15]。現在、青年の島の建設労働者たちは、農村にある五つの学校を約三〇〇のアパートに改築するために尽力している[16]。

一方、レオネル・ペレス氏一家が暮らす家は、カリロ一家とは違う。

「木の家で一時的に暮らしていた後、新築の家が持てる夢が実現するとは！」とペレス氏は喜ぶ。一家が暮らすのも、「ペトロ・カサ」だ。広さは九〇平方メートル以上もあり、三つの寝室、リビング、キッチン、二つの浴室、バルコニーがあるうえ、涼しく快適なのだ。青年の島でも、ベネズエラからの支援で住宅を失った四二家族に「ぺドロ・カサ」が提供されている。ムニシピオの建設事務所の職員、ガブリエル・バルデス氏は「家に入れる家族は、被災者で、特に難しい状況で生活している人が最優先されています」と説明する[15]。

ヤシの倒木で家を再建する

だが、すべての住民が移転できているわけではないし、ペドロ・カサに入れるわけでもない。米国デラウェア大学の防災学の専門家、ベニグノ・アギィレ教授は「サンタ・クルス・デル・スルの内陸部への移転は、私が知る限り、ハリケーンへの脆弱性を減らすための土地利用計画がなされた最初の事例となろう」と指摘する。[17] 例外なのだ。レイヴァさんも、沿岸部の居住地をすべて移転させるのは不可能であることを認める。[13] それでは、それ以外の住民はどうしているのだろうか。

「私は、椰子の木で作られた家が欲しいと思うのです」

そう語るオダリス・レアルさんは、ヒバラの高台にある地区に四人の子どもと一緒に住んでいる。

「以前の私の家は板でできていてボロボロで、母が悪く見えないよう色紙で内装を隠していたものでした。ですから、海水はここまでは来ませんでしたが、風ですべて壊されてしまったのです」

レアルさんの新築された家には、二つの寝室と小さなリビング・ルームがあり、台所と浴室として別の離れがある。レアルさんの家は、ヤシの木を用いて再建された最初の家のひとつだ。[12] アイクでは、一三万三〇〇〇本以上のダイオウヤシが風でなぎ倒されたが、その八五パーセントが再建に再利用されたのだ。[13]

だが、問題は、こうした家のハリケーンに対する強度だ。アギィレ教授は「キューバの災害対策は予防と対応策が中心で、中でも象徴的なのが毎年のメテオロ運動だ」と、早期警告や避難については高く評価するが、「災害復旧や災害緩和では不十分な実績しかない。したがって、キューバの防災対策は、他国のモデルとはならない」と批判する。教授によればキューバの建物は、強風、洪水、高潮他に脆弱で、とりわけ、強風に対してレジリエンスのある住宅ストックを国内でどれだけ作るかが課題だという(17)。

在キューバの国連ハビタットのコーディネータ、スーザン・マックディト氏も、災害に脆弱なまま建て直すのではなく、より高い質で再建することが課題だと指摘する。

「家を失った人のためのシェルターの緊急整備と将来のハリケーンに耐える強度や安全性を備えた屋根を持つ家の再建とのバランスをとらなければなりません(18)」

これは、キューバにとって最も頭の痛い問題だ。世界では六人に一人は標準以下の住宅で生活をしており二〇五〇年には一〇億人が家なしで暮らすことになるとの評価もある。これに対して、開発途上国とはいえ、キューバの住宅基準は、中米やカリブ海地域では極めて高く、仮設住宅も他地域の仮設避難所の基準を超え、中米やカリブ海の多くの農村に見られる住宅よりも強固だ(19)。キューバを視察したルイジアナ東南部洪水保護局のロバート・ターナー局長も、住宅の強風耐性の定期検査に感動している(20)。

NGOオクスファム・ベルギー連帯は、二〇〇四年のハリケーン・チャーリー以降、キューバで支援を行っているが、ラス・トゥナス州のムニシピオ、マナティで計五〇三戸の屋根強化の援助を行った(19)。ラス・トゥナス州でもアイクとパロマで八万戸以上の住宅が被災したからだ(21)。プロジェクトに携わった建築家ビル・フィン氏は、建築家、とりわけ、テクニコスやテクニカス（女性）と呼ばれる中間レベルの建設技術者たちの水準の高さに驚いている(19)。海外の先進国の建築家の目から見ても、キューバの建築はそれほど低質なものではない。にもかかわらず、数多くの住宅が壊れているのは、想定以上にハリケーンの強度が増えているためなのだ。

資源がない中で安全を確保する家の中の避難所

気象研究所の研究者、マリツァ・バジェステル博士は、過去の歴史研究に基づき、キューバに影響をもたらすハリケーンの数や深刻度が過去約一五〇年で増えていると指摘する。たとえ控えめの想定でも、二五年毎に平均六〜八回の被害が発生し、うち、三回はカテゴリ三か、それ以上の強力な嵐となることが予測される(18)。

一九五二〜二〇〇〇年にかけては、キューバはカテゴリ三のハリケーンをただ一度しか経験していない。何度も登場してきた一九六三年のフロラだ。だが、二〇〇〇〜〇八年にかけては、六度も大型で強力なハリケーンが襲来している。

ホセ・ルビエラ博士も今後を懸念する。

「今後も確実に激しいハリケーンを受け続けることでしょう。カテゴリ三〜五のハリケーンが増えています。そして、カテゴリ二のハリケーンは一の倍ではなく四倍、三のハリケーンは三倍ではなく、九倍の被害をもたらすのです。それは、大西洋の海温上昇と関連しています」

海水温とハリケーンの頻度との相関関係については、まだよくわかっていない。一九九五年以降に頻度が増えているのは事実だが、それは、二五〜三〇年サイクルでのハリケーン活動とも関係し、一九世紀や二〇世紀の別の時期にも起きているとルビエラ博士いう。

「それ以外の地域では、頻度は増えていないのです。ですが、強度は別の問題です」

二〇〇五年に、米国ジョージア工科大のジュディス・カリーとマサチューセッツ工科大学のケリー・エマニュエルが一九七〇年以降の全世界の熱帯サイクロンの頻度や強度を調べたところ、平均発生件数には変化はなかったが、強度は海洋の温暖化とパラレルだったという[19]。なればこそ市民防衛のベタンクール大佐はこう語る。

「我々にとっての最大の脅威は気候変動です。最近の研究によればキューバでも年間気温が〇・五℃ほど上昇し、旱魃を含め異常気象の頻度が増し、エルニーニョ・南方振動の影響も受けています。このため、さらにリスク削減の研究を行い、防災関係者たちも教育し続けていかなければならないのです[22]」

だが、緊急的な再建と頑丈で安全な家を建てることは、トレード・オフの問題だ。再建を急がせれば、質が低下し、長期的には安全性が保てない[19]。そのうえ、経済封鎖を受けているキューバは建築資材が不足し、年間に五万戸程度の住宅を建設する能力しかない[11]。ベネズエラやNGOからの援助はあっても、破壊される家の数からすれば焼け石に水で倒木で家を建てるのが精一杯なのだ。ビル・フィン氏は、このジレンマをクリアするためのキューバの二つのアイデアに感動し、こう書いている。

「一つは、各家にコンクリートの屋根を持つ小部屋、浴室が設けられていることだ。独立戦争時の兵士、『マンビ』にちなみ、『マンビ・プログラム』と呼ばれているが、各家庭が家の中に、小さな避難所を持っているのだ。もうひとつは、地区住民の避難所として、一〇軒に一軒は、コンクリート製の屋根の家が建てられていることだ[19]」

ベタンクール大佐はこのアイデアがどのように出されたのかを説明している。

「避難所は近くにあればあるほど良いのです。病院や学校、文化センターがそうですが、時には家の近くにある住宅が安全な場所を提供することになります。二〇〇五年のデニスが、グランマ州の山岳地に襲来した後、孤立した地域では一〇戸毎に一戸は地元の避難所となるように補強されることが決められました。選択するかどうかはコミュニティ次第です。ですが、これが資源が乏しい中でなんとかするやり方なのです[22]」

◉現地取材8

内陸に集落を移転する——ヒバラ

家の痕跡しか残っていない海岸

「管内では一五九九七戸がダメージを受けました。二四四二戸が全壊、一七九〇戸は半壊です。二五九四戸は、屋根がすべて吹き飛ばされました。ですが、一三七四六戸はすでに直しています。屋根はすべて修理され、ドア等が壊れた二三八戸も半壊した家屋九七二戸も直し、一三七四六戸、八五・九パーセントの修理はすでに終わっています。また、約一〇〇〇戸を新たに建てましたが、今年もさらに一九七戸を建てる計画です」

ムニシピオ・ヒバラのホセ・エルネスト・マヨ・ザルディヴァル議長は言う。住宅だけでなく、レストラン等の店舗一四八、医療関係施設五七、教育関連施設一〇一にも被害が出たが、それもほとんど直っているという。

議長とともにジープに乗って被災現場へと向かう。

「ここエル・グィリトも一五戸が五戸になってしまいました」

海岸道路に沿う被災集落の姿は痛ましい。道もガタガタでまだ修理されていない。住民の住宅再建への投資を優先しているからだ。ハリケーン直後は道路が土砂で埋まり、ブルドーザーで瓦礫を押しのけながら、六時間以上もかけて被災地に向かったという。

カレトネスの浜辺には３つに割れたパナマ船籍の残骸が横たわる。
「60～80m 沖合にあった船がここまで流されて座礁したのです」と説明するのはミゲル・ウゴ・エスカローナ秘書。

「ここがカレトネスです。前は家があったところです」

海岸には石の土台しか残されていない。


「カレトネスは四八〇戸のうち、三七四戸がダメージを受けました。二二四戸は修理をしましたが、海岸沿いにある家は完全に壊れたのです」

観光用の政府のキャビンも二七のうち、二一は全壊したという。残されたキャビンでは再建を待つ被災者が今も暮らしている。

「これまで新たに建てた二四戸は、二五〇m内陸部に移築させています。科学技術環境省の研究から、この距離だけ海から離れれば安全だとわかっているからです。ですが、まだ危険な場所に七〇戸が残っていますから、移築予算を組んでいます」

議長の案内で、新しく建てたニコラス・サラティ・リオス氏（七〇歳）宅を訪ねる。

「ハリケーンの時には政府の施設ではなく、ヒバラの親戚の家に避難して一夜を送りました。エル・グィリトとカルトネスのニュースを聞いていると、どうも大変な被害が出たらしい。そこで、いち早く現地入りした知人に家の様子を聞いてみると『もう壊れていてない』と言われました。そこで、自分の目で確認することに決めました。道路はすべて壊れていますから、一八時間かけて歩いていったのです。そして、現地に来てわかりました。すべてが破壊されていたのです。

その後は、二〇一〇年の一二月まで政府のキャビンで暮らし、一二月三一日に政府から頑丈に建てたこの家をもらったのです」

仮住まいの間も地区の指導者は支援のために毎日、親切に訪ねてくれたし、いまの生活は前よりもずっと良いと氏は喜ぶ。ちなみに、氏は若い時にはシエラマエストラの一三部隊に所属し、ゲリラとして戦った経験を持つ。今も海から麻薬の密輸入組織や高波を警戒するボランティア監視活動グループの一員として活動している。七〇歳でも健脚なのはそのためだろう。

「普通よりも波が高い等の異変があれば、ここには小さいラジオがあるのでヒバラの議会にすぐに知らせるのです」

氏の説明を早期警戒ポストの担当者でもあるミゲル・ウゴ・エスカローナ秘書が補足する。

「海岸に強風や高波の異変があれば、この地区の警戒ポストからラジオで連絡が入ります。情報は直ちに議長に知らせ、議長は市民防衛本部の代表として、市民防衛システムを立ち上げ、住民を避難させるかどうかを決めます。住民の人命や冷蔵庫、電気製品等を守らなければならないからです。決断は現地の意見を聞いて行います。どこまで海水が侵入したか、状況を一番知っているのは現場だからです。そして、避難命令が出れば二時間でバス等の必要なすべての資源を用意できます。幸いハリケーンがそれて危険はなかったのですが、最近も朝一一時三〇分に避難命令を出したことがあります。一三時には全員が怪我もなく避難できたのです」

内陸部に新しい町を作る

カレトネスからヒバラへと戻り、議長の案内で、海岸から五〇〇mほど内陸に建設中の新たな町「プエブロ・ヌエボ」を訪れる。

「ここでは二〇一〇年に五四戸、二〇一一年までに一三四戸が建てられ、今、四八戸を建設中です」

五四戸のうち、四六戸はベネズエラのペトロ・カサで作られたという。ピナル・デル・リオ州ではベネズエラ人が建て方を指導したが、そのノウハウをマスターしたため、ヒバラはすべて地元の建築技師によって建てられている。また、同じくピナル・デル・リオ州のムニシピオ・サンディーノで全壊した家を再建するための工法、「サンディーノ」（別々に製造した壁を現地で組み立てる）が開発され、この技術で八戸は建てられたという。

そして、被災者全員ではないものの、所得が低い人たちは、自分たちの家を建て直すことに給与を支払っているという。

それにしても、ヒバラの復旧は、文献を読んで想像していたよりもよほど早く進んでいる。なぜ、これほど早いのか、その理由を議長に聞いてみた。

「まず、中央、州政府が支援をしてくれま

した。そして、キューバ人の中でもヒバラの人々は心が強い。悪いことがあっても強く抵抗するため懸命に働くのです。ですから、ハリケーンがあっても私たちはいつも早く立ちあがるのです。また、国内での連帯だけでなく、数多くの国からの連帯的な支援も受けました。

まず、故郷としてのヒバラがあり、次に統一された祖国があり、その上にホセ・マルティの言う『祖国は人類』という連帯がある。より統一されればさらに人間は解放されるのです」

共産党のレイヴァ書記長は、その理由をこう述べた。

「ラウルはハリケーンの後にこう言いました。『がんばりましょう。党を信じてください』と。ですから、一番大切なことは、人民が政府の指導者の言うことを信じ、人民とともに新たに再建しようとすることなのです」

「フィデルは『革命は絶対に嘘をつかない』と語りました。人民が政府を信じるためには、指導者はできないことはできないと、真実を語らなければならないのです」と力強く語るレイヴァさん。ムニシピオの議長室にて

◉現地取材9
蘇った漁村――サンタ・クルス・デル・スル

ハリケーンの高潮に飲みこまれた漁村

「政府がいつも懸念するのは人民の人命です。このムニシピオには一一のコンセホ・ポプラレスがあり、うち三カ所には早期警戒ポイントも設けています。強風、竜巻、海水の浸入。様々な情報がポイントから連絡されます。そして、ハリケーンのような大型の自然災害時には、逆にポイントから地域住民に避難を呼びかける。電話等は不通になりましたが、ラジオ無線で連絡を取りあい、バス一三二台に列車二両を用いて住民は安全に避難したのです。

　ハリケーンが抜けてからはすぐ復旧段階に入り、医療と獣医サービス、メンタルケアを行い、給水サービスも二四時間後には復旧しました。パン屋ではクッキーもあげ、根菜類や肉・卵の支援も行いました。電気は一七日後に直りましたが、これだけ早く復旧したのも『グループ・エレクトロヘノ（分散型発電）』があったおかげです」

　ムニシピオ、サンタ・クルス・デル・スルのパブロ・ペリバニエス・エルナンデス議長の案内で、海辺の漁村、ラ・プラヤへと向かう。明るい海は波も静かで、浜には日除けパラソルもいくつか並び、一見のどかな漁村に見える。だが「ここはかつてみな家があった

ところです」と議長は海辺の草の間に顔をのぞかせるコンクリートの土台の破片を指差す。空いた草原に見えた場所はかつて家が並

海岸には1932年の犠牲者を弔うコンクリート製の十字架が物悲しく今も立っている

んでいたのだ。

海から少し離れた場所には、傷んではいるもののまだ建っている家もある。

「頑丈なためかろうじて残ったのです。こうした家でまだ一六〇戸が暮らしています。ですが、皆移転させる計画があり、傷みの酷い家から手掛けています」

内陸のニュータウンから通い漁業

「家を失った一六〇世帯はカマグエイ大学で四五日を過ごしましたが、その間、被災家屋の検査も行い、八〇六五戸と七九パーセントは修理しました。ただ、全壊した家は建て直さなければならず、一四ヶ月をかけ新たに二八八戸、その後さらに二四四戸分の四階建のアパート六〇戸を建設したのです」

空いていた牧草地と電車路線の敷地を活用

して新たに作り直したコミュニティへと向かう。団地の窓からは洗濯物が顔を出し、ところどころに店舗もあって、まるで目新しいニュータウンだ。

「一番被害を受けたのは海辺に住んでいた人たちです。ですから、テレビ、台所の設備、冷蔵庫、料理用の道具も失われれば、すべてあげました」

議長は人がいそうな家を物色するとある一軒を案内してくれる。

「私は海から歩いて一〇歩しかないラ・プラヤの家で産まれ育ち、主人も近くの産まれです。一九三二年のハリケーンのことは祖父母からは聞かされていましたが、パロマは本当に恐ろしい経験でした」

ライサ・フォンセカ・レボルタさん（七一歳）は語る。

「テレビと冷蔵庫だけはなんとか残りましたが、家も家具もすべて失われてしまいました。ですが、一四カ月後にはこの家に引っ越し、すべてを政府から無料でもらえたのです。壊れた電気鍋もとても安い値段で買えました。もちろん、ラ・プラヤは懐かしいし、夫も定年となりましたが、私たちはずっと漁業を続けてきましたから、今日も息子と一緒に漁船に乗って漁に出かけています」

一家は五キロも離れたラ・プラヤへと通っているという。

「農業も牧畜業も復旧しました。商業関係はまだ完全に戻ってはいませんが、土地が入り次第少しづつ直しています。医療関係施設も教育の設備も直しました」

議長の案内で、ニュータウンの中心にあり、幼稚園児も含め三五〇人が学ぶ小学校を訪ねる。コンピューター教育ルームも備えた学校は、ニュータウンの中でもひときわ立派で災害時の避難センターとなるという。

漁村をまるごと移転させる。いったいこの計画は誰が決定したのだろうか。思わず浮かんだ疑問を議長にぶつけてみた。

「気候変動で海水侵入が深刻化していることを政府は研究しています。そのため、危険な海から少しずつ移転する計画があります。その方針を受けて、このムニシピオで研究した結果、被災後には新たな街に移転しなければならないと判断し、それを州政府から中央政府へとあげ、投資の許可が得られたのです」

まず判断するのは地域コミュニティ。議長から、そう言われ、「州政府は方針を示すだけで、地域に応じた法律はすべてムニシピオ政府が作る」と語ったヒバラのミゲル・ウゴ秘書の顔が想い浮かんだ。キューバは、中央統制官僚国家ではあるものの同時に地方政府の判断も重視されているのである。

4 安全の文化を築く

教育を通じて安全の文化を育む

復旧が一段落したからといって防災関係者たちの仕事は終わらない。得られた教訓を分析し、総合的な戦略に練り上げて次に備えることが必要だからだ。[1] 全国各地のコミュニティから集められた情報は、毎年防災計画の更新に生かされる。計画がどのような手順で更新されるのか、シエンフエゴス州の市民防衛のホセ・カストロ代表の説明を聞いてみよう。

「毎年一二月一日、ハリケーン・シーズンが終われば、各当局は全レベルでプランの更新手続きに取りかかります。特にハリケーンがあった年では、何が機能し、何が機能しなかったのか、この一年に起きたことを振り返ります。

洪水に弱い地域や家屋等をチェックし、革命防衛委員会レベルから、危なそうな住居の家族の名前や子どもの人数を書き留め、誰が避難するのか、その際、誘導に手助けがいるのは誰なのかも明記し、五〜六の防衛委員会からなる『ゾーン』の代表にそのプランを送ります。代表は各ゾーンの情報を集約し、ムニシピオに提供します。例えば、私のゾーンには五〇戸の危険な住宅があります。このプランは州で調整されたうえ、私たちはハバナに持ち込みます。各組織や全省庁が同じことをやり、変更が必要であれば計画をやり直します。こうして公式のハリケーン・シーズンが始まる五月までには準備ができるのです」

州やムニシピオ政府レベルだけでなく、各職場や団体、企業、地区毎の個別計画もある。どの建物が避難所に使えるのか、移動にはどんな交通機関が必要となるのか、何人が割り振れ、避難生活にはどれだけの物資が必要なのか、きめ細かいプランが更新されている。

また、二日間にわたる防災訓練も毎年行われている。

「毎年五月末、ハリケーン・シーズンがはじまる前に、国、州、ムニシピオ、そしてコミュニティ・レベルで『メテオロ』という訓練をしています。大型のハリケーンが襲来することを想定し、例えば、このシエンフエゴスの市民防衛の長官が、電力公社の理事長に『電線が次々と断線し、送電に影響を受けている。この状況にいかに対処するのか……』と問いかけ、理事長はそれにプランに基づき対応するわけです。初日は想定状況をもとにこの演習に全員が従事し、二日目は、コミュニティで具体的な準備をします(2)」

いっせい訓練は全国段階のものだが、ムニシピオやコミュニティでも、各地域の特性に応じた訓練が実施されている。[3] 各省庁、学校、病院、工場では初日に対応策や手順を予行演習し、二日目はハリケーンで家に倒れる危険性のある木の枝を切り落としたり、貯水池の壁やダムをチェックしたり、家畜を避難させる場所を特定する。[2] 救助活動の演習がなされ、実際の避難の手順もリハーサルされる。[4]

この演習を通じて、優先すべき事項や物資の適切な配備の仕方がはっきりするし、政府と協働するためのソーシャル・キャピタルも築きあげることができる。体験した災害の記憶は、良くも悪くも、役所の記録文書以上に被災者の心の中に残っている。コミュニティやローカル政府の段階で、防災訓練を行えば、過去の思い出をめぐって議論も盛んとなる。どう対応すればよいのかを話し合えば、コンセンサスやモチベーションも高まる。[3] 毎年各自の果たす役割の記憶を新たにし、状況変化にも対応できるようにしているのだ。[2]

「何を準備し、何をやるのかをどの子どもも説明できます。水が止まって、電気が切れたらば…。生徒たちは、何をしたらよいのかをわかっていますし、各段階で何をするのかも知っています…。家の中でどう物を集め、どう片づけたらよいのかもです。全生徒、労働者、そして農民がこの訓練を受けているからです」

防災対応には周知、警戒、警報、復旧と四段階があることは述べたが、ホセ・カストロ代表によれば、それは小学生でも知っている。[2] 小学校から防災の授業があり、[3] 災害時の対応方法について学んでいるからだ。[2]

小学校から始まる防災教育

「ああ、神さま、学校が、学校が！」

ピナル・デル・リオ州のロス・パラシオスのラ・ビビア地区にあるラファエル・モラレス小学校の教師グラディス・サン・ホルヘスさん（四一歳）は、人生で最悪の瞬間を感じ、こう叫んだ。

「学用品はぜんぶ安全な場所に格納しましたが、強風で屋根のタイルが吹き飛ばされるのは防げませんでした。子どもたちのことを思わざるをえませんでした。家も教室もないままに残されるのかと」

グスタフの直撃を受け、一階建ての小学校の屋根は吹き飛び、遊び場や菜園もメチャクチャに壊れた。

「私たちは空き地を教室にしなければなりませんでした」

全国では二千校以上がグスタフで破壊されたが、ロス・パラシオスでも地区内に四三ある小学校が被災した。[5] バラバラに壊れた小学校は、二〇〇九年一一月二七日にＢＢＣが放映した環境ドキュメンタリーにも登場する。

「怪我をした人もいますが、ごく少人数です。誰一人として死にませんでした。中央政府もローカル政府もよく組織されているからです。この組織化がなければ、それ以外の国と同じことが起こるでしょう」と先生が答える。番組には学校の授業風景も登場する。

「ハリケーンのときには、どうしたらいいかわかりますか」と先生が問いかけるとある子どもが「排水路を掃除し、家の近くの木も切り落とします。倒れると屋根を傷めるからです」と答え、別の子どもは「ハリケーンで飛ばされないように砂利が入った袋を重しにして屋根におきます。また、緩いタイルには釘を打ち縛ります」と答える。[6]

中国のCCTVインターナショナルが二〇〇八年六月二〇日に放送した「災害の授業」にも、フェ・デル・ヴァジェ小学校が優良事例として登場する。

ロサ・マリア・ゴンサレス先生は言う。

「この学校ではただ一台のテレビもコンピュータも失っていません。時間内にすべてが最上階まで運ばれましたから、何ひとつ失わなかったのです。同じように荷物も運びます。子どもたちだけでなく、教科書も守らなければならないからです」

フェ・デル・ヴァジェ小学校では子どもたち全員が教室の机や椅子を上の階に動かす練習を行う。海岸に近いにもかかわらず、被害をなんとか防げているのだ。

全国市民防衛のルイス・アンヘル・マカリノ・ヴェリス氏は言う。

「我が国には、同じハリケーンのリスクに直面するそれ以外の国と同じだけの資源がありません。にもかかわらず、人民はこのシステムを信じています。なぜなら、誰一人見捨てられたことがないからです。私たちは常に資源を平等にわかちあいます。リスクが起きたとき誰もが安全な場所が保証されるようにです。すべての所有物とともに安全な家屋へと避難し、農村ではすべての家畜が高台へと移される。そして、子どもたちもコミュニティで重大な役割を果たします。防災は全国の学校カリキュラムの一部となっているのです(7)」

キューバで、人命が失われていない鍵は小学校からの教育にある。災害対応が「文化」として国民に深く浸透しているのも教育のおかげだ(8)。

教育省のリサルド・ガルシア・ラニス氏は、防災教育の役割をこう指摘する。

「一~四年生まで、生徒たちは自分たちの周りの環境のことを学びます。そして、四年生からは生徒たちは、ハリケーンにどう準備をするのかを学ぶのです(9)」

学校では防災ビデオを見せ(9)、子どもたちは幼いうちから学校で、様々な活動やロール・プレイングを通じてハリケーンについて教えられ、両親たちは、子どもたちから学んでいく。テレビでも防災プログラムの番組が放映され(8)、過去の悲惨なハリケーンのシーンを放送することで(10)、防災意識を高めることに活用されている(9)。

だが、昔はそうではなかった。ホセ・ルビエラ博士はこの点をさらに詳しく指摘する。

「私が幼い頃にはハリケーンがあっても、ドアや窓を閉めて待っていただけでした。人民は防災のノウハウを知りませんでしたから、人命も失われていた。ですが、今は小学校の五年生と六年生の地理と気象学では、ハリケーンやその予防について学びます。高校ではハリケーンの機能や仕組みについてさらに深く学びます。ですから、誰も小さな頃から、ハリケーンが何であるかを自覚しています。教育がされていなかった以前とは比べ物になりません」[7]

大学に進学してからも訓練は続くが、防災教育は学校だけにとどまらない。定期訓練は団体や職場でもされ、メディアも防災について放送し、ファミリー・ドクターも、災害と関連する健康問題を具体的にどう予防すればよいかを教えている。[3]

防災教育は今も強化・拡充され続けている。例えば、生徒たちを防災教育の中心として、コミュニティとのつながりを強化するため、二〇〇〇～〇三学校年には、パイロット・プロジェクト「Preparnos」がオルギン州内の一四のムニシピオの四七校で実施されている。子どもたち四〇〇人を含め、一〇〇〇人以上の教師やコミュニティ住民が参加し、各学校でのハザード・マップづくり、両親やコミュニティ住民とのワークショップ、教育ビデオやゲームの開発、災害前と災害中、そして、災害後にすべきことのトレーニングがなされている。子どもたちが主体となり、防災準備を行ったことで、自然災害が直接災害に結び付かないことが再確認でき、子どもたち果たす役割を促すことにもつながった。[11]

教育によって、人々はただ政府を信頼するだけでなく、同時に主人公として自分たちが果たすべき役割も自覚していく。[2] 例えば、ある市民はこう述べている。

「フロラの被害が高レベルの組織化が社会に必要なことを私たちに教えました。防衛は軍だけのものではありません。全市民に役割があるのです」

「ハリケーンがなくても毎年トレーニングプログラムがあります。私たちは洪水の危険性のある場所を研究し、避難が必要な場所を知っています。食料、医薬品、医師、看護師を確保し、国全体が警戒体制に入りますが、その目標は人命を救うことなのです[9]」

こうして人々の間に「安全の文化」が築き上げられていく。[2][3]

実践的な防災医療を身に付けて医科大学を卒業

医師たちが防災活動に長けているのも専門的な防災医療教育を受けているからだ。その教育をコアとなって実施しているのが、一九九六年に、ＰＡＨＯ—ＷＨＯやカリブ海医療協会と共同で創設された「ラテンアメリカ防災医療センター」である。センターは子ども向けの教育冊子『私たちと一緒に学ぼう』を発行したり、医療行政担当者向けに災害医学に関するレポートを毎月発信したり、子どもや高齢者、妊娠女性、心身障害者にコミュニティとしてどう対応するかのプログラムも開発しているが、メインとなるのは、医師たちへの防災教育だ。全国地震研究センター、全国衛生疫学センター、気象研究所、全国毒物センター、法医学研究所、ペドロ・クリ熱帯医療研究所、教育省、市民防衛の専門家たちを教授陣とするファミリー・ドクター向けの防災医療の短期コースを設けている。防災医療は医学校のカリキュラムにも組み入れられているが、大学院生向けの専門コースや医学校及びラテンアメリカ医科大学の教授陣向けの専門課程を設けているのもセンターだ[12]。

医科大学での災害医療科目は、1「概論、定義、原理」、2「災害の社会経済的要因」、3「災害対応で果たすコミュニティの役割」、4「負傷者や病人、人命救済のための第一応答者」、5「災害や非常時のための医療関係機関の準備」、6「条約と国際人道法、国際赤十字社」、7「災害時における大量の遺体管理」、8「リスクマネジメント計画」、9「環境と災害」、10「災害と疫学調査」、11「災害時のケアと緊急医療総合システム活動（SIUM）の組織化」である。二〇〇四〜〇五年の学校年からは、六年間のカリキュラムのうち、三年、四年、五年に災害医療が含まれるようになった。

ラテンアメリカ医科大学でも、一二〇時間の災害医学の授業が行われ、プロローグで紹介した国際災害医療援助隊ヘンリー・リーブの全メンバーも、国内に二二ある医科大学の災害医療学部で特訓を受けている[13]。同センターで教育を担当する所長のジェルモ・メサ博士とクリスティーナ・レジェス博士は「とくに、ラテンアメリカ医科大学の学生たちからの協力に実り多いものがあった」と語っている。二〇〇三年にハバナでは防災会議が開催されたが、彼らが出身国での被災体験を披露したことが、防災プログラムの充実に寄与したからだ[12]。ちなみに、ラテンアメリカ医科大学では、最初の半年は、スペイン語、数学、物理学、化学、生物学、歴史と教養を学び、二カ年の基礎をみっちりと学んだ後、四年に災害医療I、五年で災害医療IIと公衆衛生を学ぶ。学生たちは、様々な災害やその社会経済や健康への影響、どのような対策が取られるべきであったかの災害史を研究し、次に再発を防ぐには何ができるかを議論しあう。六年目はインターンシップだが、キューバが医療援助をしている国の学生は、その医師の指導の下、出身国でインターンシップの一部を行う。そして、祖国で起きた過去の悲惨な災害やその対応策を調べ、自分でやれることを実践する。例えば、ドミニカ共和国出身の学生は洪水を扱い、パラグアイ出身者は大損害をもたらした火事に取組む。キューバの医学教育は、臨床診断や代替医療が中心だが、災害医療を重視することで、将来、乏しい資源しかない祖国に帰国してもその中で、医療活動を行ううえで欠かせないスキルを身に付け卒業していく(14)。

格差社会をなくすことが被害も減らす

国であれ、市町村であれ、リスクを減らすうえで決定的な要因となるのはガバナンスだ。そして、キューバ政府には人命を守るという強力な政治姿勢がある。国内資源の大半は政府が所有しており、緊急時には人命を守るために手元にある資源をことごとく使う。地元の学校を避難所に用い、避難用にボートやバスを確保し、アマチュア無線協会も通信網として活かす。だから、全体としてはモノが不足していても、死傷者がでないし、特定の人だけにしわ寄せがいくことはない。災害に見舞われれば、たいがい貧しい人々ほどダメージが大きい。だが、キューバは違う。キューバが災害に強く、かつ、復元力も高いことは、格差と被害とが深く相関していることを想起させる。

一九九八年に中米を襲ったハリケーン・ミッチの惨事を分析したPAHOのリポートは、犠牲の最大の要因が貧困にあるとの評価を下す。

「格差に苦しむ人々は、安全な住宅、基本的な医療サービス、教育、そして、情報にアクセスできない。これは格差の結果であり、それが自然であれ人工であれ、災害に対応する際の脆弱性の要素となっている」

そして、脆弱性を減らすための抜本的な長期戦略として、貧困を撲滅し、社会的・経済的な平等を促進する以外、いかなる包括的な代替措置もないと結論づける。

国連一九九九年の年次報告でコフィ・アナン国連事務総長もこう述べた。

「効果的な予防戦略は、何百億ドルのみならず何万人もの人命を救うであろう。今、救援に費やされている基金は、社会的公正を高め、持続可能な開発にささげることができる。それは、戦争や災害のリスクを減らすことであろう。防災の文化を築きあげることはたやすいことではなく、今は防止のためのコストを支払わなければならない。だが、将来的には益があろう。その恩恵は形には見えない。そう。それは起きなかった災害なのだ(2)」。

国際赤十字赤新月社連盟もこう指摘する。

「キューバは、ハリケーンへの防災対策として、避難や教育制度を効果的に活用している。政府の役人の間にも科学技術が広く普及し、市民の積極的な参加が、恒常化しつつある災害の中でも人命を救うことができている。キューバの経験は、経済力や民主的な政治システムが、災害の犠牲を加減する主因でないことを示唆する[9]」

オクスファム・アメリカのリポートは、キューバが成功している理由として、優れたハリケーン警報とマスメディアとの連携、貧困の削減、普遍的な教育と識字力の高さに基づく防災訓練、道路や電気等インフラ、医療、避難所や緊急用の食料への投資等の長期戦略をあげている[2][10]。そして、「リスク＝ハザード×脆弱性」という災害の方程式から、キューバ・モデルはそれ以外の国にも適用できると述べ、①地元の指導力、②コミュニティの参画、③計画への人民参加、④ライフライン構造のコミュニティでの実現、⑤ソーシャル・キャピタルをモデルとすべきだと指摘する[2]。

マサチューセッツ大学の社会学者ミレン・ウリアルテ教授の分析もこれと同じだ。

「キューバの社会的・セーフティ・ネットはボロボロだし、かろうじてもっている。だが、それがあることで、資源が全体的に不足し、サービスに影響がでたとしても、キューバ人たちは奈落の底にはめったに転落しない。なぜなら、サービスが普遍的に提供され、ソーシャル・キャピタルが豊かな制度の中で人々が暮らしているからだ[15]」

博士の分析は、格差を減らし、全国民がベーシック・ニーズにアクセスできるようにすることが、今後増えていく異常気象災害に対して人災を出さない第一歩であることを教えてくれる。

複雑系の科学が解き明かすキューバの防災力の秘密

キューバがモデルとなるというオクスファム・アメリカのリポートは、議論を呼んだ。キューバのヒエラルキー型の動員システムは、中央集権的な国家システムでしか可能ではないのではないか。米国からの侵攻という特殊な政治状況下にはないもっと平和な国ではキューバ式の防災制度は根づかないのではないかという見解だ。そこで、さらに追加調査を行い、疑問に対して次のように答えている。

「参加型の民主的な中央集権型モデル。すなわち、強力な国家と同時に分散化されたリスクガバナンスを担えるシステムは、それ以外の場所でも実施可能だ。効果的な災害対応の普遍的なレシピはないが、キューバ方式の本質的な要素は、モデルとすることが可能だ」

そして、先手先手を打つ防災計画や大規模な避難が成功をおさめたことが、経済的困窮が続く中でも政府への信頼につながり、都市農業やファーマーズ・マーケット等のそれ以外の政策が国民から支持されていると、防災対策の副次効果を指摘している(10)。

一方、まったく別の切り口から、キューバの取り組みを評価したリポートもある。アジア防災センター、国連国際防災戦略事務局、国連開発計画等が中心となって、編纂した「災害復旧から学ぶ」だ。とりまとめを行ったイギリスのクランフィールド大学のレジリエンス・センター、元京都大学客員教授であるイアン・デイヴィス教授は、レジリエンス・モデルを用いて、キューバと米国の回復力を比較している。

図をみていただきたい。カトリーナでは、災害前のリスク軽減対策、すなわち予防防災が欠如してい

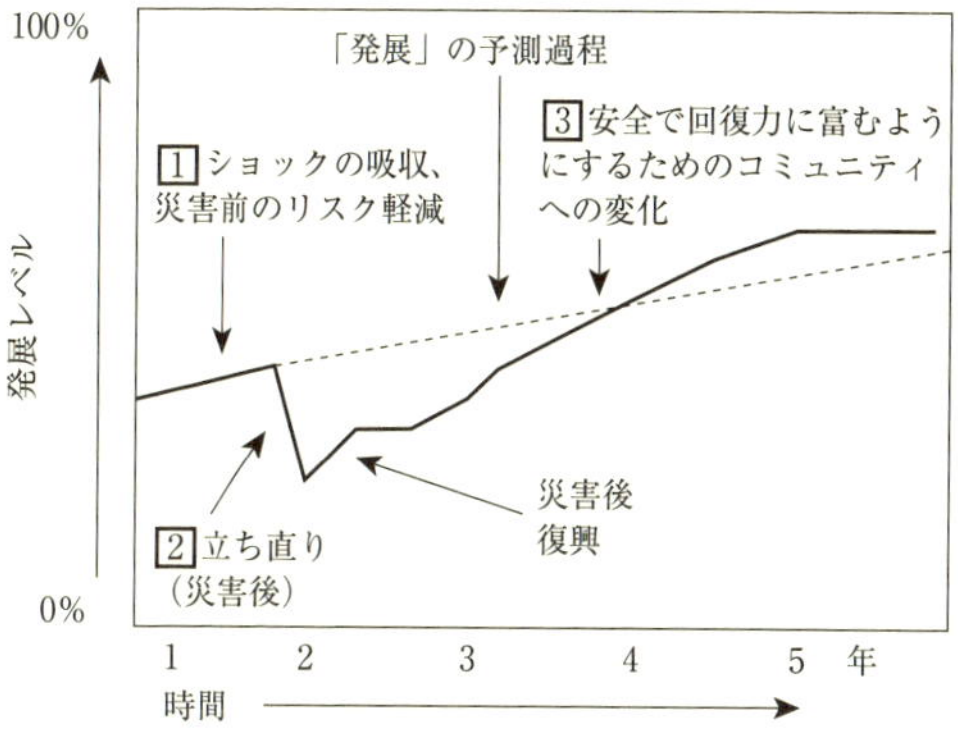

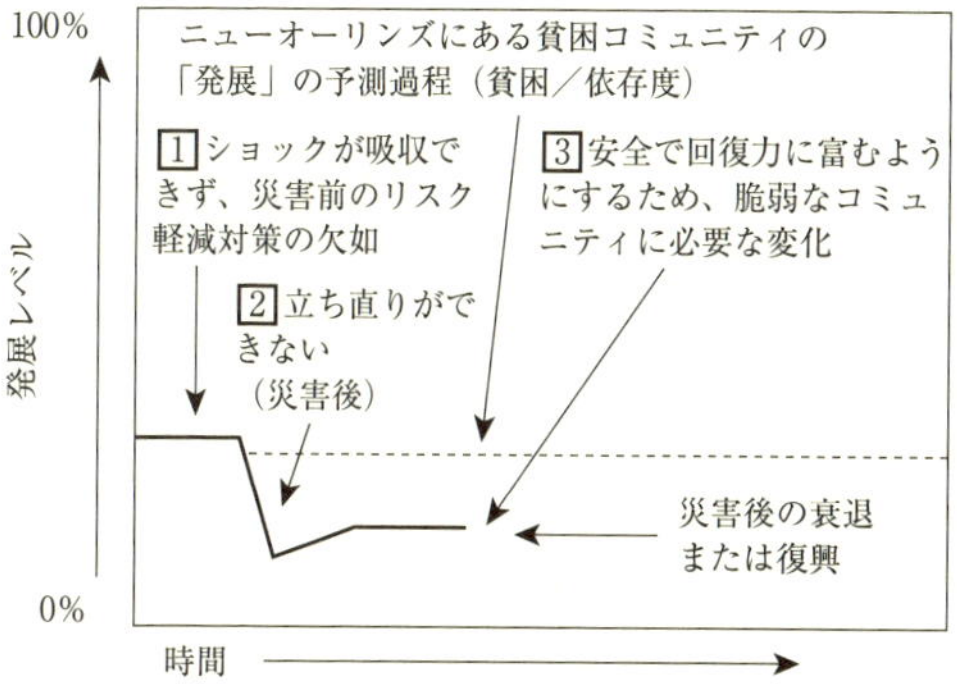

フェーズ 1 はハザード直撃のショックを吸収する能力で、これがあれば、最初から被災が軽減され、災害とはならない
フェーズ 2 は災害の最中やその後に立ち直る能力
フェーズ 3 は災害後の社会の変化。すなわち、より安全で回復力のあるコミュニティへの変化する力で、これがあれば再建プロセスで復興に要する時間を減らす

たため、ショックを吸収できなかった。このため、災害後も立ち直りができず、災害後も貧困なコミュニティでは衰退したままであることがわかる。一方、キューバではなぜ、災害復興力が高いのかについては「ウェブ・モデル」を用いて分析している。ウェブ・モデルとは、コロンビアの防災コンサルタント、グスタフォ・ウィルチェ博士が作り出したものだ。[15] 博士は、カウカ大学で政治学や社会科学を学んだ後、デイヴィス教授の下で災害マネジメントを学んだのだが[17]、博士のモデルは、九つのハブと相互につながる糸から構成されている。ハブとは、社会制度、文化、教育、経済、インフラ、政治、環境等モデル上の主な社会要素で、糸はこれらのつながりの強弱、すなわち、相互依存性のパターンを表す。このモデルでは、回復力は次のように表現できる。

・ハブの数が多くなればなるほど回復力は強くなる
・ハブの強さ、すなわち、社会の発展が回復力を生み出し、速やかな復興も可能とする
・ハブの相互接続の程度が強いほど、社会の各要素の関係が強固に制度化されているほど、さらに復元力は高まる

このウェブ・モデルを元に、リポートはキューバを次のように分析してみせる。

「キューバは、社会に極めて厳しい経済的なストレスを受けているにも関わらず、世界で最も効率的と称される災害リスクマネジメントを効果的に適用できている。防災（＝予防：引用者）、対応、復興（＝復旧：引用者）、ならびに再建のシステムは、コミュニティがベースとなり、革命防衛委員会等、キ

ューバ社会の社会・政治構造に依存している。そして、市民防衛によって全組織が動員される非常事態の際、どんなレベルのリーダーであれ、各自が何をすべきかを正確に知っていることがこの体制の強みである。社会的にも政治的にも非常に強力なウェブによって、キューバは四五年以上にも及ぶ経済封鎖に耐えることができ、かつ、ソ連崩壊後の深刻な「非常時」の影響も収拾できた。こうしたつらい経験に比べれば、ハリケーンは、せいぜい年に一度直面する単なる日常事態にすぎない。

キューバの状況をウェブ・モデルで見てみれば、「経済ハブ」の弱さやアバナ・ビエハにある建造物等「物理的なインフラハブ」の脆弱性は高い。だが、それは、ウェブを支えるそれ以外のハブ間のつながりの強さで埋め合わせられている。そうした強力なハブとは「社会・文化的ハブ」、「政治的ハブ」、「組織的ハブ」、そして、「教育」である。キューバは、極めて高度な参画型社会である。それは、ハリケーンが襲来する以前の集団避難の効率性でも定期的に実証されている。避難の際には、電気製品他はもとより飼育している家畜やペットまで安全な場所に彼らは連れて行けるのである[15]」

さて、プロローグでは、同じ災害といっても、ハリケーンは地震とは違うと述べた。だが、ウィルチェ博士がウェブ・モデルを創り出したきっかけは、一九八三年のポパヤン地震後の低所得の家庭の自助再建と一九九四年六月にコロンビアのパエス地域で起きた地震後のインディオ地域の再建プロセスに関わったことにある[17][18]。

博士の著作『グローバルな脆弱性（La Vulnerabilidad Global)』（一九九三）は、脆弱性を最も完全に最初に定義したものとされ[17]、『カオスの縁（En El Borde Del Caos）』（二〇〇〇）では、システム・ダイナミクスとカオス理論を用い、災害と開発とのつながりを探求している[18]。

グスタボ博士は、こう語っている。

「私の仕事のほとんどは、コミュニティでのフィールド経験に由来しています。例えば、いまボゴタ市の湿地コミュニティでの経験に基づき、脆弱性がいかに新たな危険性を生み出すかを研究しています。また、国連環境開発会議のコンサルタントとなることで、コロンビア、ボリビア、ジャマイカ、ニカラグア他の地域でも私の発見を試す機会が得られました。防災、持続可能なマネジメント、そして、災害で被災する個人やコミュニティの人権がずっと私が関心を持ち続けてきたものなのです[17]」

地震復興後の現場での仕事の中から誕生した博士の理論は、ハリケーン被災後のキューバの復元力の秘密を明らかにすることに役立った。たとえ経済封鎖で物理的インフラが脆弱でも他の社会的ハブ、例えば、教育があれば、それを補完できるのだ。ところが、意外なことに、キューバがいま最も力を入れているのは防災教育ではなく、九〇年代の経済危機の中で、ほぼ完成していた原発開発を中止して以来、省エネと節電教育なのだ。そして、この省エネ運動は、ハリケーンの被害を受けても安定して電力を供給するエネルギー面での防災力やグスタボ博士が示唆した複雑系ネットワークモデルとも深く関係している。では、次章では、エネルギーと防災とがどう関連するのかを見てみよう。

◉コラム2
ハリケーンの文化

コラム1（四七頁）で登場したリノ・ナランホ・ディアス博士は、西側社会に完全に適用するには難しいとキューバの特殊性を指摘しながらも「しかし、キューバの早期警戒システムから学ぶべきものはある。また、警戒の背景にはハリケーンのリスクを社会的に意識してきた歴史があり、すべてが政治的理由によるわけでもない」と述べている。

博士によれば、米国からの経済封鎖が始まる以前から、キューバではハリケーンの脅威が認められてきたし、これが、キューバ国民の防災意識を高めるうえで重要な要素となっていると指摘する。[1]

ノースキャロライナ大学チャペルヒル校で歴史学の教鞭を取るルイス・A・ペレス教授は、その国の文化を創るのは災害であって、ハリケーンもその国の文化や国民気質にかなり影響すると主張する。

「歴史家たちは人間のしてきた行動を重視しますが、私は時には自然の力が文化を圧倒し、文化にも影響すると考えます。何がフランス人をフランス人にしているのでしょうか。何が米国人を米国人たらしめているのでしょうか。ひとつの要素は環境です。飢饉、厳しい気候、地震、洪水。すべてが文化へと同化されていきます。火山やモンスーンの下で暮らす人々は、災難の文化の中で暮らしています。私が心を奪われるのは、こうした文化がいかに災害に適応し、その日常生活にリスクが同化されているかなのです」

第Ⅱ章第3節では、キューバが一九三二年に多くの死者を出したハリケーンに見舞われたと述べたが、著作『変化の風：ハリケーンと一九世紀のキューバの変容』（二〇一一）で、教授は一八四二年、一八四四年と一八四六年のハリケーンに着目する。

「これらのハリケーンは、いずれも、砂糖、タバコ、コーヒーの収穫準備がされているのとほぼ同じ、遅い時期に襲来したため、より危険なものでした」

この連続したハリケーンで、コーヒー生産は打撃を受け、その後の歴史にも影響を及ぼすこととなったと教授は指摘する。

「キューバは直ちに外貨獲得するため砂糖に依存するようになりました。五万人ものアフリカ人の奴隷たちがコーヒー栽培から砂糖栽培へと移ることになりました。砂糖栽培の労働はコーヒーよりもはるかに残忍です。それが、一八四〇～五〇年代の奴隷の反乱、そして、全国的な奴隷制度や人種解放への高まりへとつながったのです」

キューバではマタンサス州で奴隷の反乱が起こり、それが、アントニオ・マセオ将軍率いるマンビの独立戦争へとつながっていく。

同時にペレス教授は、ハリケーンが人の手には負えない力には逆らわないという気質も作り出してきたと指摘する。

「多くの人々が言います。なぜ、将来のことを考えるのにそんな多くの時間を費やすんだ。なぜ、その場その場で生きていかないんだと」

教授によれば、その日その日を楽しく生きるラテン気質の一面は、ハリケーンが生み出したことになる。だが教授はこうも続ける。

「ですが、それは、協力と連帯の必要性を意識する文化も産み出しました。毎年、各コミュニティは、ハリケーンを克服するために必要なスキルや態度を発展させるため協働しなければなりません。さもなければ、彼らは死ぬことでしょう。ですから、危機の際には、ヒロイズムとコミュニティの団結とが文化的に重視されているのです。それまで、自主防災的な集まりだった伝統的なハリケーン・パーティーは、その後、ラムとビールのドンチャン騒ぎへと変貌しましたが、それは、キューバ東端のほとんどを水没させた一九六三年のハリケーン・フロラで変わったのです。キューバは今、真剣にハリケーンを受け止めています。彼らがハリケーンに対して人々を動員し、避難で成功しているのは明らかです。それが、ハリケーン・ミチェルでも五人しか命を落とさなかった理由なのです」(2)

本書の各章で繰り返し紹介しているように、キューバでは、防災を支える大切な理念として、誰もが、革命の団結や連帯を強調する。だが、ペレス教授の見解によれば、この連帯精神は、カストロの革命にもあらず、米国との対立にもあらず、ハリケーンという気候風土が、それ以前から育んできたこととなる。そして、私たちが暮らす日本も、ハリケーンと同じような台風に加え、地震や火山災害にたびたび見舞われる風土を持つ。二〇一一年三月の東日本大震災の際にも、パニックを起こすこともなく、誰もが助けあい、世界から称賛を浴びた日本人の姿は、災害という風土が育んだ「コミュニティの団結を重視する文化」そのものと言えるだろう。震災直後の五月にキューバを訪れた際には、「未曾有の震災にもくじけない立派な人々」と、どのキューバ人たちからも称賛され、いささか気恥かしい気がした。

　だが、同年九月に訪れた際には変わっていた。防災担当者や風力発電所長はもちろん、宿泊したホテルのレストランの従業員からも「日本はいったい大丈夫なのか」と不安顔で問いかけられるのだった。キューバ共産党の機関紙グランマを開いてみれば、原発に反対してデモを繰り広げる日本の若者たちの姿が、大きな写真付きの記事で掲載されているではないか。わずか半年で「未曾有の震災にもくじけない立派な国」から「放射能に汚染されながらも、いまだに原発から脱却できない理解できない国」へと日本のイメージは一変していたのである。

　ソ連圏が健在であった時代には、キューバも日本と同じく国の威信と総力をあげて原発開発を推進してきた。だが、第Ⅲ章で詳述するように、社会環境が変われば、未曾有の停電に国民があえぐ中でも、カストロは原発も大規模火力発電所もおしげもなく打ち捨てて、分散型発電と再生可能エネルギーへとそのエネルギー政策をシフトさせてしまうのである。ペレス教授の指摘する「災害の文化」には、こうした有事の際に人々を安全に導くための強力な指導者を産み出すという側面もある。だとすれば、今の日本に欠けているのは、この「災害の文化」の持つもう一つの要素のようにも思えるのだが、どうだろうか。

注——反乱した黒人奴隷たちは『マンビ』と呼ばれたが、それはコンゴ地方の言語で反逆者を意味する

Ⅲ

災害に強い分散型
自然エネルギー社会

革命時に電化率が56パーセントしかなかったキューバは、ソ連の援助で大規模火力発電所を整備し、原発開発を進めてきた。だが、ソ連崩壊で輸入石油を失い、未曾有の停電を経験したキューバが次に選択したのは、省エネでピーク消費量をカットし、国産天然ガスを活用し、ハリケーンで断線しても、すぐに復旧できる分散型発電システムへとチェンジすることだった。

レトロ空間の再生を目指す首都ハバナには観光用にアンティークなSLも設置されている。だが、その電源は良く見れば省エネ蛍光灯電球となっている（左）
ハバナ郊外のボカ・デ・ハルコにはカナダとの合弁企業が天然ガスで発電を行う。写真右は発電所長。

1 進む再生エネルギーと節エネ教育

二〇年も前から気候変動を懸念

前章では、気候変動によってハリケーンが激化すると述べた。だが、気候変動で直面することになるリスクはそれだけではない。キューバは今も水資源の確保に四苦八苦しているが、一九六〇〜二〇〇〇年にかけ降水量が一〇〜二〇パーセント減少している。東部では旱魃が多発し農業生産が低迷している。温暖化では病害虫も増えるが、それも農業には障害となる。デング熱、下痢、水痘、その他の伝染病も増え、呼吸器系の病気、アレルギー、喘息、皮膚がん、白内障の増加も懸念される。

しかも、キューバの想定では、気温が二・六℃上昇すれば二〇三〇年までに九㎝、二〇五〇年には一七㎝も海面が上昇する。よりシビアな四・二℃上昇するシナリオでは、それぞれ一五㎝と二七㎝海面がアップする。結果として、二一〇〇年までに国土の六〜一四パーセントが失われてしまうことになる。

海面上昇は内陸への海水浸入をもたらし、洪水から沿岸を守るマングローブ林を破壊する。マタンサス州にはカリブ海最大のサパタ湿地があるが、そこには、国内天然林の一四パーセントを占める最大の天然林が存在する。だが、それも湿地とともに海面上昇で消え失せてしまうことであろう。

こうした危機感から、農業や水、医療他への気候変動の影響を調べるため、まだ世界的に温暖化が問題視されていなかった一九九一年に早くも「国家気候変動委員会」を創設している。そして、一九九七年には「国家気候変動グループ」が結成され、様々な気候変化のアセスメントを実施している。[1]

二〇〇九年一二月にコペンハーゲンで、国連気候変動枠組み条約の第一五回締約国会議（COP15）が開催された際に、会議に参加したNGO「クーバ・ソラール」のルイス・ベリス代表はこう語っている。

「誰であれエネルギーを手にするものが世界を支配します。石炭、石油、原子力等のハード・エネルギーは帝国主義的で資本主義的なのです。一方、太陽は誰しものために、金持ちのためにさえ輝いてくれます。それは、みなのエネルギーなのです。ですから、ソーラーエネルギーは社会主義的なエネルギー、人民のエネルギー、未来のエネルギーなのです。もし、私たちが再生可能エネルギーの開発に力を入れてさえすれば、COP15のような会議はまったく不必要でしょうし、地球温暖化を懸念する必要もないのです[2]」

気候変動を防ぐ鍵は、化石エネルギーの消費量を減らし、再生可能エネルギーを活用することにある。エネルギーの消費量等の環境負荷を示す指標「エコロジカル・フットプリント」では、一・八グローバル・ヘクタール以下ならば環境的に持続可能とされているが、人間活動はすでに地球の限界を二五パーセントも上回ってしまっている[3]。もちろん、国によってバラつきもあり、南米やアフリカ等の開発途上諸国が極端に小さい一方、欧米諸国や日本の負荷は大きい。中でも際立つのが米国で、一人当たりのフットプリントが九・五ヘクタールもある。

先進国とは違って、環境許容内でつつましい生活を送っている途上国は環境負荷の問題はクリアーしていても、医療、教育、貧困等の最低限の福祉基準を満たせていない。子孫にツケを負わすことなく、国連開発計画が平均寿命、識字力や教育水準、一人当たりのGDPから割り出した〇・八以上の「人間開発指標」も同時に満たす[3][4]。二〇〇六年一〇月に公表された世界自然保護基金（WWF）のリビング・プラネット・リポートが、この地球上でこの両要件を満たすとして合格点を与えた国は一国しかなかった。キューバである[4]。

エネルギー革命で二酸化炭素の排出量を三分の一に

オクスファム・カナダのリポートも「もし、全世界のすべての国が、一人当たりでキューバと同じ二酸化炭素量しか放出しなければ、人類はこれほど深刻な危機に直面していないであろう」と述べ、こう続けている。

「二〇〇五年以来、エネルギー利用の効率化、省エネと再生可能エネルギーの利用を推進するため採択された『エネルギー革命』は、地球温暖化ガスの放出量を減らすため、一九九〇年時の三分の一レベルにまでエネルギー消費量を減らすことを提案し、エネルギー政策から社会運動にまで及ぶ手段を実施している[1]」

もともと先進国と比べればエコロジカル・フットプリントが格段に小さいのに、これをさらに六割以上も減らそうというのだ。そして後述する「エネルギー革命」の結果、わずか二年でガソリンの消費量は二〇パーセント、灯油は三四パーセント、天然ガスは三七パーセントも減った[5]。気候変動に関する政府間パネルに提出された最新リポートによれば、二〇〇五～〇七年で約五〇〇〇万トンの二酸化炭素が削減された。これは、二〇〇二年の二酸化炭素総排出量の一八パーセントにもあたる[6][7]。

しかも、省エネ普及活動は、国内に留まらず他国にも広がっている。ベネズエラではアルバ協定の下、キューバと連携して省エネキャンペーンを実施して七二〇〇万の電球を省エネ蛍光ランプに交換し、二〇〇〇MWの省エネに成功したが、キューバのソーシャル・ワーカーたちは、省エネプログラムを支援するために海外にも出かけ、ハイチでは九万三〇〇〇軒以上を訪問し、二〇〇万以上の省エネ電球を設置し[5]、ボリビア、ニカラグア、パナマ等[1]、ラテンアメリカ全体ですでに約一億もの白熱電球を蛍光灯に変えている[6][7]。

キューバは、太陽熱ヒーターの製造工場を建設し、ソーラーパネルの生産工場も拡充しているが[2]、自国内だけでなく、キューバの技術者たちは、ボリビア、ホンジュラス、南アフリカ、マリ、レソトにも一MW以上のソーラーパネルを導入している[5]。

「チリ政府にはバイオガスプラントの製造法を教え、ペルーでは材木工場に太陽熱乾燥機を設置する指導を行い、エクアドルでは小規模水力発電所の建設を助け、ボリビアとベネズエラでは地域の電化をサポートしています」とベリス代表は語る[2]。

米国のエネルギーの専門家、エイモリ・ロビンス博士は「米国は国内政策でこそ再生可能エネルギーを修辞的に強調しているが、外交政策上はいまだに極めて偏った世界銀行の開発を支援している。これとは対照的に、キューバはラテンアメリカだけでなく、アフリカでもソーラー発電の導入を支援しており、エネルギー革命を輸出することで外交益を産み出している」と述べている[8]。医療のみならず、エネルギーでも革命を輸出しているとは、まさにキューバの面目躍如たるものがあるではないか。

エネルギー革命（2005～2007年）で削減された二酸化炭素排出量

燃料源	節約（原油量換算）	二酸化炭素（トン）
原油	961,419	3,749,534.1
天然ガス	124,183	335,294.1
灯油	28,076	899,443.2
計	1,085,602	4,984,271.4

出典：文献（6）

教育を通じて全国民に省エネを浸透

おまけに、再生エネルギーの推進や省エネの推進手法には、先進資本主義国とは違うキューバ独自のものがある。それが、前章の末尾で述べた教育なのだ。キューバのジャーナリスト、ダイマリス・マルティネス・ルビオ氏は、こう述べている。

「発電時や送電時に排出される二酸化炭素の量を削減すればできるほどエネルギー問題は単純なものではありません。今求められているのは、発電する側と消費する側との文化的枠組み、エネルギーに対する意識変革なのです[9]」

エネルギーや環境問題に対応するには、一握りの専門家の取り組みだけでは足りない[7]。技術、社会、経済的手段を教育と統合し、教育を通じてエネルギー問題に取り組んでいく。これが、キューバのエネルギー政策のユニークな点なのだ[6][7]。

エネルギー教育は、各家庭で省エネを進めるため、小中学生を地区で組織した一九七〇年代の「クリック・パトロール」から始まった[6]。だが、キューバはその後もさらに省エネ教育を推進していく。

二〇〇一年一月に創設された科学技術環境省の機関、クーバ・エネルヒーア（エネルギー情報・開発センター）の専門家、マリオ・アルベルト・アラスティア・アビラ教授はエネルギー教育の進展をこう語る。

「クリック・パトロールは初めてのエネルギー教育の試みでしたが、まだ総合的でも全教育レベルに及ぶものでもありませんでした。また、当時はエネルギー危機もありませんでした。そして、一九九六年に深刻な経済危機を切り抜けるとエネルギー使用量が増えてきます。火力発電所をフル稼働しても足りない。そこで、電力政策を所管する基礎産業省は九六〜九七年に「電力節約プログラム」で無料で省エネ電球を配布したのです。もちろん、これは節エネにつながりましたが、壊れれば普通の電球が買えた。『より長期的なプログラムが必要だ』との基礎産業省からの要請を受けて一九九七年に教育省が「省エネプログラム」を打ち出したのです。一番成果をあげたのは小学校です。音楽や演劇、絵画を楽しみながら学んだ節エネの大切さを家庭で父兄に教えるからです」

アビラ教授は、気候変動に立ち向かうには、分散型の発電やエネルギーの効率化、ソーラーエネルギーの利用と同時に意識革命も必要で、新たな社会政策を幼少期から教え込めば、子どもたちを通じて家族やコミュニティ全体にも間接的に影響を及ぼせることがわかったと主張する。(7)

「うちにもまだ小さな息子が二人いるのですが、『おかあさんいま、三回も冷蔵庫をあけたよ』とすぐ言われてしまうんです」と基礎産業省のタティアナ・アマランボガチョヴァ合理的エネルギー利用局長は、嬉しそうにその成果を語る。

燃料不足に対応するため二〇年間も再生可能エネルギーや省エネ戦略に苦戦してきたキューバは、社会全体に新たな価値観を組み込み、民衆教育を通じて、人々の行動を変化させることが、最も費用対効果が優れた方法であることがわかっていたのだ[7]。

再生可能エネルギーと省エネ教育は、「エネルギー革命」を支える柱として、小学校から大学までをカバーし、教育省、高等教育省、基礎産業省、ホセ・マルティ・パイオニア組織、キューバテレビ・ラジオ放送協会、クーバ・ソラールとあらゆる組織がかかわっている[8]。マスメディアも省エネを扱い、新たな「エネルギー文化」を創出するため、国中には省エネを促進する掲示板も設けられている。エネルギー革命の持続性は、まさに教育によって担保されているといえるだろう[6]。

小学校から大学まで取り入れられた再生可能エネルギー教育

教育省の省エネプログラムが導入されて以来、すべての学生はエネルギー教育を受けている[6]。小学校には「私たちが生きる世界」と「自然科学」の授業があるが、エネルギー源としての太陽の大切さと地球上に生きる生命について教えられる。再生可能エネルギーという言葉こそ使っていないが、子どもたちは風力、水力、バイオマスについて学ぶ。一九七〇～八〇年代にかけ、数多くの保育園や小学校、身体障害児のための専修学校に太陽熱温水システムが導入されたことも役立っている。学校に通うだけで、子どもたちは再生可能エネルギーのことを学んでいく[9]。

毎年一回、小学生や若者、教師や家族が動員される全国運動、省エネ・フェスティバルでは、各教室の生徒たちは、エネルギーをテーマとした歌、詩や演劇を披露する。良い成果をあげた子どもは、ムニ

シピオ・レベルのフェスティバルに進み、優良事例は、州、そして、全国レベルへと進んでいく。(7)

中学校では、ほぼすべての授業でエネルギーが扱われる。地理では様々な再生可能エネルギー源を調べ、将来それをどう適用するかが教えられ、生物では、発電の環境への影響を学び、社会科では、どのような再生可能エネルギー源が使われているのかを新聞や雑誌で調べる。(7)(9) 中でも物理はソーラーエネルギーを理解することに力が入れられ、八年生（中学二年）の新たなシラバスでは、バイオガスの発生装置やソーラーパネル、水力発電所等が機能する仕組みを学ぶ。授業ではテレビ放送とテキスト「省エネと環境の大切さ・持続可能な未来のための基礎」も活用され、(9) クラブ活動を通じてもエネルギーや環境問題への意識づけがなされていく。(7)

大学レベルでは、ハバナ大学ソーラー発電技術専門科が設置されているのを始め、大学院にも再生可能エネルギーの単位が設けられている。(9) 一九九二年にはホセ・アントニオ・エチェベリア工科大学に再生可能エネルギー技術研究センターが設立され、再生可能なエネルギーの研究や人材育成を行っているし、一九九五年には一〇大学が連携し、「再生可能エネルギー技術大学」が設立され、エネルギー分野の専門家の育成が始まっている。(10) エネルギー教育は教育大のカリキュラムにも組み込まれ、前出したソーシャル・ワーカーのカレッジでも、エネルギーと持続可能な開発の講義が設けられている。(7)

エネルギー教育を検討するグループが編成され、最初の教材を開発したのは、ハバナにあるエンリケ・ホセ・ヴァローナ教育大だが、教育大でもエネルギーの授業が行われているのは、まず教師が学ぶことが子どもたちに教えるうえで、最も効果的な方法だと考えているからだ。教育大では、授業の中で再生可能エネルギーをどのように教えるかを教師の卵たちが学んでいる。(9)

教育は学生にとどまらず、成人に対しても行われている。すでに学校を卒業した社会人に再生可能エネルギーを普及するうえで重要な役割を果たしているのが、マスメディアだ。エネルギー問題は毎週のようにテレビやラジオで扱われ、二〇〇七年四月からは、特集番組「エネルギー二一」が、全国テレビで毎週放映されている。同じく、高視聴率の人気番組「ラウンド・テーブル」でも、折をみては化石燃料の消費と環境との関連性が取りあげられ、地球温暖化や気候変動をテーマにパネリストたちが論じあう。国内各地にある水力発電、バイオガス、ソーラーパネル等の施設を全国テレビが頻繁に紹介していることも、国民の間に「持続可能なエネルギー文化」を育むことにつながっている。(9) 国営放送局ラジオ・レベルデにも毎週「エネルギー文化」の番組がある。(9) キューバ人たちは野球好きだが、野球の放送中にも省エネの大切さが訴えられ、ラジオ・レベルデの人気スポーツ番組「デポルティバメンテ」では効率的な電気利用法のメッセージが流される。(7)

キューバは、すべてのマスメディアが国営であるため、視聴率とは無関係にエネルギーや環境教育の番組づくりに専念できる。そして、コマーシャルの代わりに、番組の合間に流されるのは、エネルギー問題の解説やどうすれば省エネができるのかなのだ。

再生可能エネルギーや省エネについての記事は新聞にも掲載され[9]、二〇〇七年は記事や番組が八〇〇件[5]、二〇〇九年は一万件にも及んだ[9]。

エネルギー問題に関心を持てば、深く専門的な内容もタダで学べる[9]。無料の放送大学講座「万人のための大学プログラム」でもエネルギー・コースが放映されている[7]。二〇〇三年には「エネルギーの意識に向けて」が開講されたが、今は、新講座「エネルギーと気候変動」も放送されている。クーバ・エネルヒーアは、電信電話公社と協力し、再生可能エネルギーをPRするテレフォン・カード・シリーズを四〇〇万枚印刷して全国配布している[9]。さらに、周知を徹底させているのが、二〇〇〇年から始まったソーシャル・ワーカー・プログラムで誕生したソーシャル・ワーカーの活用だ。二〇〇六年以来、一万三〇〇〇人ものソーシャル・ワーカーたちが全国で、家庭、事業所、工場を訪問しては、電球を取り替え、新たな電気調理機器の使い方を教え、省エネの情報を普及している[5]。

持続可能なエネルギー文化を作る

民間で再生可能エネルギーの普及を中心となって取組んでいるのは、前出のクーバ・ソラールだ。一九九四年一二月の創設以来、ソーラーパネルによる電化を僻地や山村の学校、診療所で進めてきたが、エネルギー教育にも力を入れている。大衆向けの科学雑誌「エネルギーとあなた」は年に三回出版され[9]、再生可能エネルギーの普及につながる書籍、ビデオテープ、CD、その他の教材の作成も手掛けている。[11]

二〇〇三年からは「持続可能な国家エネルギー文化プログラム」を推進し、会議、セミナー、ミーティング、イベント、全国コンクルール、ポスター等あらゆる機会を捉え、環境やエネルギーを大切にする新たな「エネルギーの文化」を国民の間に浸透させることに取組んでいる。プログラムには、教育、医療、マスコミだけでなく、宗教団体や人民組織もかかわる。例えば、国立植物園もクーバ・ソラールと連携し、有機農業や食べ物の栄養と健康、エネルギーと環境についての雑誌を刊行している。専門家向けには、クーバ・エネルヒーアと再生可能エネルギー技術研究センターが連携し、ソーラー発電、水力、風力、バイオマス、生物気候建築、環境教育等の情報も発信している。[11]

ではなぜ、キューバはここまでエネルギー教育に力を注いでいるのだろうか。マリオ・アルベルト・アラスティア・アビラ氏は、クーバ・ソラールのメンバーで、テレビ番組「エネルギー二一」のアドバイザーでもあるが、教育大の出身で宇宙物理学の教鞭を二七年も取ってきただけに教育への想いをこう語る。[12]

「クーバ・ソラールの提案によって一九八八年二月にエンリケ・ホセ・バローナ教育大に初めてエネルギー教育学部が設置されたとき、その学部長となったのが私でした。以来、私はエネルギー教育にのめりこんでしまったのです。そして、全国民にエネルギー教育を普及するため二〇〇七年からは今の仕事に就いていています」

エネルギー教育にのめりこんだアビラ教授の主張をまとめると次のようになる。

「過去一〇〇年、化石エネルギーに依存することで、今、我々は過去のすべての人類がこれまで使用してきたのと同じほどの大量のエネルギーを使っている。過剰消費は、資源の枯渇のみならず、深刻な環境破壊や地政学的な緊張を高め、生命の倫理すら脅かしている。人類が直面するエネルギー問題はもはや技術的な解決策を超えている。我々は大地を祖先から継承しているのではなく、子どもや孫たちから借りているのだ。世界が太陽への道を選択するときにのみ、人類には持続可能な未来があるであろう。世界規模で『エネルギーの文化』を創設するには教育がその使命を果たさなければならない。キューバは、今、省エネや再生可能エネルギーのメリットを全人民に教育することで、一人ひとりが日々の行動を通じて実践する道徳的・倫理的な価値体系『エネルギーの意識』を発展させるという途方もなき仕事と格闘している。真の、かつ、永久的な行動の変化は外から強要されるのではなく、一人ひとりの人間が納得して再生可能エネルギーを用いることによってのみ達成されうる。そして、社会的制度としての学校には、次世代のキューバ人を育成する責務がある。家族やコミュニティ、社会の発展に対しても責務がある。再生可能エネルギーのための動機づけ、価値観、知識、行動は、幼少期から高等教育に至るまで、すべてのレベルの教育においてなされなければならない。そして、エネルギー教育プログラムは、その核心に新たなエネルギー文化の創出を据えている(9)」

とはいえ、エネルギー革命は、教育だけで推進されているわけではない。クーバ・ソラールのルイス・ベリス代表は、「エネルギー革命」は、省エネ、再生可能エネルギーの推進、そして、持続可能なエネルギー文化に加え、分散型の発電という四本柱に基づくと述べている。そして、長期にわたる停電という危機を契機に、エネルギー革命が始まる以前には、原発が推進されてきたとも言及する。(2)

なぜ、キューバは原発から再生可能エネルギーへのシフトという道を選択したのだろうか。そして、エネルギー革命の原因となった長期停電の原因を掘り下げていくと「災害リスクに強いエネルギー」というこの本のテーマとつながってくるのである。

◉現地取材10

太陽は経済封鎖できない

クーバ・ソラールの代表、ルイス・ベリス博士（七一歳）は一九六五年に留学先のチェコの大学を卒業した後、工学系の大学教師を勤めていたが、一九七四年にいち早くエネルギーの研究グループを立ち上げた。一九八三年にサンティアゴ・デ・クーバにソーラー研究所を創設したのも博士である。クーバ・ソラールは全国各地で活動する九〇〇〇人以上の会員を持つ。ディエス・デ・オクトゥブレの博士の自宅兼本部で話を聞いた。

原発にも石油文明にも未来はない

「原子力には未来はありません。多くの人々が原子力をクリーンなエネルギーと口にしていますが、残念ながら歴史的に見ればそうではありません。ウラン鉱山の採掘現場で働く人々の健康を考えていませんし、使用済み核燃料の捨て場もない。タンクに放射性廃棄物を保管しておくことは、キューバの表現では、癌にかかる血液を血管に注射し続けているようなものなのです。おまけに、原発は大量の熱を発生させますから、地球の熱収支にも影響を及ぼします。このまま、原発推進路線を歩んでいけば、将来どのような災いが起こるかわかりません」

キューバではバラデロ沖合で石油が採掘さ

れ、北西沖合でも海底油田が発見されているが、博士はこれも朗報ではないと指摘する。

「メキシコ湾の石油が活用される可能性は低いと思います。燃料として使うには、別のエネルギーを投入しなければならず、その見返りの効率が低いからです。キューバはまだ石油を使わざるをえませんが、石油は必要悪です。枯渇するまであと約二〇〇年はあるとされていますから、それまでに最短期間で脱石油社会にトランジションすることが必要です。石油は燃やしてしまう代わりにそれ以外の製品の原料として未来のために残さなければならないのです」

だが、博士は石油やウランが枯渇することは問題ではない、と続ける。

「石油が失われても問題はありません。問題はエネルギーを大量消費することで、気候変動が深刻化し、私たちの命や環境が破壊されていることなのです。ですから、今のようにエネルギーを浪費する政策は止めなければなりません」

ソーラーへのシフトだけでは問題は解決しない

博士は自宅の屋上に案内してくれる。

「私の家の屋上は二〇〇㎡もあります。このパネルのエネルギー変換率は一五パーセントほどですが、一〇㎡あれば、普通の家庭で使う以上のエネルギーが産み出せるのです。ソーラーパネルでの発電には広い面積が必要なため、農業と競合するとよく言われますが、実は競合しません。例えば、気候条件が恵まれたキューバは暖房も必要ありませんから、一人当たりの電力消費量は月に一五〇kW／時と他国よりも少ない。そして、現在の消

奥と中がソーラーパネル。両側は温水パイプ。中の三つの箱内ではクロレラを培養している

費量の一八〇〇倍もの太陽エネルギーがふり注いでいます。

ピナル・デル・リオ州からサンクティ・スピリトゥス州まで高速道路が走っています。グアンタナモ州まではまだ完成していませんが、仮に完成したとして、この道路上にソーラーの屋根を設置すれば、それだけで、現在消費されている以上の電力が生産できるのです。

そして、ソーラー・エネルギーは発電だけでなく、家庭用や工業用の水の加温や乾燥用にも使われています。風力、森林バイオマスやバガスもある。養豚場の廃棄物からはバイオガスも得られ、日本と同じく広い海に囲まれた列島ですから、海洋エネルギーからも必要量の何倍ものエネルギーが得られるのです。ですが、再生可能エネルギーを活用するだけでは問題は解決しません」

屋上にはクロレラの試験プラントもある。

「例えば、キューバでは地域で必要とされ

る量だけのバイオ燃料を非食用のジャトロファ等から作っていますが、世界では農産物から生産しているために食料価格が高騰しています。ですから、再生可能エネルギーを使うだけではなく、それをどのような形で使うかが一番問題なのです」

より良き社会のための連帯が必要

博士は参加したCOP15の会議内容は絶望的だったと嘆く。

「大企業はお金を儲けなければなりませんから、エネルギー転換は難しい。そして、原子力や石油を手にした国は強大です。エネルギーは権力ともつながっています」

では、どうずれば持続可能な社会に転換できるのだろうか。

「人間が解放されて真に自由になるには、エネルギーでも自立することが必要です。キューバは石油をまだ輸入しなければなりませんし、原発はありませんが、稼働させていればウランも輸入しなければならないでしょう。ですが、太陽を使えば私たちは解放されるのです。もちろん、それには技術が必要で、海外から機械や技術を輸入していては解放にはなりません。

社会を持続可能にするためには、いくつかのステップがあり、エネルギー分散化も大切なステップです。例えば、五～一〇の発電所しかなければ、一カ所で事故が起これば、国全体が影響を受けますが、分散化していれば事故に対して脆弱ではなくなります。実際にキューバはハリケーンでそれを経験しました。

二つ目に大切なことは社会制度です。帝国主義は、世界の人民が連帯できないようエゴイズムを植え付けています。もし、このままの道を続けたならば全人類が消滅してしまいます。一方、社会主義は、誰もが連帯する、よりよき世界を望んでいます。キューバが他国のために医療援助しているのもそのためです。ソーラーの新技術が開発されれば、すぐに他の貧しい国々を支援しているのも、人類が解放されるためなのです。

私はできうることならば、全世界がソーラー・エネルギーを使うようになって欲しいと願っています。そして、そのために最も大切なことは教育です。なぜなら、行動は意識から始まるからです。社会を持続可能にすることとは知識の問題なのです」

カストロの英断で本格化した研究

エネルギー革命がフィデル・カストロの呼びかけで始まった（コラム3参照）ように、キューバでは何と言ってもフィデルの存在が大きい。自然エネルギーの利用研究もカストロの命令で本格化したと、クーバ・ソラールのアンドレス・ニュネス・ナバロ氏は言う。

「ある日、小学校の教師たちの集会があったとき、一人の女性教師が『私の学校は山奥にあるために電気も通じていないが、ソーラー・パネルで電気も使えるし、屋根に温水器もある』と発言したのです。この集会にはフィデルも参加していましたから、ことの重要性をすぐにわかり、いったいどこで作られ研究されたのかと質問し、クーバ・ソラールがやったことだと聞いてフィデルがやってきたのです。私たちはグアンタナモ、シエラマエストラ、クリストバル等の山地で、ファミリードクターの診療所に一六〇ものソーラーパネルを設置してきましたから、そう説明するとフィデルはびっくりしました。

自然エネルギーに着目される大きなきっかけとなったのは、停電も続き一番大変な経済危機の時期からでした。私たちには一九七六年からの活動実績があったのに、旧ソ連時代はふんだんに石油が得られていましたから、政府の指導者や省の官僚も『そんなものはいらない』といってその価値を理解できなかったのです。そのため、フィデルまで情報が届いていなかったのです。

こうして、フィデルの命令で、政府からの支援が始まったのです。ツリグアノ島で風車の実験がスタートする以前はまだ十分な政府の支援はなかったのです」

ニュネス氏は資料の山の中から様々な写真を取り出す。

「これがペルーの木材乾燥施設です。ガラスは値段が高いので採光用の屋根はプラスチックとなっています」

氏はサトウキビ畑の労働者たちが温水でシャーを浴びられるように、アルミのパイプで加温装置も工夫して作った。

「この温水システムは一・五年で投資資金が回収できます。もちろん、今では中国製の太陽熱温水機も国内で販売されています」

氏は三〇年も自然エネルギー普及に携わり、定年後の今もボランティアで自然エネルギーの普及活動を手伝っている。氏は自然エネルギーのどこに魅せられたのだろうか。

「もともと私はグローブやバットを製造する国営スポーツ産業公社の設計技師でしたですが、ルイス博士が工業関係で適任者を探していて、知人を介して私に声がかかったの

ペルーの材木工場（162頁）に太陽熱乾燥施設の設置指導を行ったクーバ・ソラールのアンドレス・ニュネス・ナバロ氏（67歳）

氏の自宅の屋上に設置された温水パネル

です。以来、石油を輸入しなくてもエネルギーで自給できる。国にとって大きな役割を果たせる。そこに魅力を感じました。一番大切なことは、太陽は帝国主義によって経済封鎖できないということなのです」

2 動かなかった幻の原発

再生可能エネルギー先進国

再生可能エネルギーとして着目される技術に「海洋温度差発電」がある。海洋の表面は温かいが深層は冷たい。この水温差を利用して発電を行う。世界で初めてこの技術を利用した発電が行われたのもキューバだ。前節からすれば、さして違和感がないかもしれない。だが、問題はその時期だ。フランスの科学者、ジョルジュ・クロードとポール・ブシュロンにより、マタンサス湾に二二kWの発電所が設置されたのは、一九三〇年のことなのだ[1]。

この事実が象徴するように、キューバは昔から再生可能エネルギー技術先進国だった。その理由のひとつは恵まれた立地条件にある。キューバには平均五kWh／㎡・日の強い日差しが降り注ぐ。これは石油にして〇・五キロ、九六〇〇kJ／kgと等しい[1][2][3]。ソーラー発電や熱暖房システムを導入するのにはもってこいの条件だ。[1] 早くも一九三〇代には太陽熱温水器が導入され、商業ベースでの再生可能エネルギー技術のスペイン語の広告が最初に掲載されたのもキューバの新聞だった。[2]

強い日差しで大地が熱せられれば、激しい上昇気流が生じ、陸上の気圧は下がり、「海陸風」として知られる海風が吹いてくる。これも、風力エネルギーを利用するうえで有利だ。二〇世紀後半に廉価で安定したディーゼルや電気ポンプが普及したために、一時的には下火となるが、二〇世紀初頭に米国から風車が導入されて以来、数多くの町では風車が作られ[1]、風力は大放牧場の揚水用の小規模発電としても使われていた。[3]

水力も二〇世紀前半から活用され、一九一二年にはピナル・デル・リオ州のピロトス（二〇〇kW）、一九一七年にはグアンタナモ州のグサオ（一・七五ＭＷ）に発電所が設置されている。両発電所は現在も稼働している。コーヒー、ココア、ハーブ等を乾燥させるため、太陽熱利用もされていた。[1,2]

だが、最も古くから利用されてきた再生可能エネルギーは、サトウキビの残渣、バガスを利用したバイオマス・エネルギー発電であろう。一九世紀のキューバは世界有数の砂糖生産国で、砂糖産業には当時の最先端の技術が用いられていた。だから、キューバの電化も砂糖からスタートしている。マヤベケ州のムニシピオ、ベフカルとハバナ間に初めて鉄道が開通するのは一八三七年だが、これもサトウキビを運ぶためで、ハバナに路面鉄道が走りだした一九〇二年より六〇年以上も早い。電力照明が初めて灯ったのは一八八九年だが、これもハバナではなく、砂糖生産が盛んなマタンサス州のカルデナスで、翌一八九〇年には、ハバナ、マタンサス、カマグエイ、その他の一〇の精糖工場が電化されている。工場を動かし、かつ、周辺地区に余剰電力を送れるだけの容量を備えた発電所が精糖工場内に設置されたのは、一九一一年からだ[4]。

要するに、一九世紀末から二〇世紀初頭にかけてはキューバでは様々な再生可能エネルギー技術が発展していた。とはいえ、技術だけあっても社会システムが伴わなければエネルギーは普及しない。医療技術が進んでいても数多くの国民が医師にかかれなかったように、太陽熱温水暖房が導入されていても再生可能エネルギーを使えたのは裕福な階級だけだった[1]。

一九〇二年には、米国の企業「キューバ電力」が、ハバナの電化に取り組みはじめ、一九〇五年に発電所が操業を始め、一九〇六年には電車が導入された。そして、ハバナ湾近くの発電所から四〇〜四五キロの送電線が引かれ、住宅への送電サービスも始まった。革命直前の一九五八年には発電容量は三九七MWに達し、一万三〇九八キロもの送電線も引かれていた[4]。ピナル・デル・リオ西部やラス・ヴィジャス州のトリニダドは、エルナンデス・イ・エルマノス社、ピナル・デル・リオ州北部と中部はタバレス社があったほか、精糖工場も周囲の町に送電していた[5]。だが、総電力の八四パーセントは米国の独占電力企業「エバスコ」（注1）の子会社「キューバ電力」が独占し、電気を利用できたのは国民の五六パーセントにすぎなかった[4][5]。

全国電化と輸入石油への依存

電力供給は利潤をあげるためではなく、社会と経済の発展を支える手段でなければならない。格差解消を掲げた革命政権は、一九六〇年に電力事業を国有化する。それまでの発電は分散型で、六〇カ所以上で行われていたが、中でも重要だったのが、ピナル・デル・リオ州のサン・クリストバルからカマグエイ州のヌエビタスまでを結ぶ西部電力網とグアンタナモからマンサニジョを結ぶ東部電力網だった。一九七三年にはこの東西で独立していた二つの電力網が接続され、全国電力システムが誕生する。[4]

電力を含め革命後のエネルギー開発の進展ぶりは目覚ましかった。革命以前のキューバは基本的に農業国で、工業の進展が若干見られたのは精糖産業にすぎなかったため、革命政権は、ニッケル、鉄鋼、セメント、機械等の工業化を推進していく。工業開発には電力が欠かせない。工業化とともに発電量は一九七〇年代には毎年一〇・五パーセント、八〇年代にはやや低下したものの、それでも年率四パーセントで急成長していった。七〇〜九〇年にかけ、毎年一六〇MWもの発電力が導入されたことになる。[6]

革命から三〇年。一九八九年には電化率は九四パーセントにまで高まっていた。ラテンアメリカやカリブ海の平均電化率は二〇〇二年時でも七四パーセントにすぎない。キューバでは一〇年以上も前にこれよりも二〇パーセント以上も高い電気普及に成功した。結果として、国民の電気使用量も急速に高まり、一九九〇年の一人当たりの電気使用量は一九五八年の六八・六、七〇年の八二・〇から倍以上の一

キューバの電化率と世帯電気消費量の推移

年	電化率（%）	月電力消費量（kWh／世帯）
1958	56.0	68.6
1970		82.0
1975	70.5	96.2
1980	74.0	124.7
1985	85.0	125.8
1990	94.2	122.9
1995		108.2
2000	94.5	126.6
2001	94.8	131.0
2002	95.5	140.1
2003	95.5	132.9
2004	95.6	139.4
2005	95.8	140.2
2006	95.9	148.3
2007	96.0	158.0
2008		152.0
2009	97.3	157.0

出典：Unión Eléctrica y Oficina Nacional de Estadísticas

二〇・八kWhとなっていた。[4]

工業の進展とともに商業やサービス部門も発展し、一九七〇〜九〇年にかけ、最終エネルギー使用量は三四パーセントも増えていた。だが、これを可能としたのは、旧ソ連からの廉価な石油の供給だった。[6] 電力の国有化を行ったことは、米国からの石油輸入の封鎖につながり、キューバは必然的にソ連からの石油輸入に頼らざるをなかった。[2]

もちろん、再生可能エネルギーの開発が無視されたわけではない。ソ連からの技術支援を受け、専門的な人材育成を行い、ソーラー・パネルや太陽熱温水器、太陽熱乾燥機、風力エネルギー等の研究も進められた。[1][2] とはいえ、電化の主力はソ連が建設した大規模火力発電所に依存していた。発電には年間七六〇万トンもの石油が必要で、[2] 発電以外の交通等でのガソリン使用等を含めると純エネルギー輸入依存（総エネルギー輸入対TPES比）は、一九七〇年の六〇パーセントから一九八〇年には九八パーセントにまで高まっていた。それ以降は一九八九年まで若干下がるものの、それでも九〇パーセントよりも高かった[6]。

エネルギーの九割を石油だけに頼る。この脆弱性を克服するにはどうするか。そこで、カストロ政権が選択したのが原発だった。

冷戦下での原発開発競争

「エネルギー資源を欠き、エネルギー需要の大半を輸入に頼っているこの国にあっては、原発推進は決定的に重要である。フラグア第一原発だけでも六〇万トンの石油が節減できる。四号炉すべてが動けば一六〇〇MW以上もの電力を生み出せる。それは一九五九年時の総発電力の四倍、現在の設備容量より二〇パーセントも多い。これで毎年二四〇万トンもの石油を節減できる[7]」

一九九〇年にフィデル・カストロはこう述べている。とはいえ、フィデル・カストロといっても国家評議会議長のフィデル・カストロ・ルスではなく、一九八〇〜一九九二年にかけキューバ原子力委員会の書記長を務めていた長男、フィデル・カストロ・ディアス・バラルト博士の発言である[8]。

バラルト博士は原子力の専門家で、ロシアの原子力研究組織、V．I．クルチャトフ原子力研究所で専門教育を受け、物理学と数学の博士号を取得している。クルチャトフ研究所とは、ソ連の核物理学者で原爆を開発したイーゴリ・クルチャトフにちなんで命名されたロシアの原子力研究所だ。

バラルト博士はカストロの長男というだけで枢要ポストについたのではないらしく、無能ではなかった証拠に、原子力の開発史、現状の見通し、放射性物質の使用を幅広く論じた『原子核エネルギー：環境への危機か、二一世紀の解決策か』（一九九七）という著作もあり、ローマのラ・サピエンサ大学のマウリシオ・クモ教授は同著をこう絶賛している。

「これは非常に興味深い書物だ。これほど幅広い情報が一冊の中に盛り込まれた本はなかなかない。非常に多くのテーマを扱う著者の能力は類稀なものだ……。しかも、本質を包括的に明敏にえぐっている……[9]」。

著作でバラルト博士はミサイル危機にも言及している[9]。たしかにキューバは、冷戦下の一九六二年に核の恐怖を心底味わった。しかも、その三年前の一九五九年に来日したチェ・ゲバラは広島を訪れ、核の悲惨さを痛感している。以来、キューバでは核の恐ろしさが学校でも教えられ、キューバの子どもたちは八月六日と九日が、何の日であるのかを知っている（注2）。おまけに世界でリアルな核戦争の危機に唯一さらされた国民という極めてユニークな歴史体験をも持つ。にもかかわらず、キューバ人たちが、あえて原発という「核」の道を選択することになったのはなぜなのだろうか。その理由は、ただ脱石油のためのエネルギー戦略という図式ではなく、より大きな東西冷戦という枠組みの中で見てみなければ見えてこない。

キューバにおける原発開発史は、意外に古く革命以前のバチスタ政権時代にまでさかのぼる。一九五六年六月、米国と協定が結ばれ、ピナル・デル・リオ州に四〇MWの原発を建設する援助計画が早くも進んでいた。その際、米国がキューバ側に提案したのが「原子力の平和利用」という甘いフレーズだった。バチスタ政権とは米国の事実上の傀儡政権である。平和利用の名のもとにソ連との核開発競争をもくろむ米国の世界戦略に、まんまとキューバは組み込まれていたのである（注3）。

革命が起こり、米国との国交が断絶することで、この原発開発計画は一九六〇年に破断する。ところが、一度白紙になったはずの原発推進の動きが一九六七年一月に不死鳥のように蘇る。「平和目的のための原子力」という写真展覧会がハバナの科学アカデミーで開催されたのだ。看板は同じであってもそのバックにあったのは、今度はソ連だった。九カ月後、グランマ紙とプラウダ紙は、ほぼ同時に原子力の平和利用協力において両国が合意に達したと発表する。この協定の下、ソ連は、実験と教育用の小規模な原子炉をキューバに提供する。[9]

一九七四年には原発建設が公式に議論され、一九七六年四月にはシエンフエゴス州のフラグアに二基の加圧水型原発を建設する正式調印が行われる。[10][11] 一九八一年三月にはソ連は原発の設計に着手し、一九八三年からは第一原発の工事が始まり、[10] 一九八五年からは第二原発の工事がスタートした。[7]

核物理学や放射線化学の専門家を養成するため、ハバナ大学にはソ連から専門家もやってくる。[8] 同時に、一九七〇年代から八〇年代半ばにかけては、ソ連、その他の東欧諸国に多くの人材が留学し、一九八一年にはフラグア原子力ポリテクニカル・センターが開設。さらに、一九八七年に高等核科学技術研究所も開設され、一九八〇～八八年にかけ、六五〇人以上もの核技術者が養成されていく[7]。原発は、キューバ革命の最高の業績「キューバの二〇世紀のプロジェクト」と称され、最重要のエネルギー政策に位置づけられていたのだった[12]。

だが、一九九二年九月、フィデル・カストロは、シエンフエゴス州で建設中だった原発の建設をいきなり止めると述べ、工事を中断させた[11]。前述のバラト博士も原子力委員会書記長を解任される[8]。モスクワ当局は、このカストロの突然の決定に驚かされた。寝耳に水で、まったく事前調整がなされていなかったのだ。カストロの決定で建屋工事も棚上げとなった。フラグア第一原発の建屋は九〇パーセントまで完成していたが、原子炉本体は三七パーセントしか組み立てられておらず、第二原発に至っては二〇～三〇パーセントしか完成していなかった[11]。

カストロが工事を中断した理由はソ連崩壊によるキューバの経済的困窮だった。だが、ソ連崩壊後に誕生したロシア側はあきらめなかった。中断したままではせっかくここまで投資した原子炉が無駄になる。一九九五年一〇月にはオレグ・ソスコヴェツ第一副首相がハバナを訪問。工事が再開されるまで施設の維持財源を融資することを決めた[11]。

だが、これ以降、キューバとロシアがいくら努力しても開発用の資金援助国は見つけられなかった[11][12]。一九九七年一月にカストロは「延期」を発表。「完成に必要な資金が見つからない現状では望みが全くない。限られた資金は火力発電所の近代化に投資する」と述べた。だが、このカストロの声明にもかかわらず、ロシア原子力エネルギー省は、さらに粘り、たとえ海外にパートナーが見つけられなくとも、ロシア単独でも支援すると述べたりした[11]。

工事中断後、原発建設が正式に白紙となるのは、八年後の二〇〇〇年一二月にウラジミール・プーチン大統領がキューバを訪問し、カストロが「我々は原発よりもさらに効率的で、さほどコストのかからない解決策を選んだ」と述べ、プーチンが「キューバの我々の友人たちは原発継続に関心がないようだ」と述べた時なのだ。この間、ロシアは未完成の原発を維持するコストだけで約三〇〇〇万ドルも失っている[12]。

地震の島国に一二基も原発を

旧ソ連は最終的にはキューバに一二基もの原子炉を建てる計画を持っていた。もし、計画通りにすべての原子炉が二〇〇五年までに建設されていれば、国内需要の倍、四八〇〇MWもの発電力を持つことになっていた。ラテンアメリカではアルゼンチン、ブラジル、メキシコで現在六基の原子炉が稼働中だが、全ラテンアメリカ諸国をあわせた倍もの原発をこの狭い島国に建設しようとしていたのである[11]。

二〇一〇年に隣国ハイチでマグニチュード七の地震があったことからわかるように、ハイチもキューバ本島もカリブプレートに乗っており、その北側には大西洋プレートが沈み込んでいる。近海には、北米プレート、南米プレート、ココスプレートが複雑にせめぎ合う。キューバは複雑なプレートの境界上に浮かぶ列島なのだ。[13] だから、キューバにも地震はあり、一六七八〜一九九二年にかけ一四回発生している。ハバナでは一六九三年と一八一〇年と二回、マンサニヨでは一九九二年、サンタ・クララでも一九三九年に地震があり、一七六六年にサンチアゴ・デ・クーバで起きた最大の地震では四〇人が命を落とし、七〇〇人が負傷している。また、同期間に五回、うち、四回はサンチアゴ・デ・クーバ沖で津波も発生している。[14] こんな地震・津波列島に一二基もの原発を作るとは、常軌を逸している。どうみてもソ連の戦略はメチャクチャだった。

おまけに、フラグアで建設予定であったロシア型加圧水型原子炉（VVER－440－V213）は、米国の加圧水型原子炉と基本原理は同じでも、原子炉格納容器がなく、非常用炉心冷却装置（ECCS）の性能が不十分である等の欠陥を抱えていた。[11]

当然のことながら、米国は管理上の危険や地震のリスクを懸念した。米国海洋大気局の試算によれば、もし、フラグア原発でメルトダウン事故が発生すれば、放射能雲は、メキシコ、中米、カリブ海全域へと拡散し、ワシントンにすら達するからだ。一九九七年に米国は、キューバから拡散する恐れのある放射線をモニタリングするため、六つの観測網に三〇〇万ドルを費やすと決議した。[12]

この米国側の批判に対し、キューバ政府は、開発中の原発で用いられている技術はチェルノブイリで事故を起こした原子炉とは違うもので、たとえ一〇mの津波やMSK－六四スケールで八度の地震があったとしても耐えられる、と主張してみせた（注4）。MSK－六四とは一九六四年にソ連、東ドイツ、チェコスロバキアの三人の研究者が提唱した地震測定のスケールである。[12]

したがって最終的にキューバの原発を中止へと追い込む大きな要因となったのは、第Ⅰ章第1節でも指摘した在米の反革命派の民間航空機が一九九六年二月にキューバ空軍に撃墜されたことだった。この事件に対し米国は一九九六年三月のヘルムズ・バートン法で経済封鎖を強化する。[11] 同法は原発建設を米国に対する敵対行為と見なすと宣言し[11][12]、原発建設に融資しようとする各国に圧力をかけた。ロシア原子力エネルギー省は「フラグア原発に対する米国の批判は、商業的な理由が動機となっている。世界市場から競争相手としてロシアを排除したがっているのだ」と反発した。

だが、ロシアがいかに反発しようとも米国の懸念は正解だったのかもしれない。国力をあげた壮大な国策プロジェクトが未完成のままついえた後、キューバの元原発技術者は、原子炉の蒸気系統の溶接の一五パーセントがエックス線検査をした後で不完全なことがわかっていたと述べている。[10] もし稼働したとしても、キューバの原発は、一〇m以上の津波を受ける以前に震度五程度の揺れで蒸気系統が破損する欠陥品だったのかもしれない。

注1――エバスコ社は、今は存在しないが、日本とも関係している。非常用電源は強固な建屋内に設置すべきなのだが、福島第一原発を設計するにあたって、建屋を小さくし経費節減を図るため、タービン建屋に電

源を設置するよう指導したのはエバスコ社である。

注2――詳しくは著者の一人吉田の著書『世界がキューバの高学力に注目するわけ』（二〇〇八）参照。

注3――NHK「原発導入のシナリオ～冷戦下の対日原子力戦略～」（一九九四年三月一六日放送）によれば、CIA局員ダニエル・ワトソンが来日し、読売新聞社主の正力松太郎に原発開発の働きかけを行うのは一九五三年六月で、中曽根康弘氏らが原子炉築造を含む研究予算を要求したのが、翌年一九五四年三月で、キューバより二年も早い。

注4――気象庁の定めた震度をMSKスケールに換算する数式は M＝1.5J＋0.75 で、日本の震度5がMSKの8・25に該当する。

3 キューバの再生可能エネルギー

再生可能エネルギーでの発電はたった四パーセント

二〇一一年六月一～三日にかけ、ハバナでは、第七回国際再生可能エネルギー教育会議が世界風力エネルギー協会との共催で開催されている(1)。ドイツ、スペイン、英国、イタリア、カナダ、ブラジル、メキシコ、ベネズエラ、コロンビア、チリ、イラン、ナイジェリア、アンゴラ等から二〇〇人以上の科学者や専門家、ビジネス関係者が参加した。

あわせて、風力、バイオマス、バイオガス、水素エネルギーのワークショップも開かれている(2)。主催したのはホセ・アントニオ・エチェヴェエリア工科大学の再生エネルギー技術センターだが、タニア・カルボネル・モラレス所長によれば、全国水素グループが水素エネルギーを研究中で、混合燃料で自動車を走らすパイロットテストも行われているという(3)。キューバは優れたバイオテクノロジーも持つ。ラム酒の原料とする「糖蜜」は国内にある一一の蒸留所で生産されているが、これを近代化し一億五〇〇〇万リットルまでアルコール生産量を増やし、自動車の添加燃料とするプログラムも動いている。ただし、エタノール専用のサトウキビ栽培はなされていない。バイオ燃料用の農作物栽培が飢餓につながるとフィデル・カストロ元国家評議会議長がいち早く警鐘したためだ。[4] とはいえ、非食用の油脂として着目されるジャトロファの栽培研究は行っており、[5][6] クーバ・ソラールのギジェルモ・レイヴァ氏は、石油価格の高騰や将来的な枯渇を考えれば、再生可能エネルギーが唯一のオルタナティブだと指摘する。[7]

だが、ロンドン首都大学の国際キューバ研究所のエミリー・モリス所長は、キューバがこうした会議やエネルギー教育からイメージされるような、再生エネルギー大国では決してないと釘を刺す。

「キューバは輸入石油に依存しており、その再生可能エネルギーは巨大なものではありません。水力、ソーラー、風力は微々たるものですし、現在のところ、バガス（サトウキビの残渣）が最も重要です。いまだに政府が省エネ対策を国民に要請していることは、中長期的にエネルギー問題が解決されていない証拠です[8]」

たしかに、キューバにはバガスという巨大な再生可能エネルギー源がある。再生可能で、クリーンなうえに発電経費も四セント／kWと化石燃料の半分以下だ。[9] 前述の国際会議では、バイオマスをベースに二〇一〇年には九五万九八八一トンの石油に相当する再生可能エネルギーが産み出されたと述べられている。[2] 砂糖省のネルソン・ラブラダ副大臣も、精糖工場でのバガス発電には国内エネルギー需要の四〇パーセントをまかなうポテンシャルがあると主張してみせる。[10][11] だが、これはあくまでも「ポテンシャル」なのだ。全国統計局のデータの年経過を見てみれば、二〇〇一年にはバガスによる総発電設備容量が九〇四MWもあって全体の発電の二〇パーセントを占めていたのに、二〇〇九年には五四七MWとシェア率が一〇パーセントへと落ちていることがわかる。二〇〇八年の総一次エネルギー生産量では再生可能エネルギーのシェア率は一九・九パーセントを占めているが、電力ではたった三・八パーセントにすぎない。水力や風力、ソーラーの発電に至っては、一パーセント以下にすぎない。[9] 果たして、キューバで再生可能エネルギーが進展する可能性はあるのだろうか。あるとすればそれは、何なのだろうか。

農地を荒らした雑木をバイオマス・エネルギー源に

ソーラー・エネルギーの利用は農村を中心に進んではいる。ピナル・デル・リオ州の九〇戸、シエゴ・デ・アビラ州の三〇戸のようにソーラーだけで全戸が電化された集落も誕生している。[13] 八〇〇〇以上のソーラー施設で農村の一〇万戸に電力を提供しており、送電線と接続された一〇〇kWのソーラー発電所も設置されている。[6] 中国製のソーラーヒーターも公共施設を中心に一五〇〇以上が用いられている。[13] とはいえ、これまでに導入された発電力は二・五七MWにすぎず、[5] 全キャパシティの〇・〇七パーセントにすぎない。[13]

水力はどうか。既存の小規模発電施設は一八〇あり、[5][6] うち三一は送電線と接続している。[6] とはいえ、国内に大河川を欠くため、水力発電のポテンシャルは六五〇ＭＷしかなく[5]、うち、利用されているのはわずか五八ＭＷにすぎない[12]。ビジャ・クララ州のムニシピオ、マニカラグアには四三ＭＷの発電所があるとはいえ、地形や水量からさらなる拡大には無理がある[14]。現在、中国との協働プロジェクトが進行中で、発電力が今後は数倍に増えることが期待されている。とはいえ、最大に寄与しても国内消費電力の一〇パーセントをまかなうのが限度とされている[15]。

では、今後期待されている成長株が何かというと、バイオマスだ。その利用方法のひとつは、有機廃棄物のメタンガス処理で、現在、国営農場や民間農場では約七〇〇のプラントが動いている。最新のものは、ドイツの技術を用いて二〇〇九年にシエンフエゴス州のパルミラ養豚場に設けられた近代プラントだ[13][16]。約三万五〇〇〇頭の糞尿がシエンフエゴス湾に流出し環境を汚染していることを防ぐためで、これは環境保全が主目的だ[16]。

廃棄物処理では、ハバナのボジェロス地区の都市廃棄物センターにも二〇〇八年にバイオガスプラントが設置され[13][16]、日量一五～二〇トンの有機廃棄物を処理し、六〇～七〇kW時の発電は行っている[13]。資源の賦存量からすれば、有機廃棄物は巨大だ。年間に四億㎥以上ものバイオガスを生産し、八五ＭＷを発電し一九万トンの石油を節減しつつ、一二〇〇万トンの有機質肥料も得られる可能性があるという[16]。森林生態系を荒廃させることなく、エネルギー用途に利用できる森林バイオマス、薪も三五〇万㎥／年はあると評価される。くわえて、籾殻、ヤシ殻、コーヒー残渣等の有機資源もある。とはいえ、これらはいずれも可能性であって、現状では十分活用されていない(5)。

では、主役であるバガスの発電が低下しているのはなぜなのだろうか。これも原発と同じく、ソ連崩壊が関連している。化学肥料が手に入らず、サトウキビの生産は低迷する一方(17)、ソ連の買い支えを失った砂糖は国際的な低価格競争にさらされる。このため、二〇〇二年から政府は国内に一五六あった精糖工場の四六パーセントを閉鎖し、サトウキビを栽培していた農地の半分を食料生産や再植林に割り振る大リストラに踏み切った(4)(17)。原料のサトウキビが生産されなければ、バガスも手に入らず、熱併給発電所も動かない(17)。おまけに、サトウキビ畑の農地への転換も上手く進まなかった。その最大の理由は雑木マラブが繁茂したためだ(注1)。マラブとは「蛍の木」とも呼ばれるネムノキ科のアフリカ原産の樹木で、きれいな花が咲くことから装飾用途で一九世紀半ばに持ち込まれたのだが(18)、マメ科植物だけに急成長して幹は一五㎝、七m高にもなり、長い刺があるために農民たちは切り倒すのを躊躇する(19)。結果として、一〇〇万ヘクタール以上の農地がマラブに覆われ遊休化した(18)。キューバ人たちは、サトウキビ畑の転換プランの失敗を皮肉って、これを「マラブ・プラン」と呼んだ(20)。

だが、無価値の雑木と思われていたマラブには意外な使い道があった。シエンフエゴス、シエゴ・デ・アビラ、カマグエイ、グランマ州では五年前から伐採・加工され、スペイン、イタリア、フランス、ドイツ、ポルトガル、ギリシアに輸出されている。炭材に適しているのだ。二〇一〇年には三二〇万ドルの外貨収入があり、二〇一一年も二万トンが生産目標となっている(19)。だが、マラブの価値はそれだけにとどまらない。カマグエイ大学電気工学部のラファエル・レイヴァ・カナヴァシオロ教授によれば、マラブは三トンを燃やすと一トンの石油と同等の電力を産み出せる優れたエネルギー植物なのだ。マラブのバイオマス量は八六トン／haもあるから、その賦存量だけでカマグエイ全州を電力供給できるという。レイヴァ教授のグループは一〇年も前からマラブのバイオマス利用の研究を進め[13]、旧式のサトウキビ収穫機をマラブの伐採機に改造することにも成功した。荒廃地を開墾する手間も省け、粉砕した樹木はエネルギー源になるのだから一石二鳥だ[18]。

さらにラッキーなことがある。精糖工場は全国送電網とつながっているが通年稼働しているわけではない[21]。サトウキビの収穫は遅くとも五月中旬には終わるため[9]、とりわけ、暑さで電力需要が一番増える夏場には熱併給発電所システムは動かない。だが、マラブがあれば使える。世界的にもバイオマス発電のネックは原料不足にあるのだが、マラブで農地を荒廃させることで、キューバは期せずして、せっせとエネルギー植物を生産していたともいえる[21]。

マラブは海外からも着目される。二〇一一年一月にはイギリスのエネルギー企業、ハバナ・エナジーが、マラブとバガスでバイオマス発電所を建設する協定をキューバと結んだ。まず、シエゴ・デ・アビラ州にあるシロ・レドンド精糖工場で三〇ＭＷを動かすが、発電所の建設投資は五年で回収できるという。同社のブライアン・ウィルソン社長は、イギリスの元エネルギー相だが[10][11]、キューバの技術力を高く評価する[10]。

ハバナ・エナジーの仲介で、二〇一〇年一一月にはスコットランド農科大学のチームが現地調査を行っている。同大学の農村ビジネスの専門家ジュリアン・ベル氏も「マラブは再生可能エネルギー源として活用でき、これによって遊休農地の解消はさらに進む」と評価する。[10][11] 現在、イギリスでは、マラブの特性がさらに調査試験されている。[11] 世界は日々動いているのだ。

風力で三割以上の電力確保を目指す

「ただ一つの解決策はなく、エネルギー源を多角化させるしかありません」

再生エネルギー技術研究センターの風力エネルギーの専門家、コンラド・モレノ・フィゲレド博士は言う。博士によれば、風力はバイオマスに次ぎ二番目に重要なエネルギー源になると言う。[22]

風力発電は無公害なうえ燃料代がかからない。二酸化炭素も放出されず、[22] 初期投資がひとたび回収されれば、発電コストは二セント／kWと最も安い。[13] 建設に必要なエネルギーも半年～一年稼動すれば回収でき、それ以降二〇～二五年はエネルギーを産み出し続けてくれる。[23]

タービンが渡り鳥に及ぼす影響を懸念するエコロジストもいる。だが、モレノ博士は「ウィンド・ファームを設置する以前に環境アセスを実施し、鳥を含め多くの影響を分析している」と語る。[22] ウィンド・ファームとは、複数のタービンを設置する風力発電基地のことだ。鳥への被害はヨーロッパや北米でも研究され、米国ではタービンあたり平均二羽の犠牲が毎年出るだけだという。[23]

農業には不向きな荒れ地や斜面、沿岸を利用でき、牧草や小麦、トウモロコシ、ジャガイモ、ビート等のように背丈が低い作物を栽培する農地では農場内にタービンを設置できるのも魅力的だ(22)。とはいえ、風速が一定しないことから、発電力は設備容量どおりにはならず、日々、時間によって変化する。最も良好な場所でも二〇～四〇パーセントが稼働率の上限とされる。風が吹かない場所にタービンを設置すれば投資が無駄になる。場所の選定が決定的となるのはそのためだ(8)。

地球に降り注ぐ太陽エネルギーの約二パーセントは風力へと転換されるが、最も強い風が吹くのは高層域や海洋だ。風力発電大国デンマークが世界で初めて沖合にウィンド・ファームを設置し、オランダも深さ一九～二四mもの海底から基礎工事を行い三七キロもの沖合にタービンを設置しているのも、ひとえに風を得たいがためなのだ(23)。

となれば、海に囲まれ、海風が吹くキューバは風力資源に恵まれているではないか。基礎産業省が実施した最近の研究によれば、国土の〇・五パーセントに相当する五一一㎢では良好な風が得られ、最も控えめな五MW／㎢の出力としても二五〇〇MW以上のポテンシャルがあるという。適度な風が吹く四二八一㎢を加えれば、二万一〇〇〇MW以上に及ぶ。このことから、基礎産業省は風力エネルギーから二〇〇〇MWは得られると判断し(24)(25)、二〇二〇年までに五〇〇MWの開発を目指している(25)。

日本の風力発電は既に約一四〇〇基、総設備容量は約一六八〇MWもあるから、キューバとは桁が違う。だが、キューバ全体の設備容量は五五二三MWしかないから風力だけで三六パーセントはまかなえることになる。潜在的には自然エネルギー大国と言えるのだ。

だが、一九九〇年代までは学術研究者や数人の専門家を除いて、風力エネルギーについて口にするキューバ人はほとんどいなかった[22]。キューバの風力資源は、大規模なウィンド・ファームを設けられるほど十分ではないと考えられてきた[26]。

もともと、メキシコから支援を受け、ソーラー・エネルギー研究所の研究者たちが、「風力発電グループ」を結成し、風力の評価、風力発電、揚水の三分野に重点を置き、一七地区でモニタリングを調査始めたのは一九九一年からだ。風力計が設置され、北部海岸中部や東部地域で一五〇KW級の大型風力タービンを動かすため[26]、最も有望なサイトの地図も製作される[22]。そのひとつが、シエゴ・デ・アビラ州の北海岸のツリグアノ島だった。モデル基地を建設する計画が一九九七年にたてられ[26]、クーバ・ソラールが海外から資金援助を受け、二年間風力を測定した後、ツリグアノ島からカヨ・ココへと向かう道路の脇に[27]、〇・四五MWのモデル施設が一九九九年四月から動きだしたのだった[27][28]。ファームにはスペインのエコテクニカ社製の二基のタービンが据えられ、年間利用率は二五・三パーセントで、九九八・五MWhと少ないようだが、地区の年間電力需要の四〇パーセントを発電できた[27]。

だが、この時期までの風力マップは気象研究所の既存の測候所のデータを用いたもので不十分だった[28]。その後、地球環境基金の資金援助で、国際プロジェクト「ソーラーと風力エネルギー資源アセスメント」が二〇〇三〜〇五年に行われる。このプロジェクトでは風力とソーラーマップが作成され、商業用途での投資と実施可能性の分析をサポートするＧＩＳも作られた[29]。

「以前は、私たちは夢想家と呼ばれ、最も悪いことに、キューバには風力発電を行えるだけの風力がないという見解が当時席捲していたのです」とモレノ博士は言う。

この従来の見解を変え、風力エネルギー利用に向けた戦略が本格化したのも二〇〇四年の石油価格の高騰と大停電を引き起こした電力危機だった[22]。

二〇〇五年、政府は一〇〇ＭＷ級の風車を導入する風力エネルギー・プログラムを発表し[29]、同年末には五〇ｍ高で八八の測定ステーション、一〇〇ｍ高の一二ステーションで風力を観測する測定器を購入・導入することを決定。二〇〇六年には気象研究所の六八ステーションでの過去の記録とこれら観測データから、平均風速が六ｍ／ｓ以上ある八カ所が風力発電に適し、計六〇〇ＭＷの導入が可能であるとのアセスメントもキューバの専門家によって作成された[30]。

ウィンド・ファームの開発状況をまとめると次頁の表のようになる。

ちなみに、二〇〇七年に国内で二番目にウィンド・ファームが完成したイスラ・デ・ラ・フベントゥでは、島内で使う電力の約一〇パーセントの一・六五ＭＷが発電できている[28]。そして、ソーラー・パネル、太陽熱、水力、バイオガス、森林バイオマス、そして風力を総合的に利用することで二〇一三年までに再生可能エネルギー源で電力需要の四〇パーセント自給することを目指している[31][32]。だが、キューバで風力発電を進めるには、ハリケーンというネックがある[14]。

年	1999年4月	2007年2月	2008年2月	2010年10月
MW	0.45	1.65	5.10	4.50
累計	0.45	2.10	7.20	11.70
場所	ツリグアノ	青年の島 ロス・カナレオス	ヒバラⅠ プンタ・ラサ	ヒバラⅡ プンタ・ラサ

ウインド・ファームの開発状況をまとめたもの。年々発電量が増加している。

ヒバラⅠに設置されたスペイン・ガメサ社のタービンも設計容量以上のハリケーン・アイクの風速に耐えた[22]。だが、海水の氾濫でコンピュータや制御室が被害を受け、強風でヒバラ変電所とつながる送電線も断線し、修復が必要となった[33][34]。六基あるタービンのうち一基は二〇一〇年末にも回復していない[35]。

イギリスの自然エネルギー専門のジャーナリスト、ニコラス・ニューマン氏は、キューバと米国の風力発電の技術力の違いについてこう説明する。

「キューバ内には、今、様々な国から技術提供されたウィンド・ファームがあるが、風力発電は襲来するハリケーンへの対応という課題を克服しなければならず、キューバ電力公社が購入している風力技術は、ハリケーン・シーズン中に強風の警告がなされれば、風力タービンをたたむことが必要なのだ。一方、米国は、米国内のエネルギー企業、ノレスコ社のタービンを用い、このハリケーン問題を解決しているように思える。二〇〇五年にグアンタナモにある米軍基地では一二〇〇万ドルで山の上に三・八MWのウィンド・ファームを設置したが、最大二二五km/hの風力に耐えられるよう設計されている[14]」

さすがに米国の技術だ。だが、キューバのハリケーンの強さは並たいていのものではない。グスタフの際には、ロス・パラシオスのパソ・レアル・デ・サン・ディエゴ気象観測所では三四〇㎞／hを観測し、風速計がふりちぎれてしまった。もちろん、過去の記録を更新する猛速度だ。[36][37]どれほど頑丈な耐風設計をしていても、想定外の風速で機械が壊れてしまうこともありかねない。ウィンド・ファームを設置するため、風力状況マップとあわせ、ハリケーン、氾濫、雷雨のリスク・マップが作られているのもそのためだ。[31][32]研究者たちは、ハリケーンの前に安全に格納できるウィンド・ファームのあり方を研究している。[8]イスラ・デ・ラ・フベントゥの実験的なウィンド・ファームは、特殊な耐ハリケーン技術を備え、[24]必要があれば四五分で完全に分解できるタービンが用いられているという。[13]多少効率性を犠牲にしても強風には逆らわず、風が吹けば分解され、格納されて嵐が過ぎ去るのを待つ風力発電所は、まさに防災力に富む再生可能エネルギーといえないだろうか。

繰り返しになるが、再生可能エネルギーでのエネルギー自給は進んでいない。可能性はあるとはいえ、いまのところ、再生可能エネルギー源でのエネルギー自給を達成しているのは、東部の二つのムニシピオ、水力発電によるグアマ、そして、ソーラー・パネル、水力、精糖工場の熱電併給システムを組み合わせたバルトロメ・マソにすぎない。[31][32]

これでは、とうてい再生エネルギー大国とはいえまい。それでは、キューバはいったいどのようにて、第1節で描いたような二酸化炭素削減を行えているのだろうか。

注1――サトウキビの不振については著者の一人吉田の『世界がキューバの高学力に注目するわけ』参照。

◉現地取材11
ハリケーンに耐えたウィンド・ファーム

絶えず吹く海風を受けて風車がゆっくりと回っている。

「風力発電のアイデアは、エネルギー革命から始まりました。まず、風力が強い場所を調査・研究して風速を測定してから、この場所に決めたのです」[1]

ホセ・ルイス・ビフェレオ・マルチネス風力発電所長は、七m／秒の風速が安定して得られると語る[2]。オルギン州のムニシピオ・ヒバラの中心市街から約四キロ西に進んだ海岸、プンタ・ラサには、中国のゴールド・ウィンド社製の六基のタービン。そして、少し離れスペインのガメシャ社製の六基のタービンが立ち並ぶ[3]。

「様々な国の装置をテストするため、まず、スペインの技師を顧問にタービンを設置しました。二〇〇八年二月から稼働し始めましたが、その六カ月後にハリケーン・アイクの直撃を受けたのです。強風には耐えましたが、一キロも内陸まで海水が浸入したため、発電事務所もタービンの電気系統も被害を受け、一年後にやっと動き始めました。この経験から、ヒバラⅡは浸水による事故を防ぐため基礎のセメントを二m高くしてあります。

海風は早朝四時から強くなり、夜二三時には弱くなりますが、キューバで最も電力が必要とされるのは昼時と夕方四時以降ですから、非常に好都合なのです[1]」

ウィンド・ファームは全国電力システムともつながり、ヒバラへと送られ、日あたり約一〇トンの石油節減に寄与している[2]。

ホセ・エルネスト・マヨ・ザルディヴァル、ムニシピオ議長の案内でヒバラが一望できる高台へと登った。コロンブスが最初に上陸した土地であることもあり、ヒバラの史跡数はハバナに次ぐという。古色蒼然とした町並みの中で目新しい屋根はハリケーン後に修復された家。眼下には内陸部へと移転したプエブロ・ヌエボ、そして、彼方にはウィンド・ファームが目に入る。伝統と先端技術の統合。再生したヒバラはまさにハリケーンに強い持続可能な二一世紀の町を象徴しているかのように思えた。

ヒバラⅠが高潮の浸水で故障したことを反省し、中国製のヒバラⅡは土台を高くしてある。ただし、今もガメサ社のタービンのひとつは部品の故障から動いておらず、ゴールド・ウィンド社のひとつも落雷のために動いていない

4 エネルギー革命とハリケーン

二〇〇四年と〇五年の暑い夏

「電気がなければコンピュータが使えませんから、出勤しても時間の浪費です。帰宅しても洗濯機が動くかどうかわかりません。ですが、最悪なのは夜中に停電する時です。この暑さでは扇風機なしではとても眠れません」

研究者のマルタ・サンチェス（三一歳）さんは言う。停電は六〜一二時間も続き、場所によっては日に一回以上もあることがある。ハバナでは、日中と夜間の六時間が一応計画停電とされているのだが、早朝は無計画だ。(1)

「電気がなければ、ポンプは電動ですから水が得られません。ここにはガスもありませんから停電が長びくと料理もできません。おまけに、七月、八月は暑いのです」

二人の子どもがいるカリダド・エルナンデスさんはこぼす。扇風機は生活必需品であって贅沢品ではない。キューバの夏は暑く、夏場に数カ月も停電すれば、食品保存にも支障をきたす。[2]

二〇〇三〜〇五年にかけ、キューバは深刻なエネルギー危機に直面していた。とりわけ二〇〇四年は深刻で、[3]一時間以上も続く停電が一八八日もあった。[4]キューバでは市民生活に支障を来たさないよう「保護回路」と称し、病院等の重要施設は最後まで停電しないように電力を傾斜配分するシステムがある。だが、この保護サービスの種類も四一一から一九六へと半減した。店舗の開店時間は短くなり、各家庭でのファンの使用は制限され、農業灌漑もそれ以外の電力需要が最も低い日だけに限られた。[1]

通常、一〇月下旬には夏時間が終わり時計の針は一時間元に戻る。だが、標準時間に戻るとたいがい電力消費量は増える。これを避けるため、二〇〇四年はサマータイムがそのまま続いた。[1]

昼の日照時間を活かすため学校の時間割も変え、[5]九月から始まる新学期を三〇分早めた。「子どもたちが登校するときにはまだ暗い」と両親たちは不安を口にしたが、これも節電のためのやむをえない措置だった。同じく全職場も出勤時間を三〇分早くし、終業時間を一時間早めた。正味の労働時間は八時間から七・五時間となったが「それによって給料が下げられることはない」とフィデル・カストロは説明した。[1]

だが、労働時間の短縮以上の問題は、電力不足で鉄鋼、セメント、製紙、柑橘類の加工場を含め一一八もの工場が一時的に閉鎖することを強いられたことだ。[1]中でも製鉄工業は二二〇日も活動が麻痺し、想定外の二億ドルもの海外からの輸入を強いられる有様だった[5]。

時事問題を扱うテレビ番組「ラウンド・テーブル」では、毎日のようにエネルギーを巡って二時間以上もの議論がなされ、フィデル・カストロ自身も番組に参加し「人民は楽観すべきではない。なぜなら、正常レベルへの復帰は最大三カ月、四カ月、あるいは、さらに長くかかるかもしれないからだ」と警告した[1]。

生半可な期待をしないように釘をさしたカストロの予想は不幸にも適中した。翌〇五年もハバナでは一度に六～七時間の停電があることは珍しくなく、グアンタナモ等の他地域はさらに深刻で、停電が一二時間にも及ぶこともあった。〇五年も停電のあった日は二二四日にも及び、電力供給はまさに風前の灯となっていた[4]。

カストロ政権は、この停電が経済のほぼ全部門にとって大打撃となっていることを認め[5]、フィデル・カストロは二〇〇六年一月一七日に「エネルギー革命」を宣言し、第1節で触れた「エネルギー革命」に取り組むこととなる[6]。

結果として、この革命は成功する。二〇〇七年七月四日、国連環境計画のアヒム・シュタイナー事務局長は、ハバナで記者会見を行い、停電問題の解決をこう評価する。

「二〇〇四年のキューバはエネルギー危機に直面し、一六時間もの停電で経済の崩壊が現実となっていました。ですが、厳しい経済条件下でも、ごく短期間にその危機をキューバは解決したのです[7]」

米国のエネルギーの専門家、エイモリ・ロビンス博士もこう述べている。

「二〇〇六年には停電はわずか三日、二〇〇七年にはゼロとなる。いったい何がなされたのだろうか[4]」

たしかに何がなされたのか気になる。ロビンス博士の問いかけに答えるには、まず三年に及ぶ停電危機の一〇年以上も前のソ連崩壊後にまで時計の針を戻さなければならない。

国産石油の大増産プロジェクト

路上にとまる五〇年代のアメ車、崩れかかったストリート、暗い街並を見上げれば輝く夜空の星々。キューバを旅する観光客には、アバナ・ビエハは時計の針が半世紀も逆戻りしたかのようなノスタルジックな空間だ。だが、そこで日々暮らす庶民にとっては、それは深刻なエネルギー問題の象徴でもあった[8]。

一九五九〜一九八九年までは、キューバはソ連圏からの手厚い支援によって平等な国づくりに邁進し、経済成長も享受できてきた[9]。毎年五〇億ドルもの資金援助があり、廉価な石油も提供され、エネルギーもソ連に頼りきることができた。だが、蜜月の日々は一九九一年に終わる[8]。対外貿易の八〇パーセント以上をソ連圏が占めていたため[8][9]、ソ連圏が崩壊すると九一〜九三年にかけ輸入量は半減し[8]、経済のみならずエネルギーも大打撃を受けた[8][9]。

エネルギーの総使用量は一九九〇〜九三年にかけ石油換算で一一〇〇万トンが五九〇万トンと九〇年

時の四六パーセントにまで低下し、一九九五年には三五パーセントにまで落ち込む[9]。影響は全セクターに及び、交通、産業、農業は事実上崩壊した[3]。

革命以降に建設されたソ連製の発電所のスペアパーツも輸入できず、発電に欠かせない石油も確保できない[3][10]。一六時間続く停電は当たり前のものとなり、ハバナでは一週間に二、三時間しか電気が通わない時すらあった[3]。

国家非常事態に直面する中、一九九三年に国会は「国家エネルギー源開発プログラム」を策定。海外からの輸入エネルギーを減らすと同時に、国産エネルギー源を最大限に生かすことを目指す[8][9]。エネルギー節約のための大規模な公共教育キャンペーンが立ち上げられ、経済も工業、機械等のエネルギー浪費型の産業から、観光業やバイテク等、低エネルギー産業へと再編した。オルタナティブ・エネルギー源の模索も始まり[8]、電気が通じていない農山村では二三六四もの学校や診療所等にソーラー・パネルを導入し、コンピュータや教育テレビを子どもたちが利用できるようにした[4][11]。二〇〇四年には国民の九五・五パーセントが電気を利用できるようになり、シエラ・マエストラの山岳地帯でも電化率は八七パーセントに達した[12]。危機の中でも着実に電化率はアップされたのだ。この取り組みは国際的にも評価され、二〇〇一年には国連グローバル五〇〇賞を受賞している[11]。ところが、国全体としては、エネルギー危機は深刻化していた[4]。再生可能エネルギーだけではとうてい需要が満たせないことはすぐに明確となり、キューバはさらに死に物狂いの政策を実施していく[8]。

それは、国内油田の開発だった。キューバはソ連からの輸入石油に依存してきたと述べたが、国内に石油資源がなかったわけではない。一九六〇年代には小規模な油田がいくつか見つかっていただけだったが、ソ連の支援で一九七一年にはバラデロで油田が発見されていた。そこで、一九九三〜九四年にかけ、石油と天然ガスの探査・開発を海外企業に開放したのだ[13]。ヨーロッパ、カナダ、ラテンアメリカ等の海外企業の投資を誘致できるよう[8][13]政府は、基礎産業省下の国営石油企業「キューバ石油事業団」を通じて生産シェア協定を結んだ。生産シェア協定とは、国際石油企業と契約し、海外石油企業が収益の三〇パーセント程度を事業税として現地国に支払うもので、キューバ以外の多くの国も用いているシステムである。この海外投資の結果、一九九〇〜二〇〇二年にかけ、石油の生産量は五・四倍、天然ガスは一七・三五倍にも増え[9]、国内エネルギー自給率は約五〇パーセントにアップした[8]。そして、不足分はベネズエラが満たした。二〇〇五年の石油消費量は日量約一六万バレルだが、ベネズエラが日量九万バレルを有利な条件で輸出してくれた[5]。そして、不足分があればカナダから高品質な石油を輸入することで補完できた[8]。すなわち、深刻なエネルギー危機は、国産石油の大増産とベネズエラからの石油輸入で切り抜けることができたのである[5]。

停電の元凶となった大規模火力発電

苦闘からほぼ一〇年後。二〇〇二年の総エネルギー供給（一次エネルギー資源と輸入の合計）の内訳を見てみると、七八・二パーセントが化石燃料（うち、四七・二パーセントが原油、二六・五パーセントが石油製品、四・五パーセントが天然ガス）、二一・七パーセントが再生可能エネルギー源（精糖産業のバガス）となっていた(9)。

電力に注目してみると、二〇〇二年時の火力発電力の発電力は四四九〇ＭＷで一三三億五〇〇〇万kWhを発電。一三四億kWｈの需要をカバーし(13)、その燃料は国産石油と天然ガスが九三・三パーセント占めていた(9)。すなわち、以前からの輸入石油への依存を克服し、二〇〇二年後半以降は電力の九〇パーセント以上を国産燃料で発電できるようになったのである(1)。だが、このエネルギー自給が皮肉なことに、停電危機を招いてしまう。その理由のひとつは、火力発電所にあった。

キューバの火力発電所の多くは、二〇年以上も経た旧ソ連や東欧諸国の時代遅れの老朽化した設備からなっており、中には、六〇年以上も経た米国製の施設すらあった(13)。それでも、ソ連から上質な石油が輸入されていた一九八八～八九年には平均稼働率は八〇パーセントもあった(5)。だが、これが一九九三～九四年には五〇パーセントと史上最低に落ち込む(8)(13)。

基礎産業省のファン・マヌエル・プレサ副大臣は「良好なサービスを行うには稼働率が六〇～六五パーセントはなければならない」と述べているが(13)、その苦悩の理由は燃料にあった。国産石油は硫黄含有量が多く、燃焼すると硫酸が生じる。これを発電に用いたため設備が傷み、頻繁な故障や維持管理のために長期の閉鎖を余儀なくされていた(6)。そこで、ボイラーやバーナーを数年かけて改装し(13)、電力公社は一九九八年にはなんとか約六〇パーセントまで稼働率をアップさせた[10]。一九九〇〜二〇〇三年にかけ、エネルギー部門への投資は二〇億ドルにも及んだ[5]。

例えば、マタンサス州の西部にあるアントニオ・グィテラス発電所は国内でも最も効率的な発電所とされ[2]、三三〇MWの発電力を持ち[13]、国内消費電力の一五パーセントを発電していた[1][5]。だが、年に五〇万トンもの輸入石油を消費していたため、二〇〇二年に三〇〇〇万ドルも投じ、国産石油を使えるよう改良した。

「国産石油と天然ガスは輸入石油よりも三〇〜四〇パーセントも安い。グィテラス発電所への投資は一年で支払える」

年に約七〇〇〇万ドルもの経費節減につながるとマルコス・ポルタル・レオン基礎産業省大臣はこう語った[5]。だが、このシフトは結局、高くつくことが判明する[1]。二〇〇四年五月五日にグィテラス火力発電所は故障し[1][13]、これが、冒頭で述べた電力危機を引き起こしてしまったのである[2][5]。

マイアミ大学の西半球政策センターのエネルギー研究者ホルへ・ピニョン氏はこう述べている。

「外貨を節約するため、輸入石油を国産原油に切り替えるという近視眼的な決定が電力危機につながったのです[10]」

前述したとおり、硫黄含有量が多い国産石油を使うには、定期的な清掃と維持が欠かせない。だが、グィテラスが動かなければ、その分、それ以外の発電所への負荷がかかり、通常の掃除やメンテナンスのスケジュールも狂う[1]。グィテラスは一一月にはなんとか復旧したが、二〇〇四年五～一〇月の平均稼働率は五七～五八パーセントにすぎなかった。一〇月一五日、フィデル・カストロはマルコス・ポルタル基礎産業大臣と電力公社のファン・アントニオ・プルナ総裁を罷免した。後任に就いたのは、化学エンジニアのヤディラ・ガルシア・ヴェラ大臣だったが[5][13]、同大臣も「老朽化した施設の維持は複雑でそれが停電につながる」と説明している[5]。米国国際開発庁のファン・A・B・ベルト氏はキューバの電力公社について「労働生産性が極めて低く、ロスも高く、国際基準からすれば非効率な企業だ」と指摘している[10]。電力公社では三万四〇〇〇人が働き、うち七八一〇人が技術者、九五〇人がエンジニアだが、マイアミ大学のマヌエル・コレイホ教授は、公社従業員の現場での努力は賞賛する。革命以前の発電所のボイラーやタービン、発電機のほとんどは米国、西ドイツ製だったが、経済封鎖でスペア部品は使えない。一方、革命後はソ連やチェコスロバキアの設備が導入されたが、遠隔地にあるためにスペアの確保や維持管理で支障をきたしていた。たいがいの火力発電所の技術的な寿命は三〇～三五年が限度なのだが、そもそも寿命を超えた発電所を使い続けるという政府の政策に無理があったとコレイホ教授は指摘する[6]。要するに、発電所には根深い問題があったのだ。

問題は、送電線にもあった。キューバの送電は六八一六㎞に及ぶ二二〇kVと一一〇kVの送電線、三三kvで九二二四㎞のサブ送電線、三万三四〇〇㎞の一次配電線、二万六九二三㎞の二次配電線からなっているが、送電線も発電所と同じく老朽化し、長年の維持管理不足のために劣化していた[13]。送電線や配電線の半分は二五年以上も経たもので、かつ、発電所の多くが消費地から遠いため、長距離送電が必要だった[10]。おまけに、東部から西部まで電線が相互接続していたために送電中のロスが多く[3]、ロスは米国では七パーセント、日本では五パーセントにすぎないのに、キューバでは平均一七パーセントもあった[4]。これも全国送電システムを構築するにあたり重大なミスをしたためだ。雨風からの送電線の傷みを防ぐにはグリスが使われるが、キューバの暑い天候では導体に浸透したグリスが結晶化し、コロナ効果で損失を増やした[6]。非効率な発電と送電インフラのため、最大では三〇パーセントもの「ロス」で苦しめられていたのだ[13]。

さらに、送電線はハリケーンにも脆弱だった。ハリケーン・シーズンになると停電問題が深刻化するのは、豪雨と突風で送電網が壊されるからだ[5]。二〇〇四年にはウィルマとチャーリーが襲来したが、チャーリーは時速二三三㎞もの強風を伴い、東西を走る送電線を各地で切断し、ハバナで六時間も停電を引き起こし[8]、一〇〇万人が一〇日間もの停電で苦しんだ[4,11]。二〇〇五年九月のハリケーン・リタでもギィテラスからの送電線が壊れ、ハバナで停電を起こした。そして、送電線の修理を終えた日に、今度は冷却システムの故障のため、グィテラス発電所が再び停止してしまうのである[5]。

要するに、大規模火力発電所は、国の発展に大きな役割を果たしてきたが、もはや時代遅れとなっていたうえ、ハリケーンに対しても脆弱だった[3]。

老朽化した施設、ハリケーン、ピーク・オイルと地球温暖化問題。キューバは、こうした難題に直面する中[11]、持続可能な開発とエネルギーの脆弱性を克服するため、エネルギー革命に着手するのである[3]。

省エネ電気器具を全国民に導入

エネルギー革命が成功した理由のひとつは、省エネ対策だった[11]。発電問題を解決する第一は、需要を落とすことにあるからだ。国内電気需要の約四五パーセントを占めるのは家庭だが[14]、国民の七五パーセントは灯油で料理し、加えて各家庭での省エネも十分とはいえなかった[4][11]。省エネを推進するため、二〇〇一～〇二年に産業、商業、サービス業、各家庭と別々の率で新たな電気料金体系が導入されてはいたものの[15]、エネルギー革命が始まる以前は国の補助金で家庭での電気料金は廉価になっていたため、これが省エネに結びつかなかった[3]。日本の世帯あたりの電気消費量は月三〇〇kWhだが、キューバの平均世帯の消費量も一九七〇年の八二kWh／月／戸から二〇〇二年には一四〇・一kWh／月と一七〇パーセントも増えていたのである[7]。そこで、月に一〇〇kWh未満の使用量ならばkWh当たりの電気代は〇・〇九ペソだが、それ以上だと五〇kWh毎に率が高まり、三〇〇kWh以上を使えば、kWh当たり一・三〇ペソと一四倍も支払わなければならないという新たな住宅電気税が設けられた[3][14]。こんなことがやれるのも社会主義国だからだろう。

また、厳格な料金制度は、違法な配電線との接続も増やしていた[10]。省電のためには、家電製品を効率化し、電気そのものを使わなくてもすむようにしなければならない。そこで、二年間のうちに、約二〇

○万台の冷蔵庫、一〇〇万基のファン、一八万二〇〇〇台のエアコンと二六万の水道ポンプが交換され、蛍光球も無料提供され、半年以内に、九〇〇万ケ以上とほぼ一〇〇パーセントが白熱電球と交換された[11]。さらに、料理用のエネルギーもトータルとしては省エネとなるため、灯油からより効率的な電気へと転換するため、各家族には約三五〇万の炊飯器と三〇〇万以上の圧力釜が販売された[3][4][11]。かくして、キューバは、世界でも非効率な照明を廃止する最初の国となった[3]。つまり、ソ連崩壊後と米国の経済封鎖が続くためやむなくエコ的な生活を送っているというイメージは実際とは違い、同一の財やサービスを得るために必要な資源やエネルギーを減らすファクター4やファクター10を実施していることになる。

これを草の根で支えたのが、第1節でもふれた一万三千人ものソーシャル・ワーカーたちだった。米国でも環境庁（EPA）とエネルギー省（DOE）とが共同で、エネルギー効率が良い製品に転換することで、省エネを進めるプログラムの「エネルギースター」を設けているが、エイモリ・ロビンス博士は、これに匹敵する効率だと評価する[4]。この取り組みによる最終的な省エネ量は毎年六八万トンの石油に相当すると評価されている[16]。

電力の半分を小規模ネットで発電

エネルギー革命は、再生可能エネルギー利用の本格的なテイク・オフも意味した[3][15]。中期的に再生可能

MW

年	計	火力発電		分散型発電		再生可能エネルギー		
		火力発電	天然ガス	ディーゼル	新技術	精糖工場	水力	風力
1975	1,677.3	1,104.6				527.9	44.8	
1980	2,731.4	2,164.7				520.7	46.0	
1985	3,229.0	2,563.8				620.2	45.0	
1990	4,077.9	3,203.7				825.4	46.8	
1995	3,991.1	3,058.4				876.5	56.2	
2000	4,287.0	3,064.5	240.0	74.7		849.9	57.4	0.45
2001	4,411.4	3,161.4	213.0	74.7		904.4	57.4	0.45
2002	3,959.6	3,040.0	213.0	76.8		571.9	57.4	0.45
2003	3,965.0	2,880.0	288.0	76.8		662.3	57.4	0.45
2004	3,763.5	2,880.0	288.0	76.7		459.8	58.5	0.45
2005	4,275.1	2,940.0	315.0	65.2	229.1	677.1	48.2	0.45
2006	5,176.0	2,940.0	405.0	68.6	1,268.2	445.5	48.2	0.45
2007	5,431.5	2,901.4	426.7	70.2	1,443.7	546.5	40.9	2.10
2008	5,396.1	2,298.0	455.0	88.5	1,940.8	546.5	60.1	7.20
2009	5,522.1	2,273.0	455.0	98.6	2,083.8	546.5	58.0	7.20

キューバの電力の総設備容量の推移
出典：Unión Eléctrica y Oficina Nacional de Estadísticas.

エネルギーへのシフトを戦略目標に、二〇〇七年二月、再生可能エネルギー源の模索やエネルギー利用効率の向上に向け、一五サブグループから編成される全国グループが立ち上げられる。基礎産業省内には再生可能エネルギー局が創設され[15]、再生エネルギー担当副大臣ポストが創設された[3]。家庭や産業用途向けに太陽熱温水器用の真空管工場が設置され[15]、「国家風力発電開発計画」も立てられ、水力、液体固定廃棄物エネルギー、海洋エネルギーの研究開発も進められる[3][9]。基礎産業省、クーバ・ソラール、クーバ・エネルヒーア他の組織が参加し、再生可能エネルギーの実施プロジェクトが推進され、それを研究所と大学の技術開発がバックアップしている[15]。

このように、エネルギー革命は、新技術と

GWh

		火力発電		分散型発電		再生可能エネルギー		
年	計	火力発電	天然ガス	ディーゼル	新技術	精糖工場	水力	風力ソーラー
2000	15,032.2	12,185.3	1,307.4	149.3	—	1,301.2	89.0	—
2001	15,299.8	12,520.8	1,257.5	159.2	—	1,287.3	75.0	—
2002	15,698.8	12,877.5	1,222.9	156.5	—	1,335.2	106.4	0.3
2003	15,810.5	12,806.2	1,611.0	168.7	—	1,096.5	127.7	0.4
2004	15,633.7	12,335.6	1,871.2	178.6	—	1,160.3	87.6	0.4
2005	15,341.1	12,325.9	1937.2	187.9	20.1	802.2	67.7	0.1
2006	16,468.4	11,672.3	2,223.2	192.7	1,500.6	775.8	93.5	0.3
2007	17,622.5	11,099.4	2,493.3	211.6	2,917.4	779.2	121.4	0.2
2008	17,681.3	9,826.6	2,537.9	153.9	4,113.5	900.9	138.3	8.2
2009	17,727.1	9,922.3	2,380.8	149.7	4,252.1	867.8	150.8	3.6
2010	17,395.5	10,237.9	2,269.1	76.1	3,892.5	811.6	96.6	11.7
2010	100.0	58.9	13.0	0.4	22.4	4.7	0.6	0.1

キューバの年間電力消費量の推移

注：分散型発電の新技術は全国送電網と連結。ディーゼルは単独
　キューバの統計では精糖工場のものは自律発電として再生可能ではなく火力発電に組み入れられている。またグレーの部分は比率の数値

出典：Unión Eléctrica y Oficina Nacional de Estadísticas.

価格メカニズムを用いることで、エネルギーの利用効率を改善している。とはいえ、エネルギーの転換政策の最も革命的な部分は、実は再生可能エネルギーよりも[8]、従来の火力発電所に変わり、小中規模の発電所からなる分散型の電力ネットワーク創設プログラムに着手したことにある[8][10]。分散化は従来の発電方法を抜本から見直すものだが、二つの目的があった。一つは、上述した電力危機を早急に打開することであり、二つ目は、電力需要の変化に機敏に対応し、かつ、ハリケーンにも耐えられる強健な電力システムを構築することだった[10]。

二〇〇五〜〇八年にかけ、韓国のヒュンダイ、ドイツのダイムラー・ベンツ、スペインのガスコル等の海外企業から、一二億ドルも

の予算をかけ、ディーゼルや石油で動く二MWの小型発電機を[10]一八五四も購入。消費地の近く一一六ヵ所に戦略的に設置した。[4][10]

こうした小規模エンジン発電機のクラスターをキューバエネルギー公社は「Grupos Electrogenos」と称しているが[10]、この分散型の発電力は、ディーゼル一二八〇MW、重油モーターが五四〇MWで[8]、バガスによる熱電併給システムが五二九MW、後述する風力等の再生可能エネルギーが六九MWとなっており、分散型ネットワークでの発電は二四九七MWと総電力の約四〇パーセントを供給するようになったのである。[3][8][10]この比率はデンマークに次いで世界で二番目に高い。また、災害に備え、パン屋、ショッピングセンター、病院・診療所、学校等には六〇〇〇以上の緊急用の小規模ディーゼル発電機も導入されている。これらの予備発電力もあわせると六九〇MWある。[3]

その一方で、一一もあった非効率な大規模火力発電所は五つが閉鎖され[4]、電力公社は、二〇〇六年に三・六二億ドルもかけ、老朽化した送電線網も三〇〇〇キロ更新し、送電のロスを減らした。[8][11]

ハリケーン激甚地でも一週間以内に電気が回復

この新たに設けられた送電線のハリケーンへのレジリエンスは直ちにテストされることになった。二〇〇八年に襲ったグスタフとアイクは各地で送電網を分断し、一六七もの送電線鉄塔も倒した。[4]ピナル・デル・リオ州では一三〇もの送電塔が倒れ、カマグエイ州北部のヌエビタスの送電線も大きなダメージを受けた。だが、分散型の発電所につながるミニ送電網によってサービスは維持され、かつ、被害の大きい被災地ではポータブルなディーゼル発電が個々のマイクログリッドを動かしたのだ[3][4]。

第1節で紹介したマリオ・アルベルト・アラスティア・アビラ氏はこう書いている。

「このハリケーンで引き起こされた災害の凄まじさは、核爆発に匹敵するものでした。とはいえ、分散型の発電システムが稼働し、大切なサービスや給水を保証したのです[3]」。

おまけに、以前は高圧線がダメージを受けると二〜三カ月の停電を余儀なくされていたが、グスタフとアイクでは、最も被害が大きかった地域でも停電が一週間以上続くことはなく、速やかに復旧したのだった[16]。

そして、エネルギーの専門家のイギリスのジャーナリスト、ニコラス・ニューマン氏は別のメリットについてもこうコメントしている。

「機械的な故障や自然災害に強健である以外にもメリットがあります。大規模発電所よりも、比較的安く、迅速に導入できるのです。キューバは、経費のかかる大規模発電所に依存せず、エネルギーの需要に応じて、より調整できるようになっているのです[4]」

二〇〇五年後半から二〇〇六年九月と一年ほどで一〇〇〇MW以上の発電力が導入できたが、それは建設に七年以上かかったグィテラス発電所の三倍もの発電容量なのだ[2]。

さらに、分散化には意外な副産物もあった。分散型のエンジン発電機は騒音や大気汚染を地元に引き起こすこともあるが、一kWhあたりの石油の使用量は大規模発電所よりも約一八パーセントも少ない[4]。このため、一kWhの発電に必要な石油量を二〇〇五年の二八〇グラムから二〇〇七年の二七一と三パーセント削減したのである[3]。

おまけに消費地に近いところで発電をするのだから、送電ロスも少ない。第1節で指摘した成果は分散型発電によって成し遂げられたものだったのである。

いきなり、すべて再生エネルギーにシフトできなくても、まず、省エネで電力需要を減らし、同時に分散型発電でエネルギー需給を調整すれば、災害に強く環境負荷も小さい電力システムを作れる。本書でも何回も引用したマリオ・アルベルト教授は、中南米他、米国、ベルギー、スペイン、ノルウェー、南アフリカ等、世界各地を訪れているが、二〇一一年の七月にはオーストラリアから招聘され八州で一八回も講演を行った。

「オーストラリアは非分散型の石炭を用いた大規模火力発電を行っていて再生可能エネルギーの普及も進んでいないため、一人あたりの二酸化炭素排出量が世界で最も多いのです」と教授は語る。

加えて、二〇一一年二月には史上最大級のカテゴリー五の大型サイクロン『ヤシ』が北東部クイーンズランド州のケアンズ近郊に上陸し、送電線がダメージを受け、火力発電所にも石炭が供給できず一八万世帯が停電するという電力危機に陥ってしまったのだ。プロローグで指摘したようにオーストラリアのような先進国といえども、ハリケーンの被害からは逃れられない[17]。

エネルギー教育の授業の中でキューバの小学生が描いた絵
（クーバ・エネルヒーア、マリオ・アルベルト・アビラ氏提供）

「そこで、オーストラリアの人々はキューバのエネルギー革命に大きな関心を示しました。まず、私がキューバの経験について講演し、次にオーストラリアと比較し、再生可能エネルギー利用、エネルギーの分散化、エネルギー教育、エネルギーの効率化、二酸化炭素の排出削減とテーマ別に五グループにわかれ、テーマ毎にオーストラリアでも実施できるのかどうかの分析をワークショップで行い、条件の異なる各地域毎に政府への提案を行ったのです」

アビラ教授を招いた再生エネルギー普及グループの次の発言は簡潔で、かつ、日本にとっても示唆に富むように思えるのだがどうであろう。

「キューバはハリケーンへの防災体制をよく組織化し、貧しい国でありながら大きな効果をあげている。おまけにエネルギー革命により発電を分散化することで、レジリエンスを高めている。一方、我々オーストラリアの電力システムは、大規模集中型の発電所に依存し、かつ、遠距離から送電することでキューバに比較すれば極めて脆弱だ。我々はキューバから学ぶことができる」[17]

先進国が開発途上国から学べるというのは皮肉な話だが、教授はこうも述べている。

「もし、将来のエネルギーがどうあるべきかと問われたならば、全体としては分散型で、すべて再生可能エネルギーでまかない、コミュニティによってエネルギーがコントロールできる『エネルギーの社会主義』だと答えるでしょう」

風力や山林資源、地熱や水力資源に恵まれ、かつ、技術力もあり、人的資源も豊かで勤勉な日本人が、効率的に再生可能エネルギーを利用するコミュニティを構築できないはずはない。それが、アビラ教授からのメッセージだった。

◉現地取材12

分散型発電で停電を回避

事故を避けるための念入りなメインテナンス

「この発電所はフランスの技術を用いて改修され、一九九八年から操業を始めました。確かに国産石油は硫黄成分が多いのですが、精錬して使っています。環境保全のための計画も立てて検査もしている。ですから、国産石油の使用で事故が起きたわけではありません」

グィテラス発電所は、国内最新鋭の発電所だ。ベラルミノ・ソカラス・バスルト所長は、発電の仕組みを技術用語を交えて詳細にパワーポイントで説明する。

「ですが、蒸気の圧力や温度を正確に調整することが必要です。しかも、タービン軸は高速で回転します。そこにわずかのズレが生じ、そのトラブルで故障したのです。部品を交換するために発電を停止しましたが、国内最大の発電所のひとつですし、当時は少数の発電所だけで発電をしていたため、この停止が大問題につながったのです」

ハバナを抱える西部は人口も多く、操業停止の影響は甚大だったと所長は指摘する。

「ですが、当発電所の故障という苦い経験がエネルギー分散化の決断につながりました。それは、とても良いアイデアだったと思います」

ハバナから高速を飛ばして約１時間半。マタンサス州の海辺に立つアントニオ・グィテラス火力発電所を訪ねてみると、意外なことに動いていなかった。

分散化はいわば大規模火力発電所のステータスを引き下げるようなものだ。立場上、所長からは否定的な見解が出されるものと予想していたが、意外にも前向きに評価する言葉が飛び出した。

「二〇〇四年以降もメインテナンスのために何度か休止しています。例えば、二〇一〇年の七月からも三カ月停止しました。製造されていない古い部品を交換するためにです。ですが、まったく影響がありませんでした。この九月一二日からも約三〇日のメインテナンスを実施していますが、国全体として電力が確保されているため停電はありません。

一八〇km以上の強風が吹けば、市民防衛の命令で、発電所は停止しますし、気候変動で悪化するハリケーンの影響で、送電線が切れることもある。ですが、エネルギーを分散化したことで、あるエリアが被害を受けても今は停電はしないのです」

グィテラスの最大出力は三三〇MWあるが、事故による長期修理という事態を避けるため、余裕を持たせて二八〇MWで稼働しているという。

まさに第Ⅳ章で詳述するレジリエンス（冗長性）の発想で火力発電所は運営されているのだ。それでは、所長が評価する分散型発電所は、どのように大規模発電所を補完しているのだろうか。

分散型エネルギー発電

「ここには二・五MWのヒュンダイ社製のディーゼル発電機が二四基あり、全体で六〇MWの発電容量を持っています。二〇〇六年から工事に着手し、一年半後の二〇〇八年一月一四日に完成しました。国産石油他様々な燃料を使っていますが、非常に経済的で二一〇g／kWしかかかりません。たいがい経済的な八〇パーセントの稼働率の四〇～五〇MWで動かしていますが、最も大切なことは、ここは全国送電網とつながっていて、上から『あと一〇MWが必要だ』との指令があれば四〇分で送電量を増やせることなのです」

アリエル・クバス・ディアス所長は地図で示しながら説明を続ける。

「これがハバナ市の送電網です。タパ・ピエドラ火力発電所は六四MWの出力があり、ここと同じく六〇MW以上の発電容量がありますから二二〇V、それ以下の容量の発電所は一一〇V、さらにレーニン公園内の一・九MWしかない小規模な発電所は三三Vの送電線でつながれています。このように分散化していることで、ハリケーンでハバナのトンネルに送電している発電所が休止した時も、他のグループから送電したので停電を避けられました。送電ロスはありますが、中部で電力が足りなければ、ここから送電することもで

エネルギー革命による分散型発電所のひとつは、ハバナのボジェロス区の旧マヌエル・プリエト精糖工場内の列車の倉庫だった場所に建設された

きます。これを私たちは『島システム』と呼んでいます」

　基礎産業省のタティアナ・アマランボガチヨヴァ合理的エネルギー利用局長も分散化のメリットをこう語る。

「分散化は停電回避のためのやむなき措置で、ハリケーンに対する脆弱性が減ることは、最初から計算していたわけではありません。思わぬ副産物だったのです。おまけに、以前は一七パーセントもあった送電ロスが送電線を更新したことで九パーセント、分散化とあわせると六パーセントにも削減されたのです」

　分散化はトータルでのエネルギー節減にも寄与しているのだ。

　クバス所長の案内で発電所内に入ると凄まじい騒音をあげて発電機が稼働している。そ

の隣はコントロールルームだ。

「ハバナ電力公社全体では四〇〇人が働いていますが、ここは一一人ずつ四グループにわかれ四四人が働いています。コンピューターでほぼ一〇〇パーセント、コントロールされています。全く新しい技術ですから、従業員のうち、火力発電所で働いていたのは二人だけ。貨物船のディーゼル・エンジンを操業していた経験のある人も五人雇いました。そして、私のように韓国の技師から操作の仕方をマスターした人間がインストラクターとなりました。最初に出来たこともあって、この発電所は学校としての役目も果たしているのです」

カルロス・ロス・レジェス技術長が補足説明する。休止したマヌエル・プリエト製糖工場（注）の元労働者六人もここで働いているという。分散化発電所は新たな雇用の場にもなっていたのである。

注——同工場のリストラについては著者の一人吉田の『世界がキューバの高学力に注目するわけ』（二〇〇七～二〇九頁）

◉コラム3
エネルギー革命宣言

カストロが、「エネルギー革命」について初めて言及したのは、二〇〇六年一月一七日にピナル・デル・リオ州で行った演説においてである。カストロは分散型発電についてこう語った。

「一月一五日現在、我々は、二〇五もの発電機を導入し、二五万三五〇〇kW／時の発電容量を手にしている。発電に要する燃料を削減し、ハリケーンや故障時にも重要な施設に電力を供給し、その稼働率も二五年間以上も使われて平均六〇パーセントしかない多くの火力発電所よりも遥かに高く九〇パーセント以上なのだ（略）。これに加え、四一五八もの緊急用発電機を購入している。総容量は七一万一八一一kWもある。要請があれば、スイッチが入り、エネルギーを出せる。もし、ピーク消費時に一〇万不足すれば、それらは一〇万でスタートする（略）。そして、ポリクリニコ二九〇、病院一九一、他の医療センター二四一、血液バンク一七、ホスピス一、網膜色素変性症センター二、歯科医院八九、老人ホーム一〇一、身体・精神障害者ホーム一七、教育センター一二八、コミュニケーション・センター八九、測候所五四等にも電力を供給する。樹木が倒れても測候所は停電することはない（略）。五八九のパン屋他のセンターにも発電機がある」

そして、ハリケーンでも停電が起こらないことを強調する。

「ピナル・デル・リオではもはや停電にならないと言わせて欲しい。いったい誰がそれを想像できただろうか。一六万四〇〇〇kW／時の新たな発電容量が州や全国電力システムが必要とする量を補っているのだ（略）。ハリケーン時に風速が七〇km／時を越せば、我々はやむを得ず明かりを消さなければならない。こうした理由から停電はあるかもしれない。だが、それは、かつてのようなエネルギー不足のためではないのだ（略）。アントニオ・グィテラス火力発電所は、その建設に約一七億ドル、六年以上の歳月が必要だった。だが、この三・三倍もの一〇〇万kW／時の発電力を、我々はグループ発電で達成しているであろう。しかも、一〇〇万kW／時の発電容量は省エネ対策によっても生産された。それゆえ、国は半年前に手にしていたよりも二〇〇万kW／時以上の容量を持っているのだ」

カストロは風力発電についてもこう指摘する。

「近年、世界で最も広く用いられている再生可能エネルギーが風力となっていることは良く知られている。その導入経費は伝統的なエネルギー源にすでに匹敵している。そして、我が国に頻繁に襲来するハリケーンに耐える設計を含め、様々な技術も開発されている（略）。このキューバのエネルギー革命は、我が人民や世界の他の人民に役立つ教訓となろう」[1]

同年五月のメーデーではこう語っている。

「今日のメーデー時点で、全国各地には九〇万三〇〇〇kWを発電できる何百もの発電機が導入されている。それは、ピナル・デル・リオ州に導入された容量の三・六倍なのだ（略）。ピナル・デル・リオ州での式典で私は『五月初頭には、我々は一〇〇万kWを発生させる能力に達するだろう』と口にした。だが、この数値を超えてしまった。いま、我々は、一一〇万kW以上の発電容量を手にしている（略）。我々は、これまでやってきたことが、単なる始まりであると言うことができる（略）。もし、今、キューバによってなされている努力が、世界のそれ以外のすべての国においても模倣されるならば（略）、新たな原発建設に一五年のモラトリアムが宣言できよう。何も我々を止められない。祖国か死、我々は勝利する！」[2]

クーバ・エネルヒーアは、以前は科学技術環境省で核化学を研究していた組織に属する。そして、「万人のための大学プログラム」のエネルギー・コースのウェブ・サイトには、気候変動の危機や再生可能エネルギーの活用と並んで医療での放射線利用も紹介されている。「一五年のモラトリアム」というカストロの表現は、原発開発を将来的には復活させる含みも持たせた表現なのではないだろうか。だが、問いかけに対して、アマランボ局長から戻ってきた回答は違っていた。

「正式に原発開発が廃止されたのはプーチン大統領が訪れた時ですが、それは対外的な発表であって、そのはるか以前からキューバは原発開発を止めていました。そして、今もキューバには原発で発電をするプランはありませんし、将来もまったくありません。なぜならば、自然エネルギーを使わなければならないからです[3]」

Ⅳ

防災力のある社会を作る

避難と警戒を呼びかけ、住民同士の助け合いで死傷者を出さず、積極的なボランティア参画で被災地を復旧していく。キューバの防災力は、煎じつめれば、予防原則と教育にゆきつく。

「災害は、既に身にふりかかる時にではなく、避けられる時に目にすべきものとせよ。科学を、わずかの人々が手にすべきものではなく、誰しもの言葉となるようにせよ」

祖国解放を夢見て志半ばに散った百年前の革命の英雄、ホセ・マルティの言葉は、今もキューバの防災理念として生き続けている。

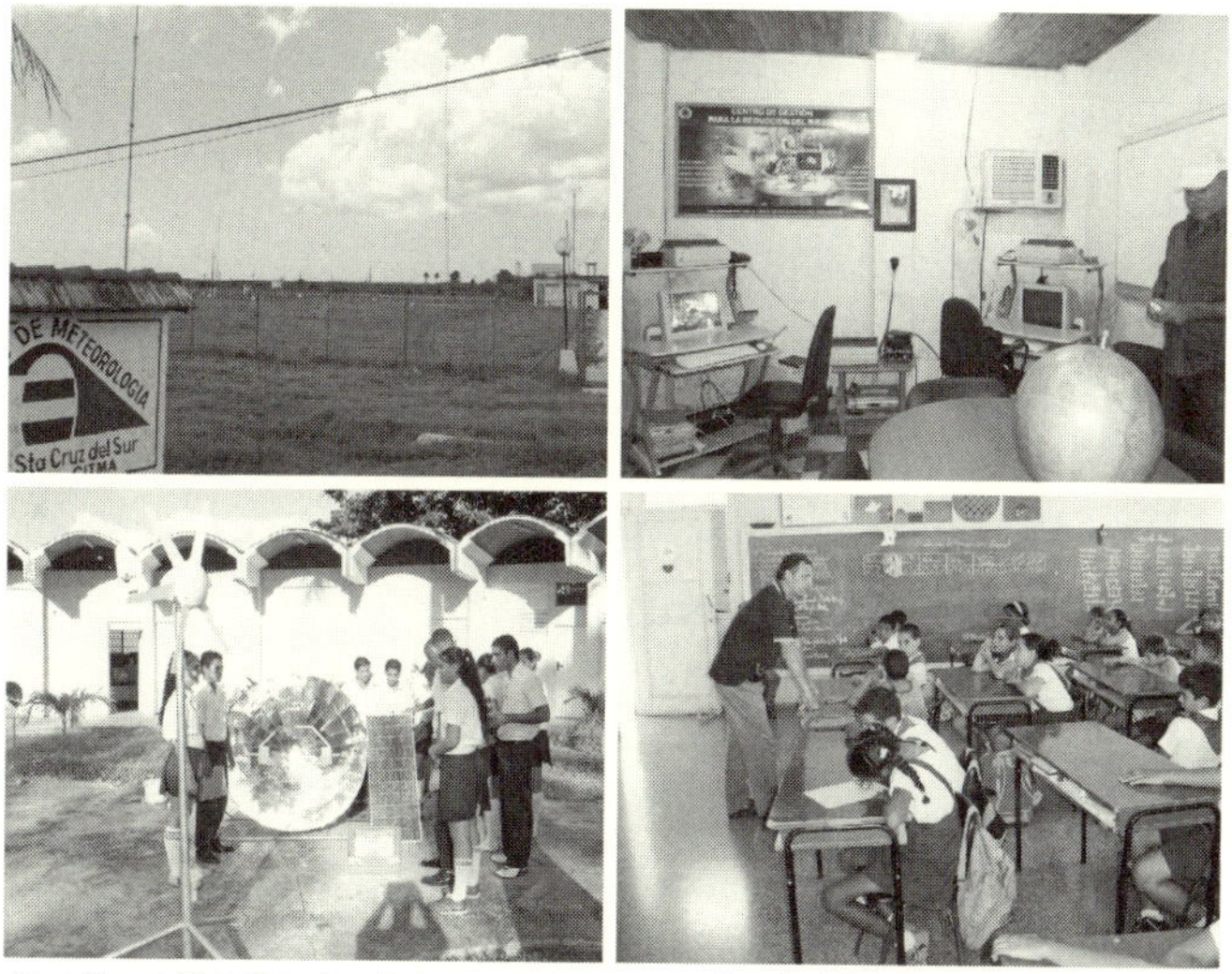

カマグエイ州のサンタ・クルス・デル・スルにある気象観測所（写真上段左）と防災管理センター（上段右）エンリケ・ホセ・ヴァローナ教育大での自然エネルギー教育（写真下段左）と小学校でのエネルギー教育の授業（下段右写真で教壇に立っているのはアビラ教授、下段写真はアビラ教授提供）。

1

レジリエンスの高い社会を作る

ハリケーンで失われるカリブ海のサンゴ礁

「レジリエンス」（防災力・復元力）という言葉をこれまで何度か登場させてきた。災害や環境破壊のような外的ショックを吸収・緩和する能力。あるいは、ショックを吸収しきれずに一時的に混乱して壊れたとしても、またもとに戻れる能力、すなわち、「立ち直り力」とも言える。では、この「復元力」は何によって決まるのだろうか。そして、強化することはできるのだろうか。[1]

カリブ海のサンゴ礁を例に考えてみよう。サンゴ礁はダイビング等の観光の目玉だし、ビーチの美しい砂の供給源でもある。だが、三〇年前には岩礁の約五〇パーセントがサンゴに覆われていたのに今はわずか約一〇パーセントしかない。衰退の直接の原因はハリケーンだ。第Ⅱ章第3節でふれたように、波浪は陸上だけでなく海中のサンゴ礁すら壊す。とはいえ、同じサンゴ礁でもオーストラリアのグレート・バリア・リーフはここまでは劣化していない。健全なサンゴ礁には「復元力」があって、たとえハリケーンで痛めつけられても直ちに再生するからだ。カリブ海も過去はそうだった。では、最近は再生が進まず多くの岩礁が多肉質海草に覆われてしまっているのはなぜなのだろうか。この謎を解く鍵となるのが、「レジリエンス」で決定的な役割を果たす魚たちの存在だ。機能で分類すれば、魚は、①生物侵食種、②刈取食者、③藻食性魚類と三グループにわけられる。サンゴの復旧では、死んだサンゴの瓦礫を取り除き、新たなサンゴが付着できる場をつくることが第一歩となる。この作業を請け負うのが生物侵食魚だ。次に、岩礁上の藻や沈殿物を刈取食者が掃除して石灰藻やサンゴの成長を促進する。そして、藻食性魚類は多肉質海草を食べてその過剰生育を抑え込む。このプロセスのいずれかが巧く機能しなければ、再生機能は低下する。(1)

もちろん、復元力の衰退は今に始まったわけではなく、長い前段階があった。周辺海域が開発され、流入養分が増えることで魚が食べきれないほど多肉質海藻が繁殖する一方、魚は乱獲されてその数を減らしていた。一九六〇〜七〇年代は、魚が減った分だけ、藻を食べるガンガゼが繁殖し、それが増殖を抑えていたが、一九八〇年代前半にカリブ海全域に病気が広がりガンガゼが大量に死滅すると、もはや大発生を食い止められる存在は他にいなかったのである。(1)(2)

このことから、レジリエンスでは「対応の多様性」が重要であることがわかる。「対応の多様性」とは、少しだけ違ったやり方で、同じような仕事を行う生物種が多様にいることだ。藻の繁殖を抑える意味ではガンガゼも魚も機能は変わらない。だが、汚染や病気への耐性が違う。たとえ、ガンガゼが病気で減っても、魚がいれば、直ちにバトンタッチして同じ役回りを演じることができ、生態系全体としてのレジリエンスは下がらない。だが、カリブ海は、約二〇〇万年前の海面の温度変化で多くの生物種が絶滅し、グレート・バリア・リーフと比べて魚種は二八パーセント、サンゴの種は一四パーセントしかおらず、多様性が乏しくもともと脆弱だった。そのうえで、沿岸開発や乱獲で生物多様性がさらに失われたため、ハリケーン後の復元力を失ってしまったのである。[1]

自然界のバランスは一度崩れると二度ともとに戻らない。こうしたケースは他にもある。例えば、自然の湖は汚染という外的ショックに対するレジリエンスを兼ね備えている。周囲の土地から養分が流れ込んで藻が繁殖しても、それは一時的な現象にすぎず、しばらくすればまた澄んだ状態へ戻っていく。[1]湖底の泥に含まれる酸化鉄がリンと結合し、藻の栄養源を減らすからだ。[2]とはいえ、ものには限度がある。リン流入が続き、藻が発生し続ければ、遺体が湖底に降り積もり、分解時に酸素を使っていく。湖底の酸素が使い尽くされて無酸素状態となると、もう手遅れだ。堆積物中に眠っていたリンは水中に溶け出す。この段階になってから、あわててリンを規制して流入量をゼロにしても、湖底からリンが放出され続けるために水中のリン濃度はいっこうに下がらず藻は増殖し続け、水は汚れて悪臭を放ち魚が死に絶える。例えば、米国ミネソタ州のシャガワ湖では、下水の流入で汚染が進んだため、一九七三年にリンを八〇パーセント以上も除去する処理場を設置したが、水質はいまだに回復していない。つまり、湖のレジリエンスが潜在的に減っていると、ある日のわずかのショックで、二度と元に戻れない別領域へとシフトしてしまうのだ。[1]

撹乱を受けた生態系がもとに戻るには、超えてはならない一線、つまり、ある種の「閾《しきい》」がある――一九六〇年代初期に生態系内の捕食者と非捕食者との相互作用を研究する中で、このことを初めて発見したのが、世界で最も優れた生態学者の一人とされるカナダのバズ・ホリング博士だった。この現象を表現するために「レリジエンス」という言葉を最初に使ったのも博士だ。

「レジリエンスはその後適応型生態系マネジメントの理論的な基礎となりました。とはいえ、この結論を人々に納得させるには三〇年もかかったのです」と博士はインタビューで答えている。[3]

複雑系である生態系には二つ以上の安定領域があることを博士が指摘したのは一九七三年のことだったが、真っ先に反対したのが、生態学の主流派だった。[4] 博士の洞察は当時としては早すぎたのである。

栄枯盛衰を繰り返す自然生態系

さて、世界各地の生態系の研究が進む中で、ほとんどの自然は、①資源の利用、②システムの保全、③資源の開放、④システムの再組織化という四段階からなるサイクルを繰り返していることがわかってきた。[5]

荒れ地が森林へと遷移する事例でみてみよう。成長期には、動植物の種類も数も急増していく。樹木は大木へと成長し、枯れ枝や落ち葉が蓄積し、それを分解する虫や微生物も増えていく。だが、成長期が保全期へと移るにつれて、生態系内の生物同志の「つながり」も増えていく。また、光や水や養分をめぐる生物間の競争も起こり、資源を最も効率的に使える「優先種」が資源を独り占めし、新たな動植物が参入できるニッチもほとんどなくなっていく。米国の生態学者クレメンツが提唱した遷移の考え方からすれば、こうして極相に達した森林は、人間が乱開発しない限りは、未来永劫安定しているはずである。だが、現実の北米の針葉樹林は違っていた。四〇〜六〇年スパンで、何千平方キロにわたって新葉を食べる害虫トウヒシントメハマキが大発生し、森の八〇パーセントも枯らしては再生するという循環を繰り返していた(1)。ではなぜこんなことが起きるのだろうか。その理由のひとつはハマキガとその天敵である野鳥にある。

森林がまだ成熟していない段階では森も明るく野鳥は害虫を見つけやすい。ハマキガが葉を食べて繁殖しても鳥が簡単に見つけて補食し、その大発生を抑えている。だが、森が成熟し葉が深く生い茂るにつれ、鳥は害虫を探し出せず、鳥のコントロールから害虫は解き放たれる。そして、ある閾、葉が七〇パーセントという密度を越すと大発生を引き起こし、森全体を枯らすのだ(1)(6)。

カナダ東部のニューブランズウィック州のトウヒの森を詳しく観察する中で、生態系に栄枯盛衰のサイクルがあること、それが、三五種類もの野鳥によってコントロールされていることに気づいたのも、前出のホリング博士だった(4)。極相に達した森は見かけ上は繁栄して安定しているようでも、内実はガチガチで柔軟性を失い、レジリエンスが低下して外的ショックに対して脆くなっている。[1][6] ホリング博士はこれを「事故が起こるのを待つ状態」と称している。事故がいつ起きてもおかしくない状態で暴風雨、山火事、旱魃、害虫の大発生等が起これば、事故が起こらない平穏無事な状況に過剰適合していた森林生態系はそのショックを受け止められない。[6]

すなわち、嵐で木がなぎ倒れたり、落雷で山火事が起きたりして数十年スパンで破壊と再生を繰り返しているのが自然の状態だったのだ。となれば、自然保護のために山火事を消し止める行為も、いつしか必ず破壊される運命にある森林の脆弱性をむしろ高め、事故を先送りしていることに他ならない。無事故の状態が続けば続くほど森には落ち葉もたっぷりと溜まっていく。時限爆弾を抱えているようなもので、ひとたび火が付くとどこまでも限りなく燃え広がって手が付けられない。自然をコントロールしようとする近代的なマネジメントは誤っていたのだ。[1] ホリング博士がこのサイクル理論を提唱したのは一九八六年のことだが、[6] この考え方もすぐには受け入れられなかった。その理由を博士はこう説明する。

「群集生態系を理解するには長時間のデータが必要なことは認められていましたが、あくまでも人間の視点であって一〇年が長いとみなされたのです。トウヒシントメハマキの変動は四五年では直線的に見えます。ですが、その消長のサイクルは四〇～六〇年で、その挙動を明らかにするには、一五〇年以上のデータが必要なのです」

長期的なサイクルを明らかにすることは確かに難しい。だが、その後、数世紀にも及ぶ古生態系のデータを用いた湖やウニやサンゴ礁等の研究が進む中で、博士の指摘するサイクル通りに自然が動いていることがわかってきた。[4]

レジリエンスとシュンペーターの創造的破壊

だが、ホリング博士のサイクル・モデルが人類学から経済学まで幅広く注目されているのは、生態学から導きだされた複雑系の仕組みがそれ以外の分野にも適応できるからだ。[6]

「この四フェーズは、あらゆるシステムに共通するように思えます。私は、資源開放フェーズが何十年も前にシュンペーターが『創造的破壊』としてすでに指摘していたことに気づきました。こうして、エコノミスト、エコロジスト、社会科学者、数学者たちが協力し、システムの変化の総合理論に取り組むことになったのです[4]」

サイクル・モデルを経済にもあてはめた事例として、斬新な建築工法を携えて建築業界に参入するベンチャービジネスを考えてみよう。市場確保に成功すればビジネスは急成長し、[1][5]全国、グローバル企業へと発展していく。[1]だが、時とともに成し遂げた自らの成功体験に過剰適応するようになる。[1][5]大規模な資材倉庫を建ててスケールメリットを生かし、次にはそれすらも省いて部品や資材の調達を外部にアウトソーシングすることで経費節減を図っていく。効率化そのものは悪くはない。とはいえ、たいがい効率化は利益追求のためだけに適用されるため、企業は変化へのレジリエンスを失っていく。[5]不況で住宅需要が急落したり、斬新な技術を手にした新手の競争相手が出現したりすれば、特定の事業分野に特化した企業は、このショックに耐えられず倒産してしまう[1]。

オーストラリアのレジリエンスの研究者、ブライアン・ウォーカー博士はエネルギーを例にとって、こう警告している。

「世界のエネルギー市場がいかに化石燃料に支配されているかを考えてほしい。あらゆる科学者やエコノミストたちは、長年、代替エネルギーや再生可能エネルギーへのシフトの必要性を語ってきた（略）。だが、化石燃料業界は、別のやり方に転換する能力を失っている。あまりに多くの組織やビジネスが現状維持に縛られている。つまり、レジリエンスを欠いているのだ。化石燃料は有限だ。業界に早めに変化する能力がなければ、破滅の事態を避けられず、何らかの時点でショックがあれば、それは産業界全体の大混乱に通じよう[1]」

サイクル・モデルからすれば、成熟した森林がいつしか枯れるように、繁栄している企業の衰退も必然であって避けられない。だが、社会の復元力を高めることはできる。このヒントに気づいたのもホリング博士だ。博士は、どのサイクルも単独では存在せず、大きなサイクルと小さなサイクルの中に挟まれて動いており、この上下のサイクルがシステムのレジリエンスや「復元」で重要な役割を果たしていると指摘する。

再び森林を例にとって考えてみよう。森林生態系は、より大きな地域生態系の一部であり、地域生態系もさらに大きな地球規模の循環の中に存在している。一方、森林の土壌中にもバクテリアが棲息し、ミリやミクロンのスケールで、分、秒単位でサイクルを繰り返している。つまり、空間的にはバクテリアから地球全体、時間的には数秒から地質時代にまで及ぶ壮大な循環の中にすべては存在している。

ある日森が山火事に見舞われたとしても、森が再生されるのは、より大きなスケールで周囲の気候が安定していて雨が適度に降るからだし[6]、サイクロンで荒廃した森林が再生するのも、より小さなスケールで土壌の中に種子が残されているからだ[1]。だが、この上下のサイクルからのサポートが健全に機能するには、上下で動くサイクルが別のフェーズになければならない。もし、全サイクルが同時に成長フェーズのピークに達していて崩壊寸前の状態におかれていたらどうなるだろうか。同時多発的に破壊的な崩壊が連鎖的に起こり、回復にはとほうもない時間がかかることになる。例えば、森が山火事に見舞われると同時に、周囲の気候が旱魃状態にあれば、火は消えずに燃え広がる。あるいは周囲の森を含めて再生の源となる種子すらも燃やし尽くし、二度と森は復元できないかもしれない[6]。

イノベーションが鍵を握る再生の時

なればこそ、ホリング博士は、いま、地球規模でシステムは危機に直面していると主張する。

「今、世界は、ピーク・オイル、中東産石油への依存症とその高騰、食品価格の値上がり、金融崩壊、気候変動に直面しています。生物多様性の損失も加速化しています[3]。さらに、グローバリゼーションで経済や技術が急速につながっていることが崩壊へのリスクを高めています。ミクロであれ、マクロであれ、どこかで崩壊が引き起こされたとき、つながったサイクルは上下レベルで連鎖的に崩壊し、各個人から、グローバル経済、地球生態系までシステム全体が壊れてしまうでしょう(6)」

博士は、いま世界が小さなショックでも大転換を引き起こすギリギリの段階に達していると考える。(6)だが、博士は、それは創造的な時でもあって、必ずしも悪いことばかりではないとも指摘する。

「生態系、個人、ビジネス、社会とどれも変化には共通したサイクルがあります。成長期を過ぎ、システムが硬直化していくともうこれ以上効率はあげられません。それは創造的な破壊の時の始まりなのです。今、私たちは世界全体でその方向へと向かっています。そして、システムが崩壊すれば、世界は不確実でますます未知なものへとなっていきます。ですが、それは、各個人ひとり一人が大きな影響力を持ち、様々な実験が未来を決めるチャンスの時でもあるのです(3)」

森林のサイクルでは、極相林が枯れるときには、ガチガチのつながりが解き放たれ、養分が放出されることで、土の中に埋もれていた種子が発芽したり、脇に追いやられていた植生が繁栄したり、外来動植物を含む新種が侵入して、再びサイクルを繰り返していく。市場の激変で大手企業が倒産するときも、シュンペーターの「創造的破壊」によって、大企業から放出される資本や技術が別のアントレプレナーが起業するための活力源となっていく。四サイクルの資源の開放と再組織化のフェーズは、熟慮したものであれ、無謀なものであれ、ともかく行動することが最大のインパクトを持つ時期なのだ(1)。

「この時期にはあまりにも不確実性の要素が大きく、未来がどうなるかは一切予測できません。ですから、唯一の方法は、予測するよりも、様々なアドベンチャーに向け、独創的、かつ、熱狂的に実験してみることなのです。[6] イノベーションの実験の多くは、おそらく失敗することでしょう。ですが、そのあるものはお互いにシナジーしあい、新たなサイクルを作っていく。鍵は、個々の小集団にあるのです[3]」

様々なスケールからなるダイナミックなシステムの循環。この現象を表現するため、二〇〇二年にホリング博士らは、ギリシャの神話の神「パーン」(牧神)から「パナーキー」という言葉を作り出した。ホリング博士は続ける。

「森林では、再生フェーズでほぼ以前と同じパターンの森が復元します。それが、可能なのは、種子や下層植生に『保全された記憶』があるからなのです[3]」

パナーキー理論は、人間社会の災害からの回復力も、生態系の種子と同じように、コミュニティやその上のレベルの社会に埋め込まれた「文化的記憶」にかかっていると考える。[1]

レジリエンスのある社会を作る

超えてはならない閾の存在、栄枯盛衰を繰り返すサイクル、そして、「文化と記憶」に着目するパナーキー理論から、レジリエンスが高い社会とは、どのようなものとなるのだろうか。ブライアン・ウォーカー博士の提言を再整理してみよう。

自然生態系のサイクルとともに生きる　地下水の涵養、養分のリサイクル等、人間社会は自然生態系のサービスによって成立している。だが、こうしたサービスの多くは市場経済では無視され、失われた後に、やっとそのありがたみが認められがちだ。したがって、レジエンスのある社会はまずなによりも自然生態系を大切にするだろう。[1] 洪水の水位を堤防で制御しようとすると想定を超える大雨の時に、ダムの決壊を招く。害虫を農薬で防除すると逆に大発生する。[5] 多くの環境問題は、変化する自然を無理に押さえ込もうとする努力によって、むしろ悪化する。したがって、レジリエンスのある社会は、自然の変化を受け入れ、それとともに生きていくであろう。[1]

無駄を認めるゆとりを持つ　資本主義社会ではいかに無駄を省くかが重視される。[1] 効率を最大にアップするよう企業は絶えずプレッシャーをかけられ、あらゆる場面でゆとりが失われている。[6] だが、カリブ海のサンゴ礁のように同じような仕事をする多様な生物が存在し「冗長性」が高いこと、すなわち、その無駄を省かないことがレジリエンスを高めている。このことは人工構造物で覆われた都市や農漁村地域の場合でも当てはまる。したがって、レジリエンスのある社会は、画一化や効率化を進める今の趨勢とは違って、生物、社会、そして、経済に至るまで、隅々にわたり多様性を大切にしているだろう。また、無駄を認める余裕があり、同じような仕事をする組織もオーバーラップしているだろう。[1][5]

自律したコミュニティのゆるやかなネットワーク　資本主義社会では各個人も日々専門的なスキルや知識を身に付けるよう追い立てられている。結果として誰もが自律力を失い、自分以外の専門家や他人の技術に依存して、ショックに対して脆弱となっていることを意味する。例えば、二〇〇三年に米国で大停電が起きた時、ほとんどの米国人はなすすべがなかった[6]。

また、人々が信頼しあい、社会の絆が豊かな社会は、外的ショックに対して適応力が高い。したがって、レジリエンスのある社会は、「ソーシャル・キャピタル」が豊かな社会といえるだろう。真実でないことを信じこませようとする人に対して、強い刑罰を持つ機関が存在するだろう[1]。

レジリエンスではつながりが大切なことは第Ⅱ章第3節でも述べた。だが、システムはすべてつながっている必要はない[1]。林道で結ばれた森林では孤立した森林よりも山火事が広がりやすいように、各要素がつながりすぎると外的ショックが全域に伝播してしまう[5]。したがって、レジリエンスのある社会とは、自律した一定単位のモジュール（コミュニティ）のゆるやかなネットワークから構成されていることだろう[1]。

社会にも環境にも、超えればもはや取り返しがつかない「閾」があると述べた。社会が小規模であった昔は、閾をまたぐ前にこの危険信号がキャッチできた[5]。だが、グローバリゼーションが進んだ現代社会では、例えば、先進国の人々は自分たちの消費がもたらす結果が開発途上国に何をもたらしているのかが見えない。このことからグローバル化の危険性、自律した小規模なコミュニティを単位とした社会づくりの大切さがわかる(1)。

イノベーションを大切にする　だが、ソーシャル・キャピタルが重要であっても、社会的な結びつきが強い社会は、逆に変化への適応力を防げることもある。硬直しきった構造が壊れるフェーズでは、学びや実験、イノベーションを奨励し、変化を促すことが必要なのだが、従来のアプローチは、とかく変化を支援するよりも、時代の趨勢とは乖離した従前のシステムを変えないために補助金を支給する事例がほとんどなのだ。したがって、レジリエンスのある社会は、違ったやり方で物事を試みる実験に奨励金を支給し、変わろうとする人々を応援すべきだろう(1)(5)。

さて、この本では、レジリエンスのある社会のヒントをキューバに求め、その防災とエネルギー政策を見てきた。ここで指摘したレジリエンス理論からすると、キューバの政策はどう評価できるのだろうか。そして、日本が参考にすべき点はあるのだろうか。

2

キューバからみる日本の防災システム

経済的に貧しい中でも国民の命と財産を守るシステムが働いている

吉田　キューバの防災は国連や米国からは注目されているわけですが、日本ではまだあまり着目されていません。中村さんはヨーロッパの防災事情を視察されたり、フィリピンで開かれた防災国際会議にも参加されたと聞いています。インドネシアの識字率が低い山村でも火山からの距離に応じて、危険な噴火からいかに身を守るかを絵柄で表示したハザードマップが作成されていて、コミュニティ防災に携わってきた中村さんの経験は、先進国よりも開発途上国の方が興味を示されたとも聞いています。

私は一～二週間と短期ですがキューバを一六回訪れていることもあり、個人的にどうしても肩入れをしてしまう思い入れもあります。そこで、キューバの防災が世界的に見てどのような特徴があるのか、そこから日本が何か学べることがあるのか、防災の専門家の目で冷静に評価していただきたいと思います。実際に被災地を訪ねたり防災に携わる人と会われてどのような印象を抱かれたのでしょうか。

中村　大型ハリケーンにたびたび襲われながら、経済的に貧しい国でなぜ死者がほとんどでないのか前から不思議に思っていたわけですが、実際の取組みを見聞きして、期待以上に感動させられるものがありましたね。例えば、地方政府の役人にしても被災者にしても防災のことを実によく理解しているし、組織的にしっかりしている。中央政府からコミュニティ・レベルまで一貫した防災体制のシステムが整えられている。ハリケーンが襲来する前の事前対策から、実際の防災活動に至るまでコミュニティ内での縦横の関係がとてもしっかりしている。日本ではちょっと考えられないことです。

吉田　日本でも防災計画は各市町村で整備されているわけですが、キューバの方がしっかりしているのでしょうか。

中村　日本も毎年必ず台風が来るけれども、県、市町村、そして地区レベルが連携して災害対策を構築する体制にはまだなっていません。ところが、キューバの場合は、コミュニティ・レベルで手に負えない活動や資源不足といった困難には、ボトムアップでニーズを吸いあげながら、それをサポートする機能が保証されている。

日本とは体制の異なる社会主義国だから中央集権的に動けるという見方もあるしょうが、防災は役所にいるトップの人間からの一方的な指令だけでは決してできません。「メテオロ」と呼ばれる年一回の訓練だけで一般住民まで動くことはとうてい考えられない。防災教育が系統的・実際的に行われている。そして、中央政府の各分野の関係者が災害対策に真剣に取り組んでいることが国民に伝わっている。そこで、厳しい経済事情から土地利用の転換や住宅等の堅牢化といった未然防止対策にまでは手が回らない状況にはあるわけですが、国民の命と財産を守るという方針が明確にあり、それが社会システムとして具体化していることには驚かされましたね。

財産が守られなければ生活再建できない

中村　例えば、日本では、国は住宅再建の補償はしません。また、被災者は仮設住宅の家賃は無料ですが、生活必需品を整えたり、毎月の水道光熱費や食費を支払えばわずかな生活支援金は二年間で底を突いてしまいます。阪神淡路大震災でも雲仙普賢岳の噴火災害でも、せっかく災害から助かったのに仮設住宅で生活しているうちに自ら命を絶つケースさえあります。多くは四〇代後半から五〇代の家族を支える男性で、家をなくした精神的ダメージに加え、生活の糧までも失って将来展望が描けないからなのです。

こうしたことから、命をつなげるには家族の拠り所となる住宅など財産の保護がとても重要で、人命と財産はセットで守ることが必要なことがわかるのです。

吉田　人命救済だけでは不十分なのですか。

中村　命だけ守れば生活復興ができると考えるのは誤解なのです。それどころか、被災後の暮らしと生活の回復もままならず、新たな貧困階層が増え、格差が一気に拡がる社会状況が生まれます。日本の行政はここを履き違えています。公共事業で土木構造物を早く復興さえすれば、まちが蘇り住民たちも自力で回復できるとの「復興神話」がまかり通っています。ですから、復興投資も被災者にまわらず、公共施設の復興事業も被災者の直接雇用や生活再建にほとんどつながらないのが実態です。

一方、キューバは、国も国民も経済的には貧しいわけで、災害を未然に防ぐための土木的な公共事業はほとんど手が打てない。ハバナの旧市街では建物がボロボロで、強風で壊れる危険があったり、沿岸部にある家が高波の危険があることはわかっていても前もって改築したり移転するだけの資材がなく苦労している。ですが、応急対策では家族単位で人命を保護するだけでなく、家財までも避難させて守っている。これは高く評価すべきです。

日本は応急対策が中心

吉田　そうした家財を守る上で、キューバではハザードマップが活用されている点も中村さんは評価されていますね。いま言われた、未然対策、応急対策、そして、ハザードマップの関係を少し補足説明していただけますか。

中村　防災対策というのは、大きく見れば、予防、応急、復旧、そして、復興の四つのフェーズからなっています。これは先進国、開発途上国を問わず世界共通のもので、日本も含め、基本的にどの国の対策もそうなっています。ところが、この四フェーズのうち、予防、災害の未然防止対策の部分をおろそかにし、応急対策が中心となって異常に特化しているのが日本の特徴なのです。例えば、日本では誰もが学校の建物の耐震化や避難場所を整備することが防災だと思っています。ですが、これは「応急対策」にすぎず、応急対策だけで災害は減らせません。全ての自治体は法定「地域防災計画」を策定していますが、その内容の七割は応急対策で占められています。国民は応急対策=防災だと思い込まされているのです。

津波も防波堤や防潮堤の整備一辺倒の対策を進めてきました。昭和三十五年のチリ津波、昭和八年の津波、そして、明治二十九年にも大きな津波があり、さらに古くは慶長、貞観地震で高さ一五m級の津波が来た記録があるわけですから、将来も同等あるいは地区によってはそれ以上の津波が襲う可能性は十分にあります。おまけに、防潮堤の規模はそのときの経済力や土地の利用の仕方など、いわば人間側の都合で決められます。ですが、きちんとした説明がされなければ、防潮堤の整備で津波が防げると誰もが思ってしまいます。さらに堤高にまで達する津波では防潮堤そのものが破壊されるリスクがあるという根本的な問題もあります。今回の津波でも三陸地方の到る所で巨大な防潮堤が破壊されました。あるいは、行政には「被害想定」を甘く設定して施設整備を行う傾向が、一般にあり、土地利用や市民生活がそれで左右されることを考えれば、まことに罪深いものがあるといわなければなりません。研究者がその一端を担っているとしたらなおさらです。そこで、地域防災の基本は、被害の想定とハザードマップということになります。これがなければ、現実の災害の危険性が不明確なまま対策を組み立てていくことになるからです。まず、既往の災害を含む科学的知見を総動員して被害想定をきちんと行い、シビアなハザードマップを作ることが前提です。そして、諸条件から現状では危険を防止できないのであれば、ハザードマップを示して住民に危険性を説明し、現実的な避難方法を自治体と地区住民との間で具体的に詰めて、訓練を重ねて改善していく。もちろん、その場合でも危険な地区の土地利用を調整することは可能なはずです。

その点、キューバでは詳細なハザードマップが各レベルで作られています。どの建物がハリケーンに対して安全か危険か、どの家に支援が必要な病人がいるかなど全部わかっている。政府が重要な家具類まで安全な倉庫に運搬しています。災害危険への未然防止対策が十分にできない点をハザードマップを活用して人命と家財を保護するために、行政、関係機関、そして地区組織が連携して準備を徹底することでカバーしています。さらに、避難所も日本の避難所のように収容所的なイメージはなく、高齢者・幼児・障害者を優先させて、医師も看護師も獣医師まで配備され、誰もが安心して保護される場として、学校などの公共施設や身近で丈夫な民家が避難所として開設されてます。これも非常に大切な配慮で感心しました。

日本の災害復興はゼネコン中心で生活復興がない

吉田　シビアな災害評価とハザードマップづくりが、住民の人命や家財保護につながっているわけですね。とはいえ、現実に家は壊れている。被災地の復興の事例として訪れたピナル・デル・リオ州の被災現場はどう評価されますか。

中村　私は、生活の再建と地場産業（生業）の復興、街の復興の三つがセットで災害復興は可能となると考えています。こうした観点でいえば、これまでの日本の災害復興では評価に値するほどの成功事例は見当たりません。日本では街の復興が先行し、公共施設整備事業が中心で大手ゼネコンだけが儲かり、被災者の生活と地場産業の再建、復興は後回しにされるという大きな構図があります。また、災害の度に何千・何万棟もの仮設住宅を建てなければ対処できない状況は異常であり、地域社会がいかに災害に脆弱であるかを物語ります。

それだけに、生活を破壊された多くの被災者が早く定期収入が得られる対策をしなければ住民生活や地場産業の再生は困難なのですが、この視点が東日本大震災での政府の復興構想会議の議論をみても欠落しています。被災者の生活復興では家族生活の回復、コミュニティの回復・再生、そして、何よりも生活の糧である生業や職場づくりが重要なわけです。本来であれば、そうした視点から公共施設整備など街の復興が行われるべきですが、そのようになっていません。

その点、キューバの戸建ての仮設住宅づくりは本当に感心しました。建築技術者が一人いて、アドバイスをしているけれども、実際に建設に係っているのは数名の労働者と入居者です。この場合の入居者は当然住宅を失った被災者ですが、ちゃんと給料が支払われて雇用になっている。このアイデアはすごいと思いました。誰でも自分の家を建てるのだから真剣になりますし、工夫もでき、やりがいもある。これは、災害を経験する現場の中で誕生したシステムだと思いましたね。すごい知恵です。なお、付言すればキューバの仮設住宅は戸建て住宅で、様々なタイプのものが開発されており、入居者（被災者）は安い金額で取得できます。ですから日本のように二年間という入居期限はありません。さらに、いわゆる恒久的な復興住宅は地方政府が別途年次計画に沿って着実に建設しています。こちらは低層の集合住宅や戸建住宅などが建てられていましたが、日本の住宅と比べても質の高い建物だと思いました。

過去の経験を無視した効率性の開発から安全と住民重視のまちづくりへ

吉田　応急対策でも災害復旧でも日本が開発中心で、土建構造そのものだという指摘ですが、先ほどの、予防、応急、復旧のフェーズで予防のためには何をすればよいのでしょうか。

中村　三陸沿岸地域では、過去の津波災害を経験して高台への集団移転や傾斜地に宅地を造成して移住するなど対策が講じられてきました。また、海岸防潮林の造成や、危険な低地部に植林したり漁業施設にする等の土地利用の転換も行ってきました。その後、新移住者や分家して、低地を再び宅地化したところで今回被災したところが少なくありません。一方、防潮堤を整備することにより沿岸低地部に市街地が形成され、被災したところもあります。地域社会が壊滅的な被害に見舞われる根底には、社会経済的な構造上の矛盾があります。今回の災害も背景には、漁業と観光を経済基盤としつつも長年の漁業の低迷、高齢化の進行が地域を弱体化させ、自治体を含む多方面で災害への備えが疎かになり、災害脆弱性を強めていたとみることができます。

安全な地域づくりは住民だけでは対応できません。津波対策だけでなく、都市づくり全般についてみられる安全を軽視した社会システムが、生じる災害リスクを結局住民に転嫁する、これを自己責任として合理化しようとしています。たとえば、丘陵地での大規模な盛土造成や液状化が予測される軟弱地での宅地開発、あるいは市街地に近い埋立地への大規模危険物施設の立地などは、政府と自治体の規制に係わるものです。また、ハザードマップと都市計画の連携がないことも不思議です。例えば、ドイツでは気候解析図は環境部局が策定し、それを踏まえて都市計画の土地利用計画を作ることが都市建設法で明記されていますが、日本にはそれがありません。

これまでのような効率性、開発重視のまちづくりが安全確保を陰に追いやり、地域社会を災害に脆弱にしてきたことは阪神・淡路大震災、新潟県中越地震、そして今回の東日本大震災でも明らかになりました。住民の命と財産を本当に大切にするのであれば、新たな箱モノを建設したり、大規模再開発を進めるよりも身近な学校や病院、住宅の耐震化を最優先すべきですし、何よりも土地利用規制や都市計画を安全面から見直して、市民生活中心の計画に切り替えていく必要があります。東日本大震災での壊滅的な被害を受けた根本的な要因は、前述のように災害を未然に防ぐ、あるいは被害を緩和するための安全化対策に手をつけてこなかったことが背景にあります。

また、ライフライン等のインフラ施設はますます広域化する傾向にありますが、それは個々の地区が災害に対して脆弱になることを意味します。ですから、地域社会としては自立機能を高めるために河川や井戸を保全し、地域の自然や副産物資源を再生可能エネルギーとして活用する取り組みの重要性が増しているのです。私が五年ほど前に視察した岩手県北上高地にある葛巻町では、「天のめぐみ」「地のめぐみ」「人のめぐみ」を活かしたクリーンエネルギーの開発を官民で取り組み、注目すべき成果をあげています。こうした自治体単位の再生可能エネルギーの確保は、災害に強い地域づくりの面からも必要な対策です。

コミュニティが衰退する中、プロとの連携強化が求められている

吉田　広域化すると脆弱、つまり、レジリエンスが弱くなるというご指摘は、電力でもキューバは経験していましたね。やはりコミュニティが鍵となるのでしょうか。

中村　では、どうするかというとコミュニティの強化が鍵になると私は考えています。それは市町村自治体と地区住民が連携・協働して安全な地域づくりに取組むことが最も有効であり、現実的だからです。ですが、これは政府の役割を縮小するという意味では決してありません。防災は行政だけではできず、コミュニティで防災に取組む多様な動きがでてこなければ防災対策は全く進みません。なぜなら、災害は地域の特性を反映して、地域で発生するからです。そのためにコミュニティの強化が不可欠で

す。既に指摘されていることですが、コミュニティがしっかりしている地区では、さまざまな水平のネットワークが形成され、災害時の互酬の関係が必然的に生まれます。さらに地区の意思を顕在化させることも容易です。ということは、自治体との連携や協働が可能な主体が存在するということです。ところが、日本の市町村の地域防災計画では、キューバと違って住民団体が防災会議のメンバーに入っていないのです。たとえ自立したコミュニティが形成され、立派な防災活動が行われている場合であっても、です。

その一方で、国の中央防災会議では、阪神・淡路大震災後に、震災における教訓として住民の自助・共助による防災を強調するようになりました。しかし、これは詭弁で、消防、警察、自衛隊は正規の防災活動機関として、まず、迅速に本来的な防災活動ができるように制度整備、連携、訓練を追及すべきであって、住民の自助・共助にお鉢を回すべきではありません。

実際、コミュニティの衰退が各方面から報告されている中で、また災害危険の規模が一自治体やコミュニティ、住民の対応能力を超えている状況にあって、政府としては、「自助・共助」の前に、コミュニティを強化するための支援を政策として打ち出すことが、先ず現実として必要だと思います。そして、コミュニティ研究者や防災の専門家が直接地域と連携してコミュニティの再生に取り組むプログラムの提供が望まれます。

吉田　中村さんのご指摘は、まさに、中央政府と地方政府が何をすべきかというレジリエンスのパナーキーの論理と相通じるものがありますね。

中村　今回、キューバを訪れてみて最も印象的だったのは、国民の間に地位や立場を越えた絆の強さを感じる反面、「防災という言葉」を冠した構造物も見なければ案内されることもなかったということです。

ひるがえって、日本の防災対策は海では防潮堤、川では堤防、山では砂防ダム、傾斜地では擁壁と、どこでも大規模な土木構造物によって土砂崩れや浸水害などから危険市街地を守ろうとします。ですが、構造物は社会的諸条件に規定された「想定」で造られるのですから、機能上の限界は避けられません。

吉田　これはレジリエンスの研究グループがまさに指摘している点ですね。

中村　おまけに、その多くは国の基準化された補助事業であるため、必ずしも地区特性に適した対策とはなりません。危険地区からの移転や植林等を含む危険の緩和を図る対策には国の支援がなく、いきおい自治体は構造物をつくる傾向となります。

今回の津波でも三陸地域では地区によって津波高、襲来形態はそれぞれ違います。自治体やコミュニティは地域の災害履歴を経験的に知っているし、どの程度の被害までなら回復が可能かもわかります。自然現象に対してはその影響（人命や財産の被害）を緩和する様々な方策の組合せが重要で、それは地域社会のみができることなのです。自治体とコミュニティによるそうしたレジリエンス・プロジェクトの推進に対して、国は専門家の支援を含め技術的・財政的な支援を行うべきだと思います。

実は、防災対策では市長村長は大変な権限を持ち、住民への避難勧告や避難指示という命令が出せるのです。警戒区域を設定し、立入禁止や住民を退去させることもできるのです。ですが、これほど強力な市町村長の権限にも例外があります。原子力発電所についてはＥＰＺという防災計画を策定できるゾーンが国の防災基本計画で定められ、原発から八〜一〇キロ圏外の自治体は防災対策を作ることもできなかったのです。最もこうしたゾーン設定が如何にいい加減であったかが、今回の福島原発災害で白日の下となりましたが……。これは応急対策の話ですが、被災地域の意思を考慮しないという点で共通しています。

吉田　それが、避難が速やかに出来なかった理由なわけですね。活断層がある地域にも原発を作って防波堤や非常用電源を整備することで再稼働させるという考え方は、応急対策重視という日本の防災思想が原発にも貫徹されていることをうかがわせます。とはいえ、原発事故が起きれば日本でも自衛隊が出動したわけで、キューバでも防災ではヘリコプターとか戦車とかを軍が動かします。中村さんと最後に視察したラ・パルマで見たビデオでも軍と軍のヘリコプターが出てきましたね。いわゆる軍と防災というと日本的にはやはり軍事国家キューバかという印象もありますが、軍については如何でしょうか。

中村　災害が発生した場合、それも被害が甚大であればあるほど、軍が災害救援活動に大きな役割を果している状況はどこの国でも共通しています。それは常に即応態勢が維持され、装備における機動性と部隊単位に訓練された機関であることによります。

自衛隊は、実態として軍隊であり、陸路・海路・空路から機動的に投入できること、活動内容が救出・救急医療・情報収集と伝達・物資輸送、そして被災者への給食・給水、宿泊や入浴設備の提供など多機能であること、そして何より自立した自己完結性の長期滞在型活動が可能であることが、同じ実働機関でも消防隊や警察とは大きく異なります。そうした国民の貴重な資源を、多くの国民の生命、財産が脅かされているときに活用することは当然です。

重要なことは、応援要請する側（被災地の災害対策本部長・知事）が自衛隊にどんな活動を要請するか、という主体性を明確にもつこと、対策本部長として統括機能を発揮する体制を確立することです。それが災害時のシビリアン・コントロールといえます。

一方においては、近年、普段から災害の未然防止対策に真剣に取り組まず、〝困った時の自衛隊〟的な安易な考えが、自治体の中に生まれている傾向がみられます。こうした自治体責務の放棄にもつながる状況を改めることも課題です。

吉田　最悪の事態を想定しない、想定できないというのは、井沢元彦氏の「言霊」思想を思わせるものがありますね。本日はどうもありがとうございました。

3 日本の防災対策への提言

本書で紹介しているキューバの防災対策は、国や社会のしくみ、経済力、災害の種類などが日本とは大きく違うとはいえ、住民の生命、財産の保護に著しい成果を上げている点は、学ぶべきものが多い。現在、同国の防災対策は数年前からリスク・アセスメントに基づく資産保護の段階へと進化しつつあり、今後の動向に目が離せない。

一方、わが国は防災先進国を自認してきたが、二〇世紀末から各地で発生した災害と東日本大震災は、大都市・地方都市の区別なく、全般的に災害危険が深刻なほど蓄積している状況にあることを実証した。同時に、わが国がこれまで進めてきた防災対策が破綻し、その根本的な転換が強く求められている。

防災対策の主眼は、洋の東西を問わず地域と住民の生命、財産を災害から保護することにある。その観点から、わが国における今後の防災対策のあり方として五つの点を提言しておきたい。

1　地域防災計画の見直しと目標を設定した実施計画の策定が急務

・行政の防災計画は、被害想定調査（一種のリスク・アセスメント）を前提として策定され、被害想定の結果によって計画の対策事項やその数量等が決められる。当然、それは防災対策予算を大きく左右する。しかし、被害想定を甘く見積もれば、実際の大規模災害への対応限度を超え、被害を大きくする。それゆえ、地震規模や震度、津波高、降雨量と洪水規模、危険物施設への影響と災害性状などの想定は極めて重要となる。

・今回の東日本大震災の場合、津波規模の見積りが甘かったことは明らかであり、このことが、沿岸部の土地利用、防潮堤の整備、避難計画の準備不足など、防災対策の水準を落とし、被害を大きくさせたといえる。また、阪神淡路大震災では地震震度を甘く設定したことが住宅倒壊数の見積りを小さくし、火災発生をも小規模にした。こうしたことから被害想定調査では行政や人間側の都合ではなく、自然現象として最大規模を設定すること、被害の算定は既往災害を含むその時点の知見を総動員することが必要である。

・次に、現状の地域防災計画は、被害想定結果に対して必要な対策を列挙する形をとっており、被害想定と関連させた被害の軽減目標、対策の優先順位、そしてスケジュールや必要予算など、いわゆる実施計画としての要件は満たしていない。このため行政の努力すべき対策程度にすぎず、施策の検証や関係機関間で現況対策を共有することができない。こうした点から被害の減災目標を設定し、そのための必要対策、実施方法（施策）、実施期間、予算を明確にした実行計画を作成して、常に検証を可能にすることが必要である。こうした被害の軽減目標を設定し、それに必要な対策と施策を計画的に推進する戦略的な実行計画が自治体レベルにおいて策定されなければならない。

・そうした実行計画（防災戦略計画）を可能とするためには、法や条例のコントロールによって危険の再生産を防ぎ、都市計画や開発部門との連携・調整によって減災効果の大きい未然防止対策をすすめ、同時に普及を図るためにコミュニティ組織の代表を自治体の防災会議に加えることなどが必須要件になる。

2　安全な土地利用と危険地区対策のためにハザードマップが必要

・近年、わが国では洪水危険、土砂災害危険、地震の揺れ危険度や津波浸水危険などのハザードマップの作成と公表が法規定され、自治体において次第に実施されるようになっている。ハザードマップ（災害危険地区診断地図）は、キューバの実用例でも分かるとおり避難計画にとって非常に有効である。しかし、わが国ではマップを有効活用する上で、肝心の避難行動に伴う体勢づくりが不十分である。一般に、防災対策では場所の特定が必要になることから、土地の安全管理や災害危険地区の改善を行うには位置情報としてのハザードマップの策定は欠かせない。しかし、現状ではハザードマップが土地の安全管理や災害危険地区の改善など、いわゆる災害の未然防止対策に活用されることはほとんどない。

・自治体の対応能力を超えるほどの災害危険が蓄積したわが国の都市や地域では、災害危険の存在自体を低減して未然防止を強化する対策が極めて重要となっている。そのために土地性状（地形・地質・地盤）と災害発生のメカニズムを基本としたハザードマップによって、土地利用の適否を方向付け、普段から市民的な共通認識を養うべきである。

・ハザードマップをより効果的に活用するためには、科学的で総合的な調査に基づくマップ作成と公表が基本となる。その上で都市計画や開発・建設部門への根拠付けと調整機能を確立することが必要である。災害危険の主要因として、それぞれの土地条件に不整合な開発形態があることから、土地利用管理や施設建設においてハザードマップが基礎的要件として利用されることが極めて重要である。その場合、開発の禁止、空間の保全、開発地の代替え、危険性の緩和や軽減のための対策などが防災部門と調整される仕組みが必要である。

3　コミュニティにおける防災計画づくりを推進する

・防災対策は、地域とそこに住まう住民の生命、財産を災害から保護することを直接の目的とする。このことはコミュニティの安全安心に防災の原点があることを示す。また、コミュニティは開発・生産・消費・生活などさまざまな社会活動の結果（成果）が集積する場であることから、その矛盾が災害危険として顕在化する場になっている。こうした点から、自治体の防災対策の重点はコミュニティにおかれるべきである。現在の自治体防災計画はこうしたコミュニティに焦点を当てたものではなく、コミュニティ側の取り組みをも曖昧にしている。

・コミュニティの耐災的な環境改善と（体勢的な）防災活動力の向上を図ることは、地域防災計画を実効性あるものとし、防災対策を総合的に前進させることを意味する。そのために、自治体は住民組織と協働して、地区レベルのハザードマップとコミュニティ防災計画を作成し、住民組織やコミュニティが主体的に防災まちづくりを推進できる制度整備や支援を行うべきである。また、ライフライン機能の広域化が進行する中で、地域が自己完結性を高め、非常時の自立機能を確保していくこともコミュニティ防災の重要な課題である。災害対策におけるレジリエンスは、こうしたコミュニティ防災の分野でこそ大きな可能性を持っているのである。

4　避難所は、被災者の救護所として環境整備を行うべき

・災害時、避難所の生活環境は衣・食・住を始め、公的な保健、医療サービスが不十分なため、持病の悪化や体調を崩すケースが少なくない。そこでは人間らしい生活が保障されず、人としての尊厳さえも失わせる「収容所」と呼ぶのがふさわしい環境が常態化している。こうした状況に民間ベースの炊き出し、救護活動、食料等の支援などが行われているが、それらは行政システムに基づくものではなく、避難所間の格差は避けられず基本的な改善はない。のみならず、近年、自治体は避難者自らにその管理運

営を委ねる傾向を強めている。確かに、避難所内の混乱ぶりからすれば自治とコミュニティづくりは重要であるが、それと避難所運営は別問題である。

・避難所生活者は、介護を要する高齢者、乳幼児、傷病者、障害者などを多く含む被災者である。そうした要介護者には、当然、医療や保健の確保、適切な食事と居住環境などが必要であり、こうした要員、設備、食料や生活用水、物資、空間の準備までを被災者自らが調達し、提供することは、周到な事前準備がなければとてもできない。さらに、〝被災者〟は、法的には（その時点での救助法の適用に拘わらず）救助・救護の対象者である。わが国では、救護すべき被災者を「避難所生活者」と呼んでいるわけである。

・元来、「避難場所」は、危険を避けるために住民を一時的に隔離する場所である。現在の「避難所」は、実態として災害に巻き込まれた（住居を失った）被災者を長期間にわたって救護する場であり、機能としては『救護所』あるいは『保護施設』と位置づけられなければならないはずである。救助法適用の適否は行政の都合であり、現に被災者が発生して救護を要する人々がいる限り（被害想定では事前に予測されている）、行政は救護所を開設し、必要な救護措置を行うべきである。

・キューバでは、ハリケーンが襲来する前に住民（従って被災者ではない）を避難させ、〝保護〟を前提として避難所を提供している。ここには災害が社会的矛盾の結果であるかぎり、政府は災害による国民格差の防止と人間としての尊厳が守られなければならない、との思想がみられる。

5　災害復興は、公共事業中心から被災者の生活と生業の回復重視へ

・被災後の地域社会の復興は、被災者の生活再建、地場産業など生業の回復、そして復興街づくりが基本となる。これらは社会活動の主要素として相互に関連しているが、何よりも被災者の生活回復が中心に据えられなければならない。しかし、現実の災害復興は公共土木構造物や建築施設など〝復興特需〟ともいえるゼネコン復興街づくりが優先される。そして、被災者の生活再建や生業の回復は後回しになるばかりか、自力回復が基本とされ、あるいは行政ベースの復興街づくりに振り回されて被災者は疲れ果て、地域は衰退する。

・地域社会の復興は、そこに住まい、生業を営む被災者が立ち上がってこそ可能である。そこでは奪われた人間としての尊厳、人と人の関係性の回復が前提になり、家族・コミュニティ・生活の糧を保障することからはじまる。こうした被災者の人間復興を実現できる地場産業の再建や災害に強い街づくりを優先した復興の道を、自治体や専門家は被災者と共に追求すべきであり、政府はそうした取り組みにこそ大きな支援を行うべきである。キューバにおける仮設住宅の建設や建設資材の生産に被災者自身が係わるシステムは、被災者の人間復興を大事にした方法であり、わが国の災害復興のあり方として学ぶべきものがある。

◉現地取材13

想定外の高波に対応する

ハリケーンの最中にも休校にならない

ピナル・デル・リオへと向かう高速道路から脇道に入って、山へと向かう。特異なカルスト地形の巨岩がそそり立つ山道を何度も登り降りしながら、北上していくと人口三五五〇八人（二〇一〇年時）のラ・パルマにたどり着く。標高は五〇m。北海岸はすぐ近くだ。このラ・パルマにもグスタフとアイクは続けて襲来した。

「わずか九日間しか間をおかずに二度も続けてハリケーンがやってきたのです。そこで、管内全域が被災しました。農業はほぼ一〇〇パーセント被害を受けました。タバコの葉の乾燥小屋も壊れ、店舗もやられ、住宅も大被害を受けました。ですが、自然災害があれば、頑丈な国の建物や学校、友人宅とどこに避難をすればよいのか、どの家族も熟知しています。ラ・パルマには防衛委員会組織が一〇ありますが、全組織が防災計画どおりの活動を始めました。河川の水位が高くなる等、危険区域から五〇〇〇人以上の住民が避難し、死者はもちろん、怪我人も一人も出なかったのです」

ムニシピオのエステル・ペレス・チリノ議長は言う。

「学校も一六校がダメージを受けましたが、その間も授業がなくなることはありませんでした。頑丈で安全な住宅の所有者が自分の家の客間を小学校の教室のために提供してくれたからです。ファミリードクターの診療所や店舗も教室となり、コミュニティのサービスはストップしなかったのです。今回のハリケーンはカテゴリ五でしたが、カテゴリに応じた防災計画を管内の防衛委員会組織で立てています。さらに、コンセホ・ポプラレスの下のシルクンスクリプシオンにも防衛委員会があり、ハリケーンの強さに応じ、何をすべきかが設定されています。警戒情報を聞けば、まず、人間、次に家畜、そして、屋根が弱い住宅内にある家具や食料も移すわけです。工場や大きな学校が避難所になりますが、皆のための食料の備蓄倉庫を設けています。避難所には医師、看護師が張り付き、医薬品が配備され救急車もあります。被災者用の寮にも食料、発電機、ベッドを用意しています。ですから、死傷者はゼロだったわけです。ハリケーンが去った後も住宅を検査し、安全を確認してから家に戻ります。もし、危険性があれば避難を続けます」

想定外の事態に六二〇〇人が二時間内に避難

「避難命令を出す時には、ハザード・マップを見て分析します。どこが洪水の恐れがあって危険なのか。どこに家畜を避難させればいいのかの診断もします。もちろん、海面や河川水位が高くなり危険となる場所には家を建てず、既存住宅も高い場所への移転を進めています。どうしてもそこに居続けたいと願えば義務ではありませんが、融資や建設資材を提供することで転居を応援しているのです」

だが、これだけ万全の事前準備を整えていたラ・パルマでも、想定外の事態に直面することとなった。アイクは六時間以上も動かず停滞したのだ。ハリケーンの中心部は気圧が低いため、その直下では海面があがる。

「そこで、海から一キロも内陸の集落、サンギリも一時間四五分で浸水する事態に直面したのです。サンギリはずっと安全な地区でしたから、浸水対策を立てていませんでした」

これほど長時間ハリケーンが停滞するケースは過去には例がないという。ペレス議長は、当時の緊急状況を記録したニュース・ビデオを見せてくれる。豪雨と強風の中をトラックの荷台に満杯に詰め込まれながら、しかし、秩序だって避難していく住民たちの姿が映る。

「いま、ご覧いただいたように、サンギリの状況は想定外でした。ですが、一時間四五分という時間的な余裕がありましたから、この地区にあるトラック、バス等すべてを使い、この時間内に六二〇〇人全員が安全に避難したわけです。残ったのは、避難後に泥棒が入らないために監視する防衛委員会の委員だけでした」

想定外の事態にも機敏に対応できたのは、メテオロをしていたからだと議長は話す。

「木の枝を伐採し、道路を清掃し、ゴミを片付け、屋根も頑丈に作り直す。避難用の建物も整備し、食料備蓄倉庫や水道もチェックする。全防衛委員会毎に各地区で避難チームを作り、避難用にバスやトラックも動かす。ですから、とても早い対応ができたのです」

住んでいる地区に避難所を作る

だが、死傷者は皆無であったものの、ラ・パルマにある一万一四七五戸のうち、七六・

八パーセントの八八一二戸が壊れ、二割の二二六四戸は全壊した。

「まず、政府から被災者に食料が提供され、家が全壊した人のため二〇〇〇戸以上の臨時仮設住宅を建てました。そして、医療や教育サービスも元に戻りましたし、農業も復旧しました。住宅も六〇六九戸と六九パーセントは立て直しました。一二六五戸は半分しか壊れず、まだ使える部分が残っていましたし、二〇七五戸は屋根がすべて吹き飛びましたが、三二〇八戸は屋根の一部だけでしたから、早く修復ができたわけです。様々な海外の政府やNGOから、建設資材や食料、学校や各家庭で使うための家具の援助を受けましたが、政府の役割には大きなものがあります。政府の全組織や公社に対し、住宅の修復や新たな建築のための指令計画が出され、再建が最優先されるからです。

一番時間がかかるのは全壊した二二六四戸の復旧です。まだ、避難者もいます。海岸には観光用のホテルがありますが、そこを被災者用に使っています。こうしたことができるのもホテルが国営だからです。

ですが、一五〇〇人以上がいまだに臨時的な仮設住宅で暮らしていて、その壁は木材で屋根も簡単なのです。そこで、一〇軒のうち一軒を頑強な家に立て直す新たな計画にいま取り組んでいます。そこに食料を持っていけば、他地域まで避難しなくてもすみ、トラックやバスも使いませんから避難時の事故もないわけです」

エピローグ

一〇軒にひとつ頑強な家があれば、たしかにペレス議長の指摘するように長距離を避難する必要はない。転んでもただでは起きず、年々防災対策を充実させていくキューバはしたたかだ。そこで、そんな住宅のひとつを訪ねてみることとした。ラ・パルマの中心街から車で数分ほど急坂を登った峠の上にその目新しい家はあった。裏には茅葺きの物置のような小屋が立つ。

「母屋がすべて壊れてしまったので、この小屋で二年暮らしてきたのです。いま、やっと新しい家を手に出来て本当に嬉しく思います」と市内の公社の料理人として働くカルメンさんは言う。

前庭からは特異な石灰岩地形の景観が一望できる。尾根ひとつを超えた谷は世界遺産の指定を受けたビニャーレス渓谷なのだが、それとさして遜色があるとも思えない。

「ほんとうにいい景色ですね。料理人としての腕もあるのだから、ここでレストランをやったらきっと観光客が喜びますよ」

中村八郎氏がそう口にすると、ずっと通訳を務めてくれていたミゲル・バヨナ氏も賛同する。

「二〇一一年五月の第六回共産党大会では、民間事業の自由化も大幅に認められましたから、きっといいパラダル（レストラン）ができますよ」

ミゲル氏が中村氏のアイデアを翻訳して伝えると、カルメンさんは嬉しそうに笑った。もしかしたら、数年先には本当にここに小さなレストランが出来ているかもしれない。

だが、それにしても、新築の家と比べたこの小屋のみすぼらしさはどうであろう。雨露をしのぐため二年もの歳月を一家がしんぼうできたのも、待たされるとしてもいつかは確実に政府から資材が届くという希望であろう。

この資源乏しき国には、人命と最低限の生活だけは守るという政府への信頼、そして、貧しき中でも助け合っていく人々のぬくもりしかないとプロローグでは述べた。

だが、なんとか平等を保とうとあがいているこの国の平等とは、単なる数字上の平等ではなかった。顔が見えるコミュニティの中で、困窮している人から順番に物資が確実に届いていくという納得ができる「平等」があれば、人間はかなりの格差と苦境にも耐えることができる。カルメンさんの掘建て小屋を見ていてそう感じた。逆にそれがなければ、モノに溢れた社会の中でもモノに埋もれながら人は自ら命を絶っていくかもしれない。阪神・淡路大震災では、震災で助かった被災者がその後の仮設住宅での生活の中で、孤独死や自殺に追い込まれる人が少なくなかったという。希望と信頼。経済的にも縮退し、災害も多発していくであろう、これからの日本で、しなやかな社会を築きあげていくためのヒントの感触を少なくとも、私たちはこの山中でつかんだように感じた。

「そろそろ帰りましょう。ハバナまでは三時間以上かかるし、夜もふけてしまいます」

バヨナ氏から促され、ふと気がつくと、現地取材の最終日だけあって今日は朝から取材続きでまだ昼食もとっていなかった。ハリケーンから半年後にラ・パルマを訪れた際には、道路脇にはなぎ倒れた電柱や廃材が無残に散らばり、山肌もあちこちで崩れ樹木もほとんどなかった。だが、二年後の今は道もきれいに片付けられ、カルメンさんの家のように再建された白亜の家々が点々と目に入る。目にまぶしい新緑も、まるで山村の再生を自然も応援しているかのようだった。オンボロのソ連製のラダは、一途ハバナを目指し、ガタガタの山道を飛び跳ねながら、ひたすら下っていく。朝から見慣れたカルスト地形は次第に景観から遠のき、濃緑の稜線は薄紫へとその色を変え、カリブの青空へ溶け入るようにはろばろと霞んでゆくのだった。

あとがき

本書の共著者であり、『「没落先進国」キューバを日本が手本にしたいわけ』築地書館（二〇〇九）の著者である吉田太郎氏から、「キューバの防災対策は、今回の日本の震災にも何か役立つものがあると思うのですが、誰か防災の専門家で関心をもって調べてくださる方はいないでしょうか」という相談の電話をもらったのは二〇一一年三月三〇日のことだった。都市内での農地という空間確保は防災上も重要なことから、農業の専門家である吉田氏の勉強会に呼ばれて以来、同氏とは二〇年以上のつきあいになる。氏の前著作の内容は、私も興味を持ち、拙著『防災コミュニティ—現場から考える安全・安心な地域づくり』自治体研究社（二〇一〇）でも簡単に紹介したことがある。実際、キューバがハリケーンにたびたび襲われる中でほとんど死傷者がでていないことは知っていたが、それがなぜなのかをこの目で確認したい気は以前からあったし、吉田氏の提言も時宜を得ているとは思った。とはいえ、東日本大震災で環境・災害対策研究所のスタッフは誰も手いっぱいである。いけるとすれば私くらいしかいない。五月の連休中ならばなんとかやりくりできる。「五月の連休ならば行くことは可能なので、私自身が調べてみたい」と答えた結果、同氏とともに在日本キューバ大使館に足を運ぶこととなり、ともにキューバを調査することにもなった。

私にとってはキューバを訪れるのは初めてであったが、同氏がいつも世話になる通訳ミゲル・バヨナ氏の案内で、ハバナの旧市街、ハバナ郊外の沿岸被災地、ピナル・デル・リオ州の被災地と通常の観光コースからはいささか外れたキューバを見ることとなった。

さて、本書に描いたキューバは、多くの読者が抱かれているであろう「キューバ＝貧しい統制国家」というイメージからは、かなりかけ離れている。もちろん、本書の内容をストレートに受け「キューバ＝理想郷」と早合点すると、とんでもない勘違いを犯す。その実情はパラダイスとはとうてい言えず、経済は破綻し、格差も広がり、いかに市場主義と競争原理を導入した経済改革を進めるのかの真っただ中にあることは、新聞等での記事でも時折紹介されているとおりである。実際、ハバナ旧市街のオビスポ通りは、外国人観光客が溢れ、ラジカセ等の輸入高級品を扱う店舗が並んでいる。郊外でも経済の自由化で中国製の廉価な日用品を売る即席の店が軒をつらねる。国家公務員であってもキューバ・ペソの給与だけではとても暮らせない。加えて、ラウル・カストロの改革で過剰公務員のリストラも進み、いつ首を切られるかわからないという。生活が苦しければ盗みにも走る。マイアミ大学のマヌエル・コレイホ教授は、その論文で電力が直面する課題の一つに窃盗をあげ「二〇〇九年には送電線からネジ、ナット等の金属部品の盗みが三五〇〇件以上発生している」と述べている。今回のような政府を通じた現地取材ではなかなかつかめない話だし、本書に登場する人々のモラルや意識の高さとのギャップを感じるが、これもキューバの一面であろう。エネルギーに関しても、省エネや再生可能エネルギー開発に力を入れていることは事実だが、同時に中国から支援を受けて着々と石油開発も進められている。

さて、キューバの専門家の間では、キューバが防災大国であることも、エネルギー分散型政策を推進中であることも比較的常識だという。例えば、神奈川大学の後藤政子教授は、二〇〇一年のネットエッセイ「キューバの現在・ハリケーンの政治学」でミチェル後のキューバの防災対策を高く評価している し、中南米研究者、新藤通弘氏もエネルギー革命がスタートした翌年に全国民医連『いつでも元気186号：キューバ発「エネルギー革命」中南米諸国へ波及』（二〇〇七年四月）でエネルギー革命をいち早くリポートしている。しかしながら、我々防災関係者の中では、この事実はあまり知られていない。プロローグで書いたようにBBCもキューバの防災を取りあげ、米国ですら参考とすべき点は吸収しようと視察報告書を出しているのだが、日本ではマスコミの話題として登場することもさほどない。自然エネルギー先進国として紹介されるのも北欧諸国ばかりである。

しかし、今後の日本の防災やエネルギー問題を考えるには、参考とすべき事例は多くあるに越したことはない。しかも、キューバの取組みは私の目から見ても、多くの人に知ってもらう価値がある。

こう考えた結果、視察結果については『大震災復興へのみちすじ 防災政策の新段階と地方自治体の政策活動』(自治体研究社2011)、「被災者が求める生活・地域の再建(座談会)」(『経済』2011年8月号)等で私なりに発信してきたが、現地取材で見たことを、ネットを通じて英文検索して入手できる関連情報とあわせて肉づけし、ここで整理しておくことも無駄ではないと考えた。そこで、帰国後に現地取材で耳にしたキーワードをベースにネット上で論文を検索し、その内容を集約・要約することで本文を記述した。海外NGOの論文がコアだが、ネット環境も数年前とは格段に変わった。キューバの新聞やニュースも英文で読むことができる。ユー・チューブ上で被災地の様子を動画で見ることができる。この作業を行ったことで、断片的な知識がつながり、現地取材で得た情報をより深く、かつ、正確に再理解できることとなった。本書が若干ダブりのある本文と現地取材録の二重構成となっているのはそのためである。

さて、市場原理による規制緩和か、政府による市場規制か。効率性重視か安全重視か。グローバル化かローカルか。日本では、こうした概念は互いに対立するトレード・オフの関係にあるとされ、ともすれば、反グローバル化はイノベーションを削ぐものとして、結論のでない不毛な議論が平行線で続けられている。とはいえ、本書で簡単に紹介した「レジリエンス」の概念を使えば、この論争も簡単に交通整理できる。反グローバルな地域自律社会の育成をベースとしながらも、入れ子構造でグローバル社会からの連帯的な支援があり、個々のコミュニティでは、起業家精神に富むイノベーターたちが、持続可能で回復力の強い社会のために実験と挑戦を活発に繰り返す。これが、理論から導きだされるレジリエンスの高い国や地域のあり方である。国際的な連帯もイノベーションもローカリズムも果たす役目が違うだけで、場を間違えずに機能を果たせば共存しうる。こうした文脈に照らしてみれば、全体的に統制されつつ、個々のコミュニティは自律するというキューバのガバナンスのあり様は、レジリエンスと防災面からさらに注目すべき内容を持っていると私は思っている。

プロローグで書いたように日本は非常事態に入りつつあるとの危機感が私にはある。阪神淡路大震災の教訓も生かされず、従来と同じ開発志向の復興路線を歩んでいれば、ジリ貧化する経済低迷と政治的混迷の中で、前向きの地域再生もままならず、さらに重圧にあえぐ閉塞社会に陥っていくのではないかとの暗い将来シナリオも頭の隅をよぎる。

そんな時代に必要なのは、日本の今の苦境を遥かに上回る経済危機や停電の中も、くじけることなく陽気に切り抜けていった人々の「物語」であろう。実際、各地の現場を訪れて、人々の明るさに驚かされた。例えば、吉田氏の前掲著作に登場する旧ハバナ市内の芸術家、フリオ・セサル氏宅も訪ねてみたが、その家のあまりの狭さに仰天した。同地区の「シルクンスクリプシオン」の代表、アントニア・パウラ・ガルシア・マルチネスさんにも足を運んでもらい、足の踏み場もないようなすしずめ状態で、セサル氏のお母さんのコーヒーを御馳走になりながら防災訓練の話を聞いたのだが、モノはなくても実に楽しそうに人生を生きている。前述したように経済指標上は、問題が山積していることは事実である。

とはいえ、とりわけ、地方都市や農村部で目にする人々の暮らしぶりは、私がこれまで訪れたアジアの他の開発途上国以上に幸せそうで、通訳ミゲル・バヨナ氏の友人でもある八木啓代さんの著作『ラテンに学ぶ幸せな生き方』講談社α新書（二〇一〇）が描くラテン社会とはこういうものかと改めて納得したりした。

ちなみに、有名なイソップ童話「アリとキリギリス」は、バヨナ氏によれば、キューバでは「アリとセミ」になっているという。八木さんの著作には、この内容が簡潔に紹介されている。冬になって食料がなくなったセミは食料をわけてもらうため、アリを訪ねると「私が汗水流して働いていた時にあなたは何をしていたの」と意地悪く問いかけられる。するとセミは「歌って皆を楽しませ、元気づけていたのよ」と答える。その回答に、それまで、働くことしか知らなかったアリは深く反省し、「そうか、これからは踊って暮らそう」とセミと食料をわかちあいながら、楽しく冬を越したというのである。現地取材⑤で紹介した芸術家イリアナさんの発言も、そうした現地の文脈を理解すれば、日本以上に重い。キューバでは人々を楽しませ心を癒す芸術家は、社会的にも重要視されているのである。一方、八木さんによれば、最近日本の小学生の間では、「夏の間、アリは一生懸命働いて食料を蓄えていました。そして、冬が来る前に過労死してしまいました」という皮肉な別バージョンが流行っていると言う。まさに、我々大人社会の縮図である。暗澹たる気分になってくるではないか。

もちろん、こうしたラテン特有の陽気な社会の時間感覚が理解できず、苛立ち、やきもきさせられることも多々あった。例えば、ハリケーンのダブル直撃を受けたピナル・デル・リオ州の被災地の調査依頼をしていたのだが、いっこうに返事がない。外務省国際プレスセンターの極東担当のニュルカ女史も、地元のピナル・デル・リオ州の野球チームが全国大会で優勝したために、ムニシピオ政府も共産党事務所もみな飲みに繰り出しているようでいくら電話をしても連絡が取れず困っているという。なんというズボラさ。ところが、ようやく日程調整がついて現地入りしてみると、現地取材⑬で書いたように六二〇〇人がわずか二時間以内に全員避難するという芸当をやってのけている。いいかげんなようで締めるべきポイントは抑えているのだ。

「こうした避難、そして、復興のあり方もあるのか」

長年、国内外を含め、各地の被災現場を歩いてきた私自身、深く感銘を受けるものがあった。

キューバの専門家からは、本書の内容がリアルなキューバの実態とかけ離れているとのご批判もあるかもしれない。とはいえ、欠点を批判することで改善していくのが日本流ならば、相手の良いところ探し出し、褒めまくることでやる気を出させるのがラテン流である。本書もキューバ流でゆきたい。目指すべき災害共生社会を考えるための素材として、この国の最も良質な部分を抽出してとりあげたものと理解していただきたい。読者諸兄が本書の行間から滲み出るこの国の「明るさ」をくみ取り、「がんばれ日本!」というスローガンではなく、「こんな社会もありうるのだ」という静かな充足感と希望をいだいていただければ、本書は筆者らの意図を十分に達したことになる。

さて、五月の取材では、現地取材⑨で紹介したカマグエイ州のサンタ・クルス・デル・スルが高潮で被災した後、安全な高台に全村移転していることを知った。また、取材後の文献調査から、ハリケーンによる度重なる送電線のダメージと停電被害を軽減するため、分散型エネルギー改革に取組み、それが、欧米の専門家やオーストラリアのNGOからも高く評価されていることを知った。①省エネ運動によるピーク消費量のカット、②分散型発電による送電ロスの解消と小規模化によるきめ細かな需給調整、③自然エネルギーの開発というステップで、電力供給の安定化を進めているというのである。ちなみに、この順序は、自然エネルギー普及の活動家、田中優氏が提唱するステップと奇しくも一致する。さらに、エネルギー革命実施の直接のきっかけとなった大規模停電も、寿命が過ぎて老朽化した大規模発電所を使い続けたことにあるという。これは老朽化した原発をいまも使い続けている日本にとり非常に象徴的な反面教師の事実である。

そこで、五月には取材日程上、足を運べなかったオルギン州とカマグエイ州の被災地の復旧状況、そして、風力発電とエネルギー分散化の進展状況の再取材を吉田氏にお願いした。東日本大震災の被災地の巡回や講演等の雑務が立て込み、私自身のスケジュール調整が困難となったためである。

なお、第Ⅳ章第3節の提言をのぞく本文と取材記録の下原稿は吉田氏が執筆し、私は全文に目を通したうえで、防災の専門知識を欠く同氏の誤解や理解が届かない部分を修正・加筆した。引用英文等も同氏の意訳や誤訳部分は気づいた限りは修正した。

なお、両取材とも時間がない中での無理な取材要求ではあったが、筆者たちの本書執筆の意図を汲み取り、緊急取材の調整に労をとってくださった在日本キューバ大使館及び領事館、キューバ外務省国際プレスセンターや関係省庁の方々、多忙の中、快く取材に応じていただいた現地の人々。さらには、吉田氏がいつも世話になっているベテランのコーディネーター、ブリサ・クバーナ社の瀬戸くみこ社長と名通訳ミゲル・バヨナ氏の両コンビにもこの場を借りて厚くお礼を申し上げたい。あわせて、出版・校正の労を取ってくださった築地書館の土井社長並びに編集担当の柴萩正嗣氏にもお礼を申し上げる。

著者を代表して　中村八郎

現地取材・コラム

現地取材 11　ハリケーンに耐えたウィンド・ファーム

(1) 2011 年 9 月 12 日吉田インタビュー

(2) Redaction AHORA, Gibara's Wind Farms Save Oil, redaccion@ahora.cu, 21 Apr. 2011.

(3) Gibara Ⅱ: Fourth wind farm opens in Cuba, Human Rights in Cuba, Oct. 5, 2010.

コラム 1　国防と防災

(1) Lino Naranjo Diaz, Hurricane Early Warning in Cuba: An Uncommon Experience, Oct. 2003.

(2) Daniela Estrada, "Energy is an Instrument of Power", Inter Press Service, Dec. 13, 2009.

コラム 2　ハリケーンの文化

(1) Lino Naranjo Diaz, Hurricane Early Warning in Cuba: An Uncommon Experience, Oct. 2003.

(2) David Williamson, Scholar: Hurricanes Helped Shape Cuban Culture, History, NASA official, Nov. 29, 2001.

コラム 3　エネルギー革命宣言

(1) Pinar del Rio, 17 Jan. 2006, "Year of the Energy Revolution in Cuba" SPEECHES BY FIDEL

(2) Address by Commander in Chief Fidel Castro Ruz, President of the Republic of Cuba, for the International Workers' Day ceremony held in Revolution Square May Day, 2006, "Year of the Energy Revolution in Cuba".

(3) 2011 年 9 月 15 日吉田インタビュー

(9) David Pérez, I. López, and I. Berdellans, Natural Resources Forum 29, 2005.
(10) 前掲第Ⅲ章第２節文献（14）
(11) 前掲第Ⅲ章第１節文献（5）
(12) 前掲第Ⅲ章第２節文献（4）
(13) Jorge R. Piñón Cervera, Cuba's Energy Challenge: A Second Look, Cuba in Transition・ASCE, 2005.
(14) 前掲第Ⅲ章第１節文献（7）
(15) 前掲第Ⅲ章第１節文献（9）
(16) The climate changes, threatens and demands adaptation: A look at the Cuban experience of protection against climate change, Oxfam International, Oct. 2010.
(17) Cuba's Energy Revolution-what can we learn?, Workers Bush Telegraph, Jul. 16, 2011.

Ⅳ章　防災力のある社会を作る

第１節　レジリエンスの高い社会を作る

(1) Brian Harrison Walker, David Andrew Salt, Resilience Thinking: Sustaining ecosystems and people in a changing world, Island Press, 2006.
(2) Regime Shifts, Resilience, and Biodiversity in Ecosystem Management Carl Folke, Steve Carpenter, BrianWalker, Marten Scheffer, Thomas Elmqvist, Lance Gunderson, and C. S. Holling,
(3) C. S. "Buzz" Holling, Collapse and Renewal, Jan. 26, 2009.
(4) Buzz Holling, A Journey of Discovery, Dec. 2006
(5) Brian Walker, Resilience Thinking, people and place, Nov. 24, 2008.
(6) Thomas Homer-Dixon, Our Panarchic Future: Catastrophe, Creativity, and the Renewal of Civilization, World Watch Magazine, March/April, Vol. 22, No. 2, 2009.

(27) Mercedes Menendez Gonzalez and Antonio Sarmiento Sera, Renewable energy in Cuba, 2003.
(28) D. Pérez, V. B. Henríquez,H.Ricardo, Technologies, Efficiency and Infrastructure, Energy and Social Aspects IAEA, 2008.
(29) D. Pérez, M. Contreras, I. López, Energy Resources, Energy and Social Aspects IAEA, 2008.
(30) Conrado Moreno & Alejandro Montesinos, Cuba: Latin-American and Caribbean Wind Energy Yearbook 2009-2010.
(31) 前掲第Ⅲ章第1節文献 (6)
(32) 前掲第Ⅲ章第1節文献 (9)
(33) Alexis Rojas Aguilera, The Gibara I Wind Farm Starts Recovery Work, Angulo Radio Station Holguin Cuba, 07 Jan. 2009.
(34) Ania Fernandez, Gibara Holguin Cuba wind farm update, radioangulo, 24 Mar. 2009.
(35) Alexis Rojas Aguilera, Gibara I Wind Farm Contributes to National Electricity Grid, 08 Dec. 2010.
(36) 前掲第Ⅰ章第1節文献 (20)
(37) José Rubiera and Miguél A. Puig, Early Warning System for Tropical Cyclones in The Republic of Cuba, 22-25 Mar. 2010.

第4節　エネルギー革命とハリケーン

(1) Dalia Acosta, Return of Scheduled Blackouts Is Actually a Relief, Inter Press Service, Sep. 30, 2004.
(2) Patricia Grogg, A Light at the End of the Tunnel, Inter Press Service, Jun. 8, 2007.
(3) 前掲第Ⅲ章第1節文献 (6)
(4) 前掲第Ⅲ章第1節文献 (8)
(5) Patricia Grogg, Power Generation Still Achilles'Heel of Economy, Inter Press Service, Sep. 27, 2005.
(6) Manuel Cereijo, P. E., Republic of Cuba Power Sector Infrastructure Assessment, University of Miami, Dec. 2010.
(7) Joshua S Hill, Cuba Energy Crisis Solved, Jul. 5, 2007.
(8) Nicholas Newman, Cuba's power revolution, Vol. 4 issue 16, Engineering and Technology magazine, 21 Sep. 2009.

Engineering and Technology magazine, 21 Sep. 2009.
(9) Patricia Grogg, Power Generation Still Achilles'Heel of Economy, Inter Press Service, Sep. 27, 2005.
(10) Havana Energy launches pilot renewable energy project in Cuba, Jan. 28, 2011.
(11) Rowena F. Caronan,Cuba and British company ink first renewables project, Jan. 20, 2011.
(12) Oficina Nacional de Estadisticas, Anuario Estadistico de Cuba 2009, Mineria y Energia
(13) 前掲第Ⅲ章第２節文献（3）
(14) Nicholas Newman, Decentralized energy aids Cuba's power struggles, powergen worldwide, Dec. 1, 2009.
(15) The climate changes, threatens and demands adaptation: A look at the Cuban experience of protection against climate change, Oxfam International, Oct. 2010.
(16) Biogas in Cuba, Havana Times, Jul. 11, 2009.
(17) 前掲第Ⅲ章第２節文献（4）
(18) Alexis Rojas Aguilera, Holguin Going for the First Machine to Cut the Marabou Tree, 05 Jun. 2009.
(19) A use exists for useless marabu tree, Cuba Head Lines, 04 may, 2011.
(20) The end of Plan Marabu, The Cuban Triangle, Jul. 24, 2008.
(21) Fernando Ravsberg, A Weed that Could Bring Cuba Power, BBC Mundo, Jun. 24, 2010.
(22) Patricia Grogg, Looking to Windward, Inter Press Service, Apr. 3, 2007.
(23) Mario Alberto Arrastía Ávila Cuba Invests in Wind Energy, Juventud Rebelde, 2009-04-21.
(24) Foreseen 500 MW of wind power in 2020 in Cuba, Nov. 22, 2009.
(25) Christiana Sciaudone, Cuba has 2GW of wind potential, says ministry, recharge news, Dec. 11, 2009.
(26) Roger Lippman, Laurie Stone, et. al, Renewable Energy Development in Cuba: Sustainability Responds to Economic Crisis, Tom Lent Energy & Environmental Consulting, Apr. 1997.

polluting, because it is the north that has relocated its polluting technologies there, Forum Barcelona 2004.
(9) Book On Nuclear Energy: Nuclear Energy-Environmental danger or solution for the 21st Century?, Nevada Technical Associates. http://www.ntanet.net/nta/energy.html
(10) Jonathan Benjamin-Alvarado and Alexander Belkin, Cuba's Nuclear power Program and Post-cold war pressures, The Nonproliferation Review/Winter 1994.
(11) Scott Parrish, Russia, Cuba, and the Juragua Nuclear Plant, The Nuclear Threat Initiative, May 1997.
(12) Dalia Acosta, Cuba Cancels Nuclear Plant Construction, Tierramérica, Feb11, 2001.
(13) 小川勇二郎「ヒスパニョーラの地質とテクトニクス（ハイチの地震に寄せて）2010年1月19日
http://www.geosociety.jp/hazard/content0036.html
(14) B. E. Aguirre, Cuba's Emergency Management and the Need for a Holistic Understanding of Risk, Cuba in Transition: Vol. 19, Association for the Study of the Cuban Economy, Jul. 30, 31-Aug. 1, 2009.

第3節　キューバの再生可能エネルギー

(1) Cuba to Host Renewable Energy Event, Prensa Latina, 30 May 2011.
(2) Inicia en Cuba conferencia internacional sobre energía removable, Granma Internacional, 1 de junio de 2011.
(3) Cuba Considers Using Hydrogen as Energy Source, Radio Cadena Agramonte, Jun. 3, 2011.
(4) Patricia Grogg, Sugarcane-Source of Renewable Energy, But Not Ethanol, Inter Press Service, Tuesday, 26 Apr. 2011.
(5) 前掲第Ⅲ章第1節文献（9）
(6) 前掲第Ⅲ章第1節文献（5）
(7) Cuba to hosts international renewable energies, Radio Cadena Agramonte, may 30, 2011.
(8) Nicholas Newman, Cuba's power revolution, vol 4 issue 16,

On-Site Power Production, Nov. 01, 2008.
(7) Mario Alberto Arrastía Avila, Teaching Cuba's Energy Revolution, Solar Today, Jan./Feb. 2009.
(8) Amory B. Lovins, Efficiency and Micropower for Reliable and Resilient Electricity Service: An Intriguing Case-Study from Cuba, power-engineering-international, 31 Jan. 2010.
(9) Mario Alberto Arrastía Avila, Laurie Guevara-Stone, Renewable Energy Education: key for Sustainable Development: Cuban Experiences, American Solar Energy Society, 09 May, 2010.
(10) Conrado Moreno & Alejandro Montesinos, Cuba: Latin-American and Caribbean Wind Energy Yearbook 2009-2010.
(11) Alejandro Montesinos Larrosa, Conrado Moreno Figueredo, The Role of Popular Energy Education and diffusion in Cuba. http://www.ontario-sea.org/Storage/26/1785_The_Role_of_Popular_Energy_Education_and_Diffusion_in_Cuba. pdf
(12) Guest speaker on alternative energy, Mario Arrastía Avila: Environment and Sustainability Committee, Boulder-Cuba Sister City Organization, Aug. 2010.

第２節　動かなかった幻の原発

(1) 前掲第Ⅰ章第１節文献 (9)
(2) 前掲第Ⅲ章第１節文献 (6)
(3) Alexis Llanes Ramos, Renewable Energy Sources in Cuba, Havana Times, Sep. 1, 2009.
(4) D. Pérez, Y. Gómez is, Cuba: a country profile on sustainable energy, Energy and Social Aspects IAEA, 2008.
(5) Manuel Cereijo, P. E., Republic of Cuba Power Sector Infrastructure Assessment, University of Miami, Dec. 2010.
(6) David Pérez, I. López, and I. Berdellans, Natural Resources Forum 29, 2005.
(7) Fidel Castro Diaz-Balart, Nuclear energy in Cuba: An indispensable link toward development, IAEA bulletin, 1/1990.
(8) Fidel Castro Díaz-Balart, It is unethical to accuse the south of

prepared: Let's be prepared, An educational project about disasters in Cuba, UNESCO, 2007.
(12) CLAMED, MEDICC Review, Dec. 1, 2004-Vol. 6, No. 3.
(13) 前掲第Ⅱ章第1節文献 (5)
(14) Razel Remen and Lillian Holloway, A Student Perspective on ELAM and its Educational Program, Social Medicine Vol. 3, No. 2, Jul. 2008.
(15) Miren Uriarte, Cuba: Social Policy at the Crossroads: Maintaining Priorities, Transforming Practice, Oxfam America, 2002.
(16) 村田昌彦『災害からの復興に学ぶ (初稿)〜よりよい復興のための指針〜別添資料』International Recovery Platform (IRP) 事務局 2006年5月
(17) 2004 winner of the UN Sasakawa Award for Disaster Reduction, Recognition and Interviews, UNISDR, 5 Oct. 2004.
(18) From Latin America. En El Borde Del Caos (In the Border of Chaos), Asian Disaster Preparedness Center, Vol. 6, No. 1, Jan.-Mar. 2000.

Ⅲ章　災害に強い分散型自然エネルギー社会

第1節　進む再生エネルギーと省エネ教育

(1) The climate changes, threatens and demands adaptation: A look at the Cuban experience of protection against climate change, Oxfam International, Oct. 2010.
(2) Daniela Estrada, Energy is an Instrument of Power, Inter Press Service, Dec. 13, 2009.
(3) Jane Cutter, Cuba only country with sustainable development, Party for socialism and Liberation web, Nov. 3, 2006.
(4) Adam Wiskind, Cuba: sustainability pioneer?, World Watch Institute, Jul. 01, 2007.
(5) Laurie Guevara-Stone, Cuba: Viva la Revolucion Energetica, Solar Energy International, Mar. 19, 2009.
(6) Mario Alberto Arrastía Avila, Distributed generation in Cuba-part of a transition towards a new energy paradigm, Cogeneration &

2010.
(9) Tay Toscano Jerez, Santa Cruz del Sur: Past and Present, Radio Cadena Agramonte, 02 Mar. 2010.
(10) 前掲プロローグ文献（19）
(11) 前掲プロローグ文献（2）
(12) 前掲第Ⅱ章第2節文献（2）
(13) 前掲第Ⅱ章第2節文献（1）
(14) 前掲第Ⅱ章第2節文献（3）
(15) 前掲第Ⅱ章第1節文献（1）
(16) 前掲第Ⅱ章第2節文献（3）
(17) B. E. Aguirre, Cuba's Emergency Management and the Need for a Holistic Understanding of Risk, Cuba in Transition: Vol. 19, Association for the Study of the Cuban Economy, Jul. 30, 31-Aug. 1, 2009.
(18) Patricia Grogg, The Stormy Face of Climate Change, Sep. 22, 2008.
(19) 前掲プロローグ文献（13）
(20) 前掲プロローグ文献（20）
(21) Cuba Hurricane Recovery Update, Inter Press Service, Jul. 22, 2009.
(22) 前掲第Ⅰ章第2節文献（11）

第4節　安全の文化を築く

(1) 前掲プロローグ文献（15）
(2) 前掲プロローグ文献（4）
(3) 前掲第Ⅰ章第2節文献（4）
(4) 前掲プロローグ文献（13）
(5) Dalia Acosta, Anti-Hurricane Green Map, Inter Press Service, Jan. 13, 2009.
(6) 前掲第Ⅰ章第1節文献（20）
(7) Earth Report: Disaster Class, CCTV International, 20 Jun. 2008.
(8) 前掲プロローグ文献（3）
(9) 前掲プロローグ文献（19）
(10) 前掲第Ⅰ章第3節文献（6）
(11) Orestes Valdés Valdés and Ferradas Mannucci, Pedro, Let's be

第２節　守れもしない約束はしない
(1) Dalia Acosta, Leaving the Hurricane Behind, Inter Press Service, Aug 11, 2009.
(2) Dalia Acosta, Even the Coral Reefs Shook, Inter Press Service, Dec 11, 2008.
(3) Dalia Acosta, Years of Reconstruction Ahead, Inter Press Service, Dec 13, 2008.
(4) 前掲第Ⅱ章第１節文献 (2)
(5) Patricia Grogg, No Choice but to Adapt to Storms, Inter Press Service, Nov 12, 2008.
(6) Dalia Acosta, Coastal Dwellers to Relocate Away from the Sea, Inter Press Service, Dec 3, 2008.
(7) Cuba Hurricane Recovery Update, Inter Press Service, July 22, 2009.
(8) 前掲プロローグ文献 (4)
(9) 前掲プロローグ文献 (10)
(10) Community Risk Assessment And Action Planning Project, Compendium of Case Studies-Update, Weathering the Storm: Lessons in Risk Reduction from Cuba, 27 Aug. 2008.

第３節　海よ、さらば
(1) Thousands of Cubans returned to homes demolished by Hurricane Paloma even as the once-powerful storm dissipated off the coast on Monday, AP.
(2) 前掲第Ⅰ章第３節文献 (7)
(3) 前掲第Ⅱ章第２節文献 (6)
(4) 前掲第Ⅱ章第２節文献 (5)
(5) Pedro Paneque Ruiz, Cuban Coastal Town is Reborn after Hurricane Paloma, Radio Cadena Agramonte, 01 Mar. 2010.
(6) Miozotis Fabelo Pinares, Santa Cruz del Sur-1932: a History that won't Happen Again, Radio Cadena Agramonte, 09 Apr. 2009.
(7) ウィキペディア Santa Cruz del Sur
(8) Pedro Paneque Ruiz, Residents of Santa Cruz Demonstrate their Confidence in the Revolution, Radio Cadena Agramonte, 30 Dec.

Ⅱ章　人間と暮らしを重視する被災からの復興

第1節　安心の糧となる防災医療

(1) Patricia Grogg, How to Hurricane-Proof a Caribbean Island, Inter Press Service, Jun. 16, 2010.

(2) William A. Messina, Jr., Frederick S. Royce, and Thomas H. Spreen, Cuban Agriculture and the Impacts of Tropical Storm Fay and Hurricanes Gustav and Ike, University of Florida, Oct. 17, 2008.

(3) Cuban Hurricane Victims Receive New Petro-houses, Juventud Rebelde, Jan 5, 2010.

(4) 前掲プロローグ文献（10）

(5) Guillermo Mesa, The Cuban Health Sector & Disaster Mitigation, MEDICC Review, Vol. 10, No. 3, Summer 2008.

(6) Deybis Sánchez Miranda, Imti Choonara, Hurricanes and child health: lessons from Cuba, Archives of Disease in Childhood, 22 Sep. 2010.

(7) 前掲プロローグ文献（15）

(8) 前掲プロローグ文献（7）

(9) 前掲プロローグ文献（9）

(10) Abelardo Ramirez Marquez, Guillermo Mesa Ridel, Equity in Public Health: A Challenge for Disaster Managers, MEDICC Review, Dec. 1, 2004.

(11) Oxfam International, The climate changes, threatens and demands adaptation: A look at the Cuban experience of protection against climate change Oct. 2010.

(12) 前掲プロローグ文献（2）

(13) Conner Gorry, Protecting Children Takes More Will than Resources: Interview José Juan Ortiz UNICEF Representative in Cuba, MEDICC Review Vol. 12, No. 2, Spring 2010.

(14) 前掲プロローグ文献（3）

(15) 1st Congress on health and disasters, Date: 12-16 Oct. 2009, Cuba

(16) 前掲プロローグ文献（8）

(3) 前掲プロローグ文献（6）
(4) 前掲プロローグ文献（9）
(5) 前掲プロローグ文献（3）
(6) 前掲プロローグ文献（12）
(7) 前掲プロローグ文献（10）
(8) 前掲プロローグ文献（2）
(9) 前掲プロローグ文献（13）
(10) 前掲プロローグ文献（11）
(11) Gail Reed, You Can't Stop the Rain: Jose Betancourt, MEDICC Review, Summer 2008, Vol. 10, No. 3.
(12) Gail Reed, Hurricanes in Havana: A Tale of One Province, MEDICC Review, Dec. 1, 2004-Vol. 6, No. 3.
(13) 前掲第Ⅰ章第1節文献（15）
(14) 前掲プロローグ文献（20）

第3節　市民防衛の仕組み

(1) 前掲プロローグ文献（14）
(2) 吉田太郎『200万都市が有機野菜で自給できるわけ』（2002）築地書館 p322
(3) Caribbean Risk Management Initiative UNDP, Cuba Risk Reduction Management Centres Best Practices in Risk Reduction, 2010.
(4) 前掲プロローグ文献（4）
(5) 前掲第2節文献（11）
(6) Community Risk Assessment And Action Planning Project, Compendium of Case Studies-Update, Weathering the Storm: Lessons in Risk Reduction from Cuba, 27 Aug. 2008.
(7) Early Warning System in the Caribbean: Risk Characterization and Mapping Handbook of Practices, Tools and Lessons Learned, UNDP, Jan. 2007.
(8) Risk Reduction in Havana's Costal Settlements: A Case Study from Cuba, 2004.
(9) 前掲プロローグ文献（13）

(2) 前掲プロローグ文献 (2)
(3) 前掲プロローグ文献 (8)
(4) 前掲プロローグ文献 (20)
(5) 前掲プロローグ文献 (9)
(6) 前掲プロローグ文献 (15)
(7) 前掲プロローグ文献 (4)
(8) 前掲プロローグ文献 (3)
(9) Oxfam International, The climate changes, threatens and demands adaptation: A look at the Cuban experience of protection against climate change Oct. 2010.
(10) Lino Naranjo Diaz, Hurricane Early Warning in Cuba: An Uncommon Experience, Oct. 2003.
出典：Early Warning Systems: Do's and Don'ts, Report of Workshop 20-23 October 2003, Shanghai, China, 6 Feb. 2004.
(11) José Rubiera and Miguél A. Puig, Early Warning System for Tropical Cyclones in The Republic of Cuba, 22-25 Mar. 2010.
(12) 前掲プロローグ文献 (12)
(13) Manuel A. Tellechea, The Galveston Hurricane (1900): How Cuba Nearly Saved the U. S. from the Worst Natural Disaster in Its History, Review of Cuban-American Blogs, Sep. 3, 2008.
(14) 前掲プロローグ文献 (14)
(15) Deybis Sánchez Miranda, Imti Choonara, Hurricanes and child health: lessons from Cuba, Archives of Disease in Childhood, 22 Sep. 2010.
(16) 前掲プロローグ文献 (21)
(17) 前掲プロローグ文献 (17)
(18) ウェブサイト、ラテンアメリカの政治の「キューバの歴史」より http://www10.plala.or.jp/shosuzki/
(19) 前掲プロローグ文献 (18)
(20) 前掲プロローグ文献 (16)

第2節　満を持してハリケーンを迎える
(1) 前掲プロローグ文献 (17)
(2) 前掲プロローグ文献 (4)

Center for International Policy, May 2009.
(13) Bill Flinn, Post Hurricane Rooftop Reconstruction in Cuba, Post-hurricane Ike roof replacement project Evaluation Report for Oxfam Solidarité Belgium, Feb. 2010.
(14) Castellanos Abella, E. A., Disaster management and multi-hazard risk assessment in Cuba, Disasters: Journal of Disaster Studies, the international journal of disaster studies and management, 2008.
(15) Patricia Grogg, Don't Worry, Be Ready-for Hurricanes, Inter Press Service, Jun. 17, 2008.
(16) Surviving the Storm-Environmental Documentary, BBC, Nov. 27, 2009.
(17) Annette Sisco, Learning from Cuba on hurricanes, blog. nola. com, Aug. 14, 2009.
(18) B. E. Aguirre and Joseph E Trainor, Emergency Management in Cuba: Disasters Experienced, Lessons Learned, and Recommendations for the Future
(19) Holly Sims and Kevin Vogelmann, Popular Mobilization and Disaster Management in Cuba, Public administration and development, Wiley InterScience, 389-400 (2002)
(20) Interviews: Dr. Jose Rubiera, National Forecast Center, MEDICC Review, Dec 1, 2004-Vol. 6, No. 3.
(21) Marc Lacey, U. S. and Cuba Work Together on Storms, New York Times, Aug. 20, 2009.
(22) Mario Alberto Arrastia Avila, Distributed generation in Cuba: part of a transition towards a new energy paradigm, Cogeneration & On-Site Power Production, Nov. 1, 2008.
(23) Amory B. Lovins, Efficiency and Micro power for Reliable and Resilient Electricity Service: An Intriguing Case-Study from Cuba, power-engineering-international, Jan. 31, 2010.

Ⅰ章　三十六計逃げるに如かず、備えあれば憂いなし

第1節　欧米に匹敵するハリケーン予測システム

(1) 前掲プロローグ文献 (19)

参考文献

プロローグ　ハリケーンで死傷者が出ない国

(1) Deybis Sánchez Miranda, Imti Choonara, Hurricanes and child health: lessons from Cuba, Archives of Disease in Childhood, Sep. 22, 2010.

(2) Jennifer Schuett and Eva Silkwood, Reducing Risks, Avoiding Disaster: Managing Hurricanes the Cuban Way, Center for International Policy, Aug. 2008.

(3) Elizabeth Newhouse, Putting Preparedness Above Politics: U. S.-Cuba Cooperation Against the Threat of Hurricanes, Center for International Policy, Jan. 2010.

(4) Thompson Martha, Gaviria Izaskun, Cuba weathering the storm: lessons in risk reduction from Cuba, Oxfam America, 2004.

(5) ビル・トッテン『日本は略奪国家アメリカを棄てよ』(2007) ビジネス社 p. 60〜66

(6) Ben Wisner, Socialism and storms, The Guardian, Nov14, 2001.

(7) Julio Teja, The Cuban Health System's Response to the Effects of Hurricane Michelle, MEDICC Review, Dec. 1, 2004.

(8) José Llanes Guerra, National Office for Disasters, Cuban Civil Defense Dr. Madelyn Montes de Oca Días, Cuban Red Cross, Cuba: Beyond a Simple Response to Hurricanes, International Strategy for Disaster Reduction, Informs, No. 6, 2002.

(9) Conner Gorry, UN Lauds Cuba as Model of Hurricane Preparedness, MEDICC Review, 2004-Vol. 6, No. 1.

(10) Conner Gorry, Hurricane Wilma: Living to Tell the Tale, MEDICC Review, No. 9, Nov/Dec. 2005.

(11) Dalia Acosta, "Ike" Full of Sound and Fury, Signifying Danger, Inter Press Service, Sep. 9, 2008.

(12) Jonathan Keyser and Wayne Smith, Disaster Relief Management in Cuba, Why Cuba's disaster relief model is worth careful study,

第7回国際再生可能エネルギー教育会議（VII Conferencia Internacional de Energía Renovable, Ahorro de Energía y Educación Energética）
風力、バイオマスとバイオガスワークショップ（Eolic Energy and the II of Biomass and Biogás）
ジャトロファ（Jatropha Carcus）
マラブ（Marabu＝Dychrostachys cinerea）
カマグエイ大学電気工学部（Facultad Electromecánica de la Universidad de Camagüey）
キューバ石油事業団（Cupet＝Unión Cubapetróleo）
キューバ電力公社（Unión Eléctrica）

Desarrollo de la Energía)
電力節約プログラム（PAEC＝Programa de Ahorro de Electricidad en Cuba）
省エネプログラム（PAEME＝Programa Docente Educativo de Ahorro de Energía del Ministerio de Educación）
教育省（MINED＝Ministerio de Educación）
高等教育省（MES＝Ministerio de Educación Superior）
基礎産業省（MINBAS＝Ministerio de la Industria Básica）
キューバテレビ・ラジオ放送協会（ICRT＝Instituto Cubano de Radio y Televisión）
ホセ・アントニオ・エチェベリア工科大学（CUJAE＝Instituto Superior Politécnico José Antonio Echeverría）
再生可能エネルギー技術研究センター（CETER＝Centro de Estudio de Tecnologías Energéticas Renovables）
エンリケ・ホセ・ヴァローナ教育大（ISPEJV＝Instituto Superior Pedagogico Enrique José Varona）
万人のための大学プログラム（Universidad Para Todos）
ソーシャル・ワーカー・プログラム（Programa de Trabajadores Sociales）
ラジオ・レベルデ（Radio Rebelde）
キューバ電信電話公社（ETECSA＝Empresa de Telecomunicaciones de Cuba S.A.）
クーバ・ソラール（再生可能エネルギー・環境保護推進協会、CUBASOLAR＝Sociedad Cubana para la Promoción de las Energías Renovables）
持続可能なエネルギー文化国家プログラム（Programa Nacional de Cultura Energética Sostenible）
エネルギーとあなた（Energía y tú）
国立植物園（JBN＝El Jardín Botánico Nacional）
キューバ電力会社（CCE＝Compañia Cubana de Electricidad）
全国電力システム（SEN＝Sistema Energetico Nacional）
フラグア原子力ポリテクニカル・センター（Centro Politécnico de Juragua para la Energía Nuclear）

用語集

Ⅰ章　三十六計逃げるに如かず、備えあれば憂いなし

全国革命軍（MNR＝Milicia Nacional Revolucionaria）
産業軍組織（OMI＝Organización de la Industria Militar）
民間防衛中央本部（Estado Mayor Nacional de la Defensa Civil）
国家評議会（Consejo de Estado）
平和、軍縮、自由のための運動（MPDL＝Movimento por la Paz el Desarme y la Libertad）
アバグァネクス（Habaguanex）
首都総合開発グループ（GDIC＝Grupo para el Desarrollo Integral de la Capital）
国家科学技術プログラム（PNCIT＝Política Nacional de Ciencia e Innovación Tecnológica）
シルクンスクリプシオン（circunscripción）（選挙区）

Ⅱ章　人間と暮らしを重視する被災からの復興

ラテンアメリカ災害医療センター（CLAMED＝Centro Latinoamericano de Medicina de Desastres）
革命軍（FAR＝Fuerzas Armadas Revolucionarias de Cuba）
内務省（MININT＝Ministerio del Interior）
人民貯蓄銀行（Banco Popular de Ahorro）
ペトロ・カサ（Petro-casas）
プエブロ・ヌエボ（Pueblo Nuevo）
臨時仮設住宅（Facilidades temporales）
オクスファム・ベルギー連帯（Oxfam Solidarité Belgium）

Ⅲ章　災害に強い分散型自然エネルギー社会

エネルギー革命（La Revolución Energética）
クーバ・エネルヒーア（Cubaenergía＝Centro de Información y

著者紹介――中村八郎

一九四六年長野県生まれ、法政大学工学部卒。日本大学大学院修士課程修了。

東京都国分寺市役所で20年間防災まちづくり係長、都市計画課長補佐として都市計画業務に取り組む。その後ＮＰＯ法人環境・災害対策研究所副理事長歴任。

現在、ＮＰＯ法人くらしの安全安心サポーター理事長、日本大学理工学部及び大学院非常勤講師。

著書に『災害に強い都市づくり』（共著、新日本出版社）、『市民参加の防災まちづくり』（監修・共著）『これからの自治体防災計画』『防災コミュニティ』（共著、以上自治体研究社）がある。

吉田太郎

一九六一年東京生まれ、筑波大学自然学類卒。同大学院地球科学研究科中退。

持続可能な社会への関心から、サラリーマン稼業のかたわら有給休暇を利用してキューバを16回ほど訪れ、キューバの農業、環境、森林、医療、教育、住宅、文化政策を紹介する一連の著作を執筆してきた。また、アグロエコロジーや伝統農業についての著訳書もある。

著書には『２００万都市が有機野菜で自給できるわけ』『世界がキューバ医療を手本にするわけ』『世界がキューバの高学力に注目するわけ』『「没落先進国」キューバを日本が手本にしたいわけ』（以上築地書館）、『有機農業が国を変えた』（コモンズ）などがある。

「防災大国」キューバに世界が注目するわけ

二〇一一年一一月二〇日初版発行

著者――中村八郎＋吉田太郎

発行者――土井二郎

発行所――築地書館株式会社

東京都中央区築地七-四-四-二〇一　〒一〇四-〇〇四五

電話〇三-三五四二-三七三一　FAX〇三-三五四一-五七九九

振替〇〇一一〇-五-一九〇五七

ホームページ=http://www.tsukiji-shokan.co.jp/

印刷・製本――シナノ印刷株式会社

装丁――小島トシノブ

 ISBN 978-4-8067-1431-6 C0036